EXPLORING THE ORIGINS OF EDUCATION

Evolutionary and Cultural Perspectives

教育の起源を探る

進化と文化の視点から

安藤寿康［編］

ちとせプレス

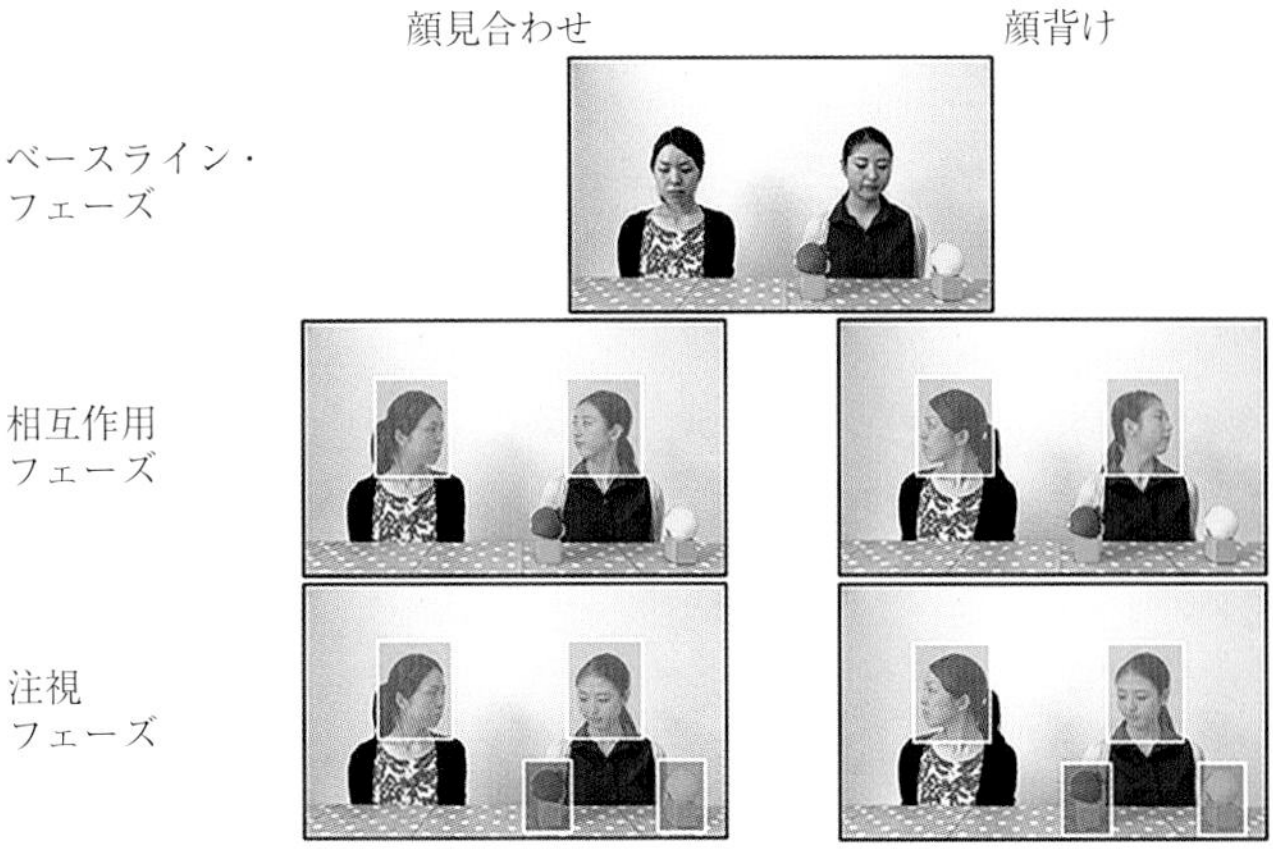

図 4-3 「顔見合わせ」条件,「顔背け」条件それぞれで提示した実験刺激動画の,フェーズごとのスクリーンショット

（出典） Meng et al.（2017）。

（注） 図内の薄い網掛けの四角形は，視線を分析する際の AOI（関心領域）を示し，対象児に提示された画面には含まれていない。

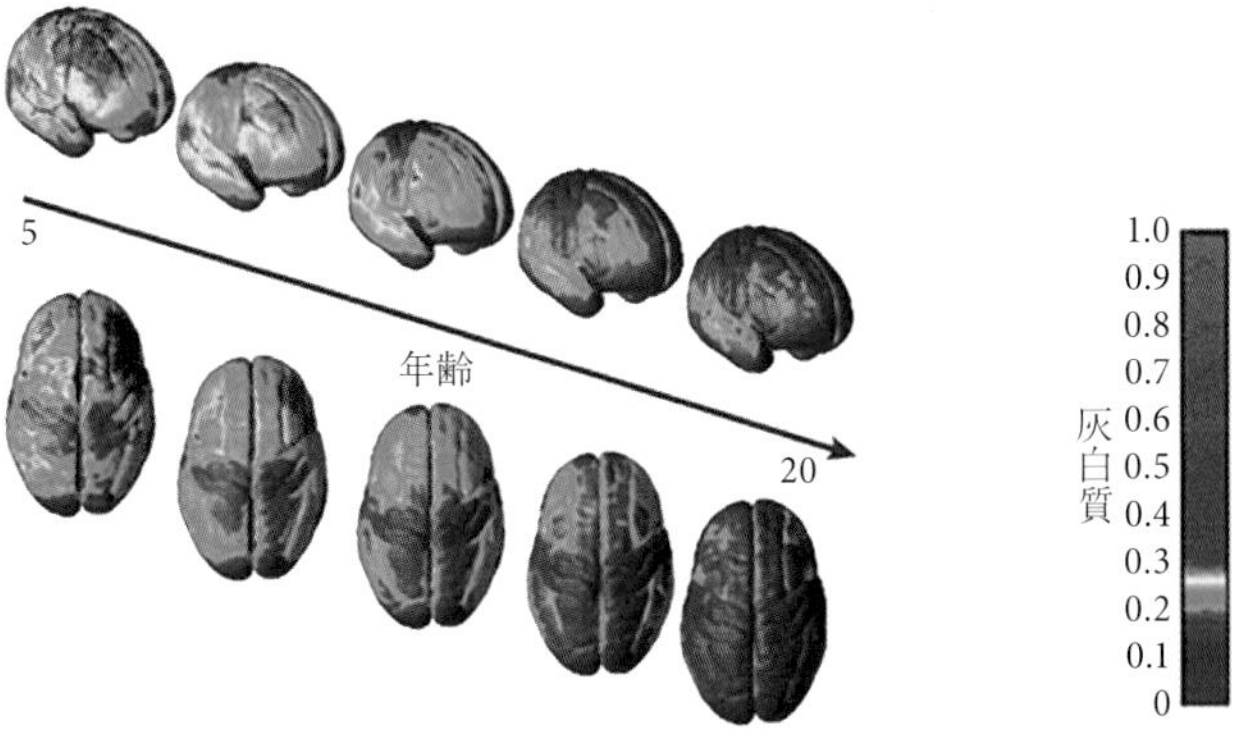

図 8-10 4〜21 歳にかけて見られる灰白質の容積の相対的減少の変化。濃い色（紫〜青）になればなるほど，灰白質の容積が減少していることを示す。容積の減少は，後頭，側頭，頭頂部の第一次感覚野から進み，前頭前野の減少は 20 歳になってもまだ続く

（出典） Gogtay et al.（2004）。

序

本書は教育という営みのそもそもの由来を、進化生物学と文化人類学から科学的に問い直そうとする試みである。

これはもともと二〇一八年に慶應義塾大学で開催された第六〇回日本教育心理学会総会で企画された「教育の生物学的基盤――進化か文化か」と題するシンポジウムをもとに、当日の企画・司会者（安藤寿康）、話題提供者（亀井伸孝、橋彌和秀、中尾央、明和政子）、指定討論者（高田明、長谷川眞理子）の寄稿に加え、さらにそのシンポジウムにはお声がけできなかったが、このテーマを深めるうえで重要な話題を提供する研究者（園田浩司、中田星矢・竹澤正哲、小田亮：各氏敬称略）からの寄稿三章を追加して構成されたものである。

そのシンポジウムは、もともとは教育には進化的な根拠があると強く考えていた企画者が、その仮想敵として、教育は西欧化され（Western）、教育の行き届いた（Educated）、高度に産業化され（Industrialized）、豊かで（Rich）、民主的な（Democratic）、人類史的に見れば「おかしな（WEIRD）」社会の産物だと主張する文化人類学の見解と、直接、論争を交えてみたいと考え、企画したものであった。

教育の生物学的基盤を考えるとはいったい何のためなのか？　教育といったら舞台はまず学校である。学校は人間が歴史を通じて蓄積した文化的知識を次世代の子どもたちに伝え、一人ひとりの個性を発揮し自己実現させながら、社会で一人前に生きていけるように、そして社会を発展させられるように、学習をさせるところという建前のもとで、テストでいい点をとり、よい成績をあげ、いい学校に進学することのために頑張るところ、あるいは部活やボランティアなど家ではできないようないろいろなことをさせてくれるところ、友情や恋愛の芽生えるところ、そしてその隙間にスクールカースト、いじめ、不登校、校内暴力のような深い闇が生まれるところ、などなど、である。これほど複雑な文化的営みのどこに、生物学的に考えることのできそうな出来事があるというのか。

いや、教育が学校を中心とした営みであることが自明視され、かくのごとく複雑であるからこそ、なぜ教育がこのような問題のある場所になってしまったのか、そのそもそもの由来を考える必要が出てくる。そのために教育学はこれまでもさまざまな思想や理論を考案してきた。そしてそれは教育がますます複雑で難解な問題の巣窟であることを皮肉にも露呈させることに手を貸すことになった。

その混迷を整理するために、教育の生物学的な由来と人類史的な由来まで遡って問う切り口を、進化生物学と文化人類学に求めることになった。もとはといえば「進化か文化か」という単純な二項対立でこの問題に挑んでいた企画者の目論見が、やはり軽率にすぎず、その両面から検討する必要のあることが、第1章の亀井氏の論考から早くも指摘される。亀井氏は企画者の安藤が教育の進化的起源を求めたとき、アフリカの狩猟採集民バカ・ピグミーの文化へといざなってくれたお先達であり、教育という長い歴史的文化の蓄積に由来する営みを単純に進化的還元することに警鐘を鳴らしている。

それでは教育に進化的起源を求めることは荒唐無稽な試みなのか。それに対して第2章において、比較行動学の小田氏は、教育が利他行動でありニッチ構築のためのストラテジーと位置づけることで、教育のもつ重要な生物学的機能に焦点を当てる。一方、教育が我々ＷＥＩＲＤな社会で慣れ親しんだ学校的営みになる以前の、教育とすら意識されない狩猟採集民の大人と子どもの自然なコミュニケーションの姿に教育の起源を描く第3章の園田氏の綿密なフィールド調査研究に、まさに文化と進化の接点を垣間見させてくれる。

ここで浮かび上がってくるのは教育において自明とされる「教える／教わる」という関係がそもそもどのように個体発生（発達）の中で発現してくるかという問題であり、それは第4章で橋彌氏によって紹介される幼児の実験的研究によって、進化的起源まで射程に入れて論考される。この問題がとくに際立って議論の的になるのは、この章でも紹介されるハンガリーのゲルゲリー・チブラとジョルジ・ゲルゲリーのナチュラル・ペダゴジー（Natural Pedagogy）である。チブラらはまだ一歳にも満たない乳児が、大人から明示的に自分に向けられた独特の視線や表情のシグナルを手がかりに、普遍性のある知識を学ぶこと、つまり「他者から教わる」能力があることを巧妙な実験によって実証し、それをナチュラル・ペダゴジーと呼んだ。ナチュラル・ペダゴジー理論は、同じく教育の発生を含む乳幼児の利他行動に関して一連の優れた実証研究からヒトの心的活動の特性を進化的な視点から鋭く描き、本書でもたびたび言及されるマイケル・トマセロとともに、本書のテーマを考えるうえで重要な考察材料を提供してくれている。

なおこのナチュラル・ペダゴジーは「天賦の教育」「生得的教育学」などの訳語があてられることもあるが、本書では原則として「ナチュラル・ペダゴジー」とした。この「ナチュラル・ペダゴジー」理論の妥当性に関して、明示的シグナルが必ずしも子どもの学習のための必要条件とはいえないとする詳細な反証を行うのが第5章の中尾氏の論考である。その妥当性の評価は読者自身が、本書を通じてみずから検討してほしい。

教育の起源は進化的なものか文化的なものかという素朴な二項対立の図式は、このようにその背後にたんに教育の起源への問いだけでなく、そもそも人間（ヒト）とは何かという根源的な問いに迫る手がかりとなる。それがそのシンポジウムを企画し、本書を編むことになった企画者として感じることのできる知的醍醐味である。ここでヒトをヒトたらしめる本質の一つにまさに教育があるとして、「ヒトは教育的動物である」という仮説（ホモ・エデュカンス仮説）を唱える第6章の企画者・安藤の論考を紹介する。

教育に対する生物学的な視点からの新たなアプローチとして、これを累積的文化進化の視点から数理モデルによって説明する第7章の中田・竹澤氏の論考は、教育は進化か文化かという二項対立を乗り越える具体的で明確な理論的ビジョンを提供している。また第8章で明和氏は、チンパンジーとの比較においてヒトが生得的に他者から学ぼうとする存在であること、また他者に教えたがる存在であることの脳神経学的基盤に関する近年の目覚ましい発展から得られた知見を踏まえた豊かな考察を与えている。

本書の最後の二章は、シンポジウム当日に文化と進化のそれぞれの視点から指定討論を依頼した二氏の包括的総論、すなわち第9章の高田氏による文化人類学からの論考と第10章の長谷川氏の進化生物学からの論考を紹介する。

このように本書では「教育の起源は進化か文化か」という企画者の稚拙な問題提起に対して、教育と、教育を行う人間・ヒトの本質に迫るきわめて科学的・実証的な論考を、それぞれの分野で日本を代表する碩学諸氏から提供していただくことができ、心から感謝している。これはとりもなおさず、教育というヒトの営みが、学校の中で繰り広げられている、ありきたりな、悲喜こもごもの日常的光景の背後に、人間そのものを問い直す学際的なテーマがあることを意味している。そしてそれはたんに学術的・知的な興味にとどまらず、ともすればよい成績のために教師も生徒もともにあくせくし、その閉塞的な状況の中で生ずるさまざまな問題に翻弄されがちな教育現場で日々奮闘せねばならない我々すべてにとって、その近視眼的視点を一度脇において、そもそも我々はなぜ教育を営むのか、教育をしなければならないのかに立ち返って考え直すきっかけを与えてくれるに違いない。

目次

第1章 「教育は進化か文化か」を問う際の基本認識
ヒトにおける能力の「転用」の歴史を見据えて

亀井伸孝

1　はじめに

教育という営みを、進化と文化の両面から検討するというこの野心的な試みに際し、文化人類学、アフリカ地域研究に携わり、おもにアフリカ熱帯雨林で狩猟採集社会の子どもたちの研究を行ってきた者として、おもには視点の整理という立場から見解を述べる。

このような議論の前提に当たる認識的態度として、三つのことを確認しておきたい。

①　我々の現代社会を、ヒト社会全般の典型と考えてはならないこと

② 進化か文化かという二項対立の議論にとらわれないこと
③ 現代の人間社会の現象を説明するために、目的論的で遡及的な議論をするのは避けること

以下、具体的な例に沿って、このことを考えていこう。

2 「キーボードを打つ」行動は進化か文化か

たとえば、我々にとって、「パソコンに向かってキーボードを打つ」という行動はありふれたものである。そのような行動をもつのはヒトのみだろうし、少なくとも（ヒトによって訓練された類人猿などを除き）自然状態でそのような行動をもつ野生動物は観察されたことはない。では、この「人間がキーボードを打つ」行動は、進化か文化か。

進化論者は「これは生得的な行動だ」と主張するかもしれない。人間の一〇本の指がいかに効率的にキーボードを叩くかを観察、撮影し、その機能と、それを成立させる解剖学的な手の構造を記載し、ヒトの胎児の発生過程にまで遡って、人間の手がいかにキーボードを叩くことに適した生得的器官であるかを主張するだろう。他方、文化論者は、「いや、文化的に習得されたものだ」と述べるだろう。キーボードを用いない人間社会、あるいはキーボードをもっていなかった過去の例を挙げ、さらにはパソコンが発明される前のタイプライターやさまざまな筆記具の歴史を紐解き、手がキーボードを打つ以外のさまざまな機能をもっているという事例を多く集めて、キーボードを打つ行動が、必ずしも人間にとって普遍的で不可欠な現象であるとは限らないことを立証しようとするであろう。

我々が知っているように、ヒトの両手の一〇指は、「キーボードを打つ」という目的に向かって進化し、獲得されたわけではない。拇指対向性（親指が向かい合わせになっている特徴）のある指は、森林の樹冠で生活を始めた初期の霊長類において、樹上で移動し、姿勢を保持し、採食を行うに際して適応的な形質として獲得されたと考えられている。やがて初期人類が地上に再適応し、樹上での移動や姿勢保持などの機能を果たさなくなった前肢は、今度は食物などを保持、運搬する「手」としての機能を担い始める。やがて、その中から、その手で道具の製作、使用を行う人類種が出現し、さらに、ホモ・サピエンスの出現以降、各地の地域集団によって多彩な道具がつくられるなかで、ヒトの手と指はそのつど異なった道具を用いる目的に転用されていき、そのうちの一つがたまたまキーボードであったということにすぎない。つまり、手と指の能力の「転用に次ぐ転用の歴史」であったといえる。

ヒトの両手に一〇指を備えさせ、素早く細やかに動く能力をもたらしたのは、進化のプロセスである。一方、それは環境の変化と文化の蓄積の中でさまざまに転用され、結果として、自然状態ではけっして見かけることのなかった、おそらく樹上生活していた先祖たちの誰一人想定していなかった用途において、事後的に、重要な役割を果たす生物学的基盤となった。「キーボードを打つ」という、目の前の関心事を説明したいと考えるあまり、それを成り立たせるのは進化か文化かと二項対立の問題を立て、あたかもそれを目的として人間が進化した、あるいは文化変化を遂げたと論じるような、遡及的な論の立て方自体について、我々は慎重でなければならない。また、そのような議論を通じて、再帰的に「キーボードを打つ」という行動があたかもヒトの本質であるかのような印象が強化されることも、避けねばならない。

以上は、一種の戯画のような例で、誰しも「ヒトの手はキーボードを打つために進化した」などとは思わないはずである。キーボードが最近発明された道具であることを、誰もが知っているからだ。しかし、気づいたら、しばしばこのような目的論的で遡及的な論を立ててしまいがちであるというのが、こうした分野の議論でしばしば見られることである。

3　農耕という文化とその背景

もう一つ、より人類史と進化に関わる、そして教育の背景を検討するうえで有用であろうと思われる、別の例を考えよう。

栽培植物を育てて食料を生産する「農耕」という行為は、今日の我々の社会を支える重要な生業であり、それなしに我々の現実はありえない。今日、七七億人もの世界人口を支えているのは農耕である。それは長い歴史の中で持続的に行われており、バリエーションを伴いながらも世界各地で広く実践されていて、しかも、同様の行動をヒト以外の野生生物において見ることはない。さて、農耕は進化だろうか、それとも文化だろうか。

これも、先の「キーボード問題」と同様に読み解くことができる。

まず、前提として、「農耕」が指し示す内容があまりにも多岐にわたる。簡素な焼畑農耕から、大規模な灌漑農耕、近年の野菜工場のような業態までをも含み、それぞれが前提とする環境条件や文化要素が異なる。こうした多岐にわたる農耕という現象が、いったい何に起因するのかという問題を立てたとき、まず考えるべきは、農耕に依存して生計を立てるという生き方は、人類史の中できわめて特殊な最近の現象にすぎないという認識をもつことである。

人類がアフリカで二足歩行を開始してから約七〇〇万年、比較的脳が大型化してから約二〇〇万年、さらに今日の我々の直接のルーツであるホモ・サピエンスがアフリカに出現して約二〇万年。そのほとんどの時期を通じて、人類は狩猟採集生活を続けていた。農耕が開始されたのは、わずか約一万年前という、きわめて最近の出来事にすぎない。また、一部地域で農耕が開始され、それに大きく依存して生活する集団が現れたとしても、当初は一部集団の営みにすぎず、アフリカ、ユーラシア、南北アメリカ、オーストラリアなどに拡散したヒト集団の多くは、その後も長い間、狩猟採集民として生活していた。

人類およびヒトの歴史における狩猟採集生活の長さを考えれば、農耕は、明らかに最近になって発明され、人間社会に付加された文化であるということができる。今日も、一部地域に狩猟採集を営む社会があること、また、現代社会の我々も釣りや山菜採りなどで一種の狩猟採集活動を余暇として楽しむ要素をもっていることなどからも、農耕が、人間社会に備わった唯一の普遍的な特性ということはできず、あくまでも文化的多様性の一つにすぎないことは明らかである。

一方、では、農耕はまったく新しく発明、付加された能力によるのであって、ヒトの生得的能力と無関係かというと、そうではない。狩猟採集民としてヒトが備えたさまざまな能力が、農耕を営むうえで「転用」されていることに注目したい。たとえば、多種の植物を分類、命名、認識する。植物の特定部位の有用性を記憶し、言語化し、集団で共有する。道具を用いて収穫し、加熱し、調理し、食用に供する。これらの能力は、基本的に、狩猟採集生活を営むなかで用いられてきたものである。

また、狩猟採集活動は、資源との出会いが偶然に左右される、つまり、欲しいものが採れるときと採れないときの落差が大きい生業であるといえるが、その中にあっても、資源を持続的に定期的に利用するためのさまざまな計画性をもった行動があることが指摘されている（半栽培と呼ぶ）。あるイモをすべて掘り尽くしてしまうのでなく、あえて一部分を残して次の収穫まで待つ、廃棄物の堆積の中から自生した有用な植物を見つけて再利用する、果樹の場所を記憶しておき、季節変化に合わせて定期的に反復して利用するなどである。これらに見られる、ある程度の将来予測と計画性、情報の記憶と共有といった能力は、「一カ所の土地を定めてそこに植えて育てる」、すなわち農耕という計画的な生業活動が実現するうえで、おおいに転用されていく。

農耕が狩猟採集生活と異なるのは、多種多様な資源を「広く浅く」用いるストラテジーを採用するのではなく、有用な特定の植物を選定して「狭く深く」用いるという点である。少ない品種の植物を大量に特定の土地に植えて育てるという事情から、遊動生活をやめて定住化する、土地の私有化と資源の独占に伴う貧富の差が生まれるなど、人間の社会は大きく変容していくが、それでも、その中で活用されているヒトの能力は、狩猟採集能力の「転用」に他ならない。世界各地で、農耕を行う集団もそうでない集団もあり、そこで栽培される植物も用途も技法も異なるため、農耕という文化は著しい多様性をもっているが、農耕という行動を成り立たせているヒトの生物学的基盤はといえば、それは狩猟採集時代にヒトに普遍的に備わり、受け継がれてきたものである。

これは傍証にすぎないが、農耕の起源を見ても、その能力の普遍性の一端はうかがえるであろう。世界最古の農耕の起源はメソポタミアであるとされているが、そこが唯一の起源ではなく、西アフリカ、東南アジア、東アジア、メソアメリカなど、複数の地域で同時多発的に生じたと考えられている。つまり、メソポタミアでの一回きりの突発的な発明が世界に普及したのではなく、各地各様の狩猟採集生活が営まれてきたなかで、何らかの必要性（たとえば気候変動に伴う食料の不足、人口密度の増大など）に直面した狩猟採集集団が、そのもち合わせたヒトの普遍的な能力を転用することによって、特定の栽培植物への強い依存を始めていったと考えられるものである。

農耕は、明らかに人間社会がかつてもっていなかった、そして、歴史の中で新たにもつようになった、新しい文化である。それがあってもなくても、人間の社会は各地で持続してきたし、今日それが世界中で欠かせない生活様式の一部となっているからといって、それをもって、人間社会の普遍的現象であるかのように語ることは誤りである。ただし、それを成り立たせているヒトの能力は、普遍的なものであり、すなわちそれは狩猟採集社会においてそなわった各種の能力である。その生得的基盤の転用によって、今日では多数派によりその文化が営まれる状況となっている。これが、「農耕は進化か文化か」に対する回答である。

4　さて、教育は？

さて、回りくどいたとえ話をしてきたようだが、本題の「教育」である。今日、我々の社会は教育なしには成り立ちえない。世界中の多数派がそれに依存して生活している。長い歴史の中で持続的に行われてきた。ヒト以外の生物種では見られない。さて、教育は進化か文化か。

これまでの事例の中で、現代社会の我々の事例をヒト全般における典型的な特徴と考えてしまうことの危うさ、進化か文化かという二項対立に乗ってしまうことの危うさ、特定の現象を説明したいがために、目的論的で遡及的な議論をしてしまうことの危うさなどを強調してきた。教育について検討するときも、同様である。

まず、教育という営みには、多岐にわたる形態が含まれる。狭い意味の制度化された学校教育から、子ども集団における学び、宗教や生活慣習の中での規範獲得、居住集団や家庭における家事や生業への参加など、さまざまである。

文化人類学は、近代化した社会以外の多くの地域集団についての調査をしてきており、むろん、子どもたちの学びと育ちに関わる調査も積み重ねられてきた。そして、人類史において学校教育の歴史がきわめて浅いこと、制度的な教育をもたずに持続してきた多くの社会が存在すること、厳しい規律や訓練を日常的に行う社会もあれば、逆に大人が緩やかに放任的に子どもに接することで、子どもたちが学び育つ社会もあることなどを明らかにしてきた。

こうした多様な学びと育ちの現れ方を見るにつけても、また、学校がない多くの社会で何十万年も人々は子どもを育て、社会を営み、生活を成り立たせてきたことを考えても、学校のような制度的教育がない状態の方がむしろヒト社会の典型であるといえる。今日の我々の現代社会が、学校教育なしに成り立たないからといって、それを世界大に拡張し、ヒトにとって教育は不可欠であると普遍的な現象のごとく語るのは、出発点として適切な認識ではない。明らかに、農耕と同様、学校のような制度化された教育も、狩猟採集民として進化を遂げたヒト社会に事後的に付加された、新しい文化である。

一方で、では、この営みが、まったく生物学的基盤をもたないかというと、そうではない。そこで考えられるのが、「狩猟採集社会における何らかの能力の転用」という理解の枠組みである。

農耕の起源における「半栽培」の事例に見られるように、その時々の偶然の資源分布に生計が左右されがちな狩猟採集社会にあっても、一定の将来予測と計画性に基づいて、自然資源の管理を行い、その情報を記憶、共有することによって、持続的な生計の維持を図るということが行われてきた。その予測能力を緩やかに活用し続けるのが狩猟採集社会であり、それをさらに強い環境への介入行為へと転用していったのが農耕社会だと考えられる。備わった能力それ自体の有無が問われているのではない。そもそも普遍的に備わっている能力を、いかなる必要性のもとで、いかなる環境・文化要素と組み合わせ、いかなる効果を期待する行動に移したか、という、「現れ方の違い」にすぎない。

教育においても、同じように考えることができるのではないだろうか。緩やかで放任的で、積極的な教育や訓練を行っていないかに見える狩猟採集社会にあっても、人々は他者に何かを期待し、言葉をかけ、情報を共有し、時には指示・命令し、自他の望ましい行動を予期して振る舞っている。そうしたことはきわめて日常的に見られていて、我々の社会の風景とあまり違いがない。

傍証もある。こうした狩猟採集社会に、近年では政府主導で学校教育が導入され、子どもたちが毎朝教室に通い、公用語や算数を学び、そうした生徒たちの中から、次の世代を教える教員となる若者たちも現れ始めている。こうした状況を見ても、「狩猟採集民には生まれつき教育の能力がない」であるとか、「狩猟採集文化は教育をもつことができない」などとは断定できないことは明らかである。

ヒトはそういう能力を普遍的にもっているが、それがどの程度の強さや形態とともに現れるかは、状況により異なる。そうした能力が、いかなる必要性のもとで「転用」されていったか。どのような環境、文化要素、とりわけ政治権力や国家や科学技術などの諸要素と組み合わされて強化され、制度化、規範化されていったか。その結果、どのような効果をもたらし、社会変化を招いたか。これらを検討していくことが重要な課題である。

5　おわりに

そもそも、生物学的な能力の基盤のまったくない行動を、人間が発明し、文化として習得、共有、伝達することは不可能である。したがって、教育を日常的に営んでいるヒトたちが多くいる以上、そこに生物学的基盤があるということは自明のことであり、ほぼ同語反復にすぎない。

「学校教育がある社会を前提としない」「進化と文化の二択で考えない」「現在の教育の存在を説明するために、目的論的、遡及的に立論しない」ということを、あらためて確認したい。そして、我々の現代社会は多様な人間文化の現れの一つにすぎないという謙虚な自画像をもち、過去と現在の世界の人々の多様性に学ぶなかで、人間にとっての教育というものを考えていきたい。そのために、文化人類学、アフリカを含む地域研究が果たしうる役割もまたあるのではないかと思われる。[*1]

第2章
ニッチ構築としての教育

小田　亮

1　教育は利他行動である

現代の先進国では、子どもの教育にかなりの出費がなされている。また、教育は公的なものでもあり、公立の学校には税金が投入されている。なぜ、このように熱心に教育をしようとするのだろうか。そもそも、なぜヒトはホモ・エデュカンス（*Homo educans*）とでもいえるような、教育熱心な種になったのだろうか。本章では、教育の機能、つまり、他個体に何かを教えることが、なぜ教える側の適応度を上げるのか、ということについて考察する。

学習の進化については、これまで多くの研究がなされてきた。なぜならその適応的意義が明確だからだ。多くの動物種には、たとえば生得的解発機構のような、特定の刺激への素早くステレオタイプな反応が、いわば造りつけの形で備わっている。[*1] しかし、それだけでは環境が変動したときに柔軟に対応できない。そこで学習という、外界からの刺激に対する柔軟な反応が自然淘汰によって進化してきたのだろう。学習能力があれば、遺伝的な変化を伴わなくても行動を調整することができ、より変化のある環境でもうまくやっていける。[*2]

一方、学習に比べて、教育の適応的意義についてはこれまであまり考えられてこなかった。第4章や第6章で取り上げられているティム・カロとマーク・ハウザーによる定義で述べられているように、積極的教示は、教える側にとって「直接的利益がなく、ある種のコストを払う」ことで行われるものである。つまり教育は、教える側がコストをかけることによって教えられる側に利益をもたらす利他的な行動だといえる。ということは、教育の進化は利他行動の進化という文脈で捉えなければならない。

進化や適応といった観点から教育を捉えようとした研究はあまりない。一例として、積極的教示の進化を数理モデルによって分析した、ローレル・フォガルティらによる研究を紹介しよう。[*3] 彼女らは積極的教示に関わる遺伝子群を想定し、それがどのような条件で集団内に広がるのかを解析した。このモデルでは、一人の教師が血縁関係にある受け手に、適応度を上げるような情報を教える場合が想定されている。教えるためには教師にコストがかかるが、それによって受け手と共有している遺伝子の適応度（包括適応度）がコストを上まわるほど上昇すれば、積極的教示は進化する。しかし、受け手が自分で学習する、あるいは周囲の個体のまねをすることで簡単に情報を得ることができる場合には、教えることが有効となる情報は限られているだろうということも示された。

このモデルで前提となっているのは、教師から受け手に有益な知識や技術などの価値ある情報が伝達される、ということだ。つまり、積極的教示によって受け渡されるのはある種の「財」であるといえる。しかし、物質的な財とは異なり、教えられた情報は受け手によって消費されることなく、他の個体に再伝達されることがある。それが通常の財とは異なる点だということもフォガルティらは指摘している。この研究は先駆的なものではあるが、なぜヒトにおいては非血縁個体を対象にした大規模な教育が見られるのか、という問題について答えてくれるものではない。

本章ではまず、ヒトの利他性がなぜ、どのように進化したのかということについての最新の説を紹介する。次に、ヒトにおける高度な利他行動の進化に教育が関わっている可能性、つまり、教育によって利他行動が有利になる環境が創られることにより、教育という行為自体も維持されていくのではないかという考え方について説明する。

2　利他行動の進化

【1】血縁への利他行動

ヒトは非常に高度な利他性を示す種である。その一方で、私たちには高度で大規模な教育行動も見られる。これらの間には何らかの関係があるのではないだろうか。では、そもそもヒトの利他性はどのように進化したのだろう。

利他行動はその行為者がみずからの利益、すなわち適応度を下げて受益者の適応度を上げる行為である。まず、利他行動に関わる遺伝子群を想定しよう。利他行動を引き起こす単一の遺伝子、などというものはおそらくないだろう。しかし、他のさまざまな行動と同じく、多くの遺伝子による遺伝的な基盤があることを想定するのは可能だ。ただ、そのような遺伝子群は、個体が利他行動をすればするほど適応度が下がるので、みずからを減少させてしまうことになる。素朴に考えると利他行動は自然淘汰において残っていかないはずだ。では、なぜ利他行動は進化したのだろうか？

自然淘汰を考える際には、ある遺伝子（群）がポピュレーションの中で増えていくかどうか、つまり平均適応度が上がるかどうかを考える。ポピュレーションとは、ある生物種の集まりのことである。ある遺伝子が、どのような条件においてポピュレーション内で頻度を増やすのかということをモデル化したものがプライス方程式であり[*4]、そこから利他行動に関わる遺伝子が頻度を増やす条件として導き出されるのが「正の同類性」である[*5]。

ポピュレーションは同種個体の集まりだが、さらにその中で個体がいくつかの集団に分かれているという構造を考える。プライス方程式から導けることを大雑把にいうと、「利他的な遺伝子の、ポピュレーション内での平均適応度」は、ⓐ「利他的な遺伝子をもつ個体が増加することが、その集団全体の適応度に与える影響」にⓑ「集団間のばらつき」をかけたものと、ⓒ「利他的な遺伝子をもつことが、個体の適応度に与える影響」にⓓ「集団内のばらつき」をかけたものに分けることができる、ということになる。利他行動が進化するためには、平均適応度つまり両者の和が正の値にならなければいけない。それがどういう条件かというと、利他行動は集団全体のためになるので、ⓐは正の値をとる。また、ばらつきは必ずあるので、ⓑとⓓも正である。ただ、利他行動をすると個体の適応度が下がるので、ⓒは負の値である。ということは、ⓓ「集団内のばらつき」が小さく、ⓑ「集団間のばらつき」が大きいときに平均適応度は正の値になりやすい、つまり利他行動が進化しやすい条件になるということである。

別の言い方をすると、あるポピュレーションにおいて利他的な個体と非利他的な個体がランダムに集団を形成するのではなく、何らかの形で似た者同士が集まって集団を形成する、すなわち正の同類性を維持することができれば、利他行動は進化する。もし利他的な個体と非利他的な個体が混じり合っていれば、当然だが非利他的な個体の方が一方的に得をするので適応度を上げることができるだろう。しかしながら、利他的な個体同士で集まることができ、非利他的な個体を排除できれば、利他行動に関わる遺伝子のポピュレーション内での平均適応度を高くすることができるということだ。このような考えを「複数レベル淘汰」という。

複数レベル淘汰の提唱者の一人であるデヴィッド・スローン・ウィルソンはこのことを、「善人の集団を一つの島に、悪人の集団をもう一つの島に残したらどうなるか」という思考実験によって表現している。[*6] 考えるまでもなく、善人の集団は協力して島から脱出するか、あるいは島を小さな楽園にする。一方、悪人の集団は自滅するだろう。ただ、そのためには、善人の集団に悪人が入り込まないという条件が必要となる。つまり、同類性のある集団が隔離されていて、集団間の差異が大きくなっている必要があるのだ。

この正の同類性を満たす条件の一つが血縁である。きょうだいやいとこといった血縁関係にある個体の集団は、他の集団に比べて同じ祖先に由来する遺伝子を共有している確率が高い。つまり同類性が高いのである。血縁同士が集まってランダム以上に関わり合うことがあれば、利他行動は進化する。これを「血縁淘汰」という。[*7] 実際、私たちは親子やきょうだいなどの血縁同士で助け合うし、それが当たり前のことだと思っている。ヒトの場合、生まれてから最初の教師は両親などの家族であり、そこから多くのことを学ぶ。フォガルティらが示したように、このような血縁個体への積極的教示は包括適応度の上昇で説明できる。しかし、ヒトにおける教育は血縁個体以外にも向けられるし、とくに現代では、学校制度のように教育が大規模に組織化されている。これについてはどう考えればいいのだろうか。

【2】 非血縁への利他行動

これまで、ヒトの利他行動の進化を説明する原理として、血縁淘汰と、非血縁個体間の利他行動を説明する「互恵的利他主義の理論」の二つが挙げられてきた[*8]。互恵的利他主義の理論とは、利他行動の相手との血縁関係がなくても、自分が払ったコストの分だけ後で相手から返ってくれば差し引きゼロになるし、お互いが困っているときに助かるので、このような利他行動が進化するだろう、という理論である。つまり「お互いさま」というわけだ。ただ、これが成り立つためには、お返しが保証されていなければならない。助けた相手がお返しをせずにいなくなってしまったり、より少ないお返ししかなかったりすると互恵的ではなくなってしまう。助けてもらうだけでお返しをしなければ一方的に得をするので、お返しをしない「ただ乗り個体」が発生する可能性が常にある。そこでもやはり正の同類性が重要となってくる。互恵性が維持されるには、何らかの条件のもとで、ただ乗りするような個体を排除して、ちゃんとお返しをするような個体同士がランダム以上に関わり合うことが重要なのである。

じつは、複数レベル淘汰を考えると、血縁は正の同類性が保証される条件の一つにしかすぎないといえる。複数レベル淘汰では、利他行動に関わる遺伝子群をもつ個体が、ポピュレーション全体の頻度よりも高い頻度で相互に影響し合えば、その度合いに応じて利他性が進化するということだった。多くの血縁個体は空間的に近接して生活しているので、空間的な近接性が正の同類性を促進するだろう。ただ、必ずしも血縁でなくとも、もし利他行動に関連した遺伝子群をもつ個体同士が集団をつくり、その中だけで相互作用すれば、そうでない集団よりも全体的に適応度が高くなるはずである。あるいはたとえ空間的に近接していなくても、利他行動に関連した遺伝子群をもつ個体同士がネットワークを形成し、排他的に相互作用すれば、複数レベル淘汰が起こる余地があるだろう。

そこから、ヒトにおいては利他性の低い相手を検知して、社会的交換関係から排除するための認知的適応が進化したのではないかという予想ができる。実際、ヒトには、ただ乗り個体や利他主義者を検知する能力や[*9]、ただ乗り個体を無意識に記憶する認知バイアス[*10]など、正の同類性に適応したさまざまな認知能力があることが報告されている。

正の同類性のための認知的適応としては、他にも評判と評判への敏感さがある。人間社会では、利他行動の相手から直接お返しがくるとは限らず、代わりに第三者から利益がもたらされることによって互恵性が保たれることがある。これを「間接互恵性」という。ことわざでいう「情けは人の為ならず。廻り回って己が為なり」だ。リチャード・アレクサンダーは、たとえ相手にした利他行動に対して直接的なお返しがなくても、それを見ていた第三者によって「あの人は親切な人だ」という評判が立てば、その後のやりとりで相手から利他的に振る舞ってもらえるだろう、ということを提唱した[*11]。その後、シミュレーションによる研究によって、集団の中でやりとりをする際に評判の高い相手に対してのみ協力する、という条件のもとで進化が進むと、最終的には協力的な個体ばかりになることが示されている[*12]。このような評判によるラベリングは、結果的に互恵的傾向の高い人同士のネットワークを強化することになるだろう。さらに、「競争的利他主義」という考え方もあり、向社会的な人の方が社会的交換の相手や配偶者として選ばれる可能性が高いことが実験により示されている。[*13] このような競争的利他主義もまた、利他主義者同士が集まることを強化していると考えられる。

【3】 利他性と文化

複数レベル淘汰を提唱する研究者の中には、文化的特徴が集団を区別する「目印」として機能するため、文化的特徴が正の同類性を強化する重要な要因であると主張する者もいる。[*14] ヒトがもつ多くの文化的特徴、とくにドレスコードやマナーなどの習慣は、教育を通じて集団内で伝達され、共有される。あるいは〇〇主義や歴史観といった思想などもそうだろう。この伝達された情報は、教わる側の適応度を直接向上させるものではない。流行の服を着ているからといって、食糧が得やすくなったり病気に罹りにくくなったりすることはないだろう。思想の場合、逆に適応度を下げてしまう可能性すらある。しかしこの場合は、集団内の他の個体と同じことをしている、ということが重要なのである。こういった文化的特徴は「目印」としての役割を果たし、自集団の結束力や他の集団との差異を強めるだろう。「我々は箸を使って食べるが、あいつらは手で食べる野蛮人だ」というわけだ。このような文化的集団淘汰は、教師が教育というコストを払うのに見合うものの一つかもしれない。

このように、従来、血縁淘汰理論とは別個に扱われてきた互恵的利他主義の理論も、正の同類性という概念によって統一的に説明することができる。しかし、互恵的利他主義の進化には、必ずしも互恵性の遺伝的基盤が必要なわけではない。互恵性は純粋な後天的・文化的形質として学習することもできる。たとえ遺伝的な基盤がなくても、支払ったコストに見合う利益が後から得られさえすれば、互恵性は維持されるだろう。これは、知識や技術を財として教える場合にも当てはまる。財としての知識や技術を「互恵的遺伝子」が共有されにくい他者にコストをかけて伝達する場合には、そのコストに見合った見返りが必要となるだろう。現代社会では、教育は組織化・商業化されており、教師は教育の対価として金銭を受け取っている。これは現代に限ったことではなく、小規模な伝統社会でも、知識（たとえば道具のつくり方）を提供することで報酬（たとえば食べ物）を得ていたかもしれない。しかし、そこにはやはりただ乗り個体の侵入が常に起こりうる。

互恵的利他主義は、文化的に互恵的な社会関係をつくることができれば、遺伝的形質が正の同類性を満たさなくても可能である。互恵主義をもたらす至近要因の一つは規範であり、互恵主義の規範は、文化的な伝達によって維持することができる。社会的ネットワークのメンバーが互恵主義の規範を共有していれば、遺伝的関係にかかわらず間接的な互恵性が維持されるだろう。

ヒトの教育は、一度に多くの相手に情報を伝えることができる非常に効率的なコミュニケーション手段である言語によっておもに行われてきた。[*15] つまり、教育による規範の伝達は、遺伝子による伝達よりも効率的だといえる。人間がこれほど大きな社会を形成し、協力関係に基づく文明を築くことができたのは、教育によって互恵性の規範を効率的に広めることができたからなのではないだろうか。

3　教育によるニッチ構築

［1］ ニッチとは？

「ニッチ」とは、もともと「壁龕《へきがん》」という意味で、西洋建築に見られる彫像などを置く壁のくぼみのことである。生態学では「生態的地位」ともいわれており、「個々の生物種が、生態系の中で占める位置または役割[*16]」という意味になる。生態系の中で、それぞれの種は周囲の同種個体や異種個体、また気温や湿度、地形などの物理条件といったものから影響を受けている。ニッチはこういったさまざまな環境要因のセットとして記述でき、地球上の生物種は、それぞれのニッチに適応して種分化することにより多様化してきた。

このニッチを、環境を改変することで生物自身がつくり出すというのが「ニッチ構築」である[*17]。従来の自然淘汰のモデルでは、ある時点での環境が遺伝子プールに影響し、特定の遺伝子（群）を選択する。別の時点ではまたその時点での環境が遺伝子プールに影響する、という形で、環境と遺伝子は別々のものとして捉えられていた。しかし、生物の側がみずからが適応していく環境に作用し、それを変えていくこともあるのではないかというわけだ。さらに、そのようにして新たに創られたニッチが生物の特徴を選択する。わかりやすい例がビーバーのダムである。ビーバーは自分たちで切り出した木を持ってきて川を堰き止め、ダムを造って、そこに水中からしか出入りできない安全な巣を構えている。この自分たちで改変した環境が、ビーバーの身体の特徴への淘汰圧としても働いた結果、ビーバーは木を齧るための硬い歯や、深いところに潜るための水かきや平らな尻尾を進化させた。

農業に代表されるように、ヒトは高度な道具使用や文化によって、環境を大規模に改変してきた種である。文化的なニッチ構築の例としては、乳糖耐性の進化が挙げられるだろう。哺乳類の乳には、ラクトース（乳糖）という糖分が含まれている。ほとんどの哺乳類は乳児のときにはこのラクトースを消化分解できるのだが、乳離れするとその機能が失われる。ヒトの場合、五歳を過ぎると乳糖分解酵素が不活性となる。ところが、現代人の中には成人してもこの乳糖分解酵素が活性のままである人たちがいる。北欧人の大部分と、北アフリカやアラビアのいくつかの集団がそうだ。ラクトースを分解する能力は、ある単一の遺伝子をもっているかどうかによって決まるので、こういった人たちはその遺伝子をもっているということになる。

ではこの遺伝子がどのような集団で見られるのかというと、長く酪農、つまり家畜を飼育してその乳を利用するという生業を続けてきた集団において高頻度で存在しているのである。乳糖分解酵素を活性のままにする突然変異が起こったと考えられるが、集団内にこの遺伝子が存在する頻度から、突然変異はヨーロッパの北中部で起こり、周囲に広がっていったと考えられている。一方、ウシの遺伝子の頻度から、酪農もヨーロッパ北中部から広がったと考えられている。これは、酪農という文化が乳糖耐性の遺伝子に影響したことを示唆する。[*18] 酪農は文化的な産物だが、遊牧民のように一年のうちある時期をほとんど生乳だけを飲んですごすような環境では、大人になっても乳糖を分解できる能力が維持されるということである。

〔2〕 互恵性のニッチ構築

文化的なニッチには、社会も含まれる。ヒトにとって社会は非常に重要であり、そもそもヒトの高い知能が進化するうえでの淘汰圧も、社会だったのではないかという説がある。[*19] 集団における互恵的な関係は、集団のメンバーにとっての一種の社会環境と見なすことができる。互恵性の規範は文化的な伝達によって広められるため、規範を積極的に教えることは、社会的なニッチを構築していると解釈できるだろう。これまで見てきたように、教育とは、規範などの概念を伝達し、教えられる側の行動を変容させる行為である。「互恵的遺伝子」があまり共有されていない他者を教育することに多少のコストがかかったとしても、教師が教育によって互恵的な関係のニッチを構築できるのであれば、その利益はコストに見合うものになるだろう。

実際、ルーク・レンデルらによる文化伝達の理論的研究によると、局所的なニッチを構築する際に生じる文化的学習は、ランナウェイ性淘汰に似たダイナミクスをもつ過程を誘発し、結果としてコストのかかる遺伝形質が選択されることが示唆されている。[*20] ランナウェイ性淘汰とは、オスのある形質がメスによって選択されると、その形質と形質への好みの両方が子孫に伝わるため、正のフィードバックが起こる結果として、コストのかかるような形質でも進化する、という過程のことである。つまり、たとえ教育によって互恵的な規範を伝えることに時間やエネルギーといったコストがかかったとしても、結果として互恵的な関係のニッチが構築されれば、規範を積極的に教えることが見合ったものになるということだ。また、そのようなニッチのもとでは、協力行動によって一人ではできなかったことが可能になるので、知識や技術などを他者にコストをかけて教え、共有することも割に合ったものになるだろう。

これとよく似た考えに、山岸俊男と橋本博文が提唱した「社会的ニッチ構築」がある。[*21] 彼らの社会的ニッチ構築モデルでは、文化固有の精神的・行動的特性を社会環境に適応するための道具として理解し、その道具を使って適応した行動そのものが、適応すべき環境（社会的ニッチ）を構築するとされている。たとえば、橋本は東アジア文化圏において特徴的とされている、相互協調的自己観という文化的自己観がどのように形成されたのか考察している。[*22] 橋本は日本人を対象に、相互協調的自己観と相互独立的自己観が、現実の自分、理想の自分、そして世間一般の人にどれくらい当てはまるのか質問紙によって尋ねた。すると、相互協調性は現実の自分よりも世間一般で高く、理想の自分では低かった。逆に、相互独立性は現実の自分よりも理想の自分で高く、世間一般では低かった。つまり、人々は実際には相互独立的な生き方を望んでいるにもかかわらず、「世間一般の人たちは相互協調的に振る舞うだろう（言い換えれば、相互独立的に振る舞うことはないだろう）」と予想するために、相互協調的に振る舞っているのではないかということだ。その理由として、そのような相互協調的な振る舞いが他者から好意的な評価を引き出すと予想しているからではないかということもまた、質問紙調査から示唆された。集団の構成員がみなそのように振る舞えば、（本当はそう願っていなくても）結果として相互協調的な文化ができあがり、維持されていくことになる。

ただ、このモデルと今回提唱したニッチ構築としての教育のモデルの違いは、社会的ニッチ構築モデルが、心の道具との相互作用によって社会・文化的環境が無意識的に創られることを前提としているのに対し、今回のモデルは、集団のメンバーが教育によって意識的かつ能動的に社会的環境を創ることを前提としている点である。

先に述べたように、子やきょうだいなどの血縁個体に対して何らかの知識や技術を財として教える場合、教えるために払ったコストは、包括適応度を高めることで補償することができる。しかし、社会が大きくまた複雑になるにつれ、分業化が進み、技術は専門化・高度化していっただろう。このような状況下では、非血縁個体に対して教育によって文化を伝達することが重要になるが、そのためには教育にかかるコストの補償が必要となる。

このような状況下での教育には、知識の提供だけでなく、互恵性や内集団への忠誠心などの道徳的規範の伝達も必要であったと考えられる。たとえば教育の中には「公民教育」という概念があるが、これは「自由の自覚をもつ市民としての資質・意識を育てることによって、市民社会の発展をめざす教育。市民教育」[*23]である。また教育基本法第一条（教育の目的）では、教育は「人格の完成を目指し、平和で民主的な国家及び社会の形成者として必要な資質を備えた心身ともに健康な国民の育成」を期して行わなければならないとされている。このようにして構築された互恵的なニッチは、結果的に互恵的利他行動に関わる遺伝子群も維持できる環境を提供しただろう。

ただ、この「ニッチ構築としての教育」という考えは、いまのところたんなる仮説でしかない。今後、数理モデルや考古学的証拠を用いた、より詳細な検討が必要だろう。大規模な教育による価値観や道徳、信念、習慣といったものの伝達はヒトだけがもつ特徴である。教育の進化学は、私たちはどこから来たのか、私たちは何者なのか、そしてどこへ行くのか、という大きな問題にも関わってくるものなのだ[*24]。

第3章 狩猟採集民は教えているか
「教示の不在」という観点から

園田浩司

1 はじめに

【1】頭を使わなくなった教育

大学での講義を終えて電車で帰宅していると、ふとこんな会話を耳にした。大学生たちであろう。「大学の授業、疲れた」「大学の授業よりも、バイトの方がよほど頭を使うんだよね。商品のお菓子をどうやって陳列棚に置いたらキレイかとか、売れるのかとか考えないといけないから」。

講義で学生たちに「教育」と聞いて連想するものは何かと尋ねると、みな口々に「学校」を挙げる。学校教育、社会教育、家庭教育とあるように、「教育」は本来学校空間に閉じ込められた社会活動で

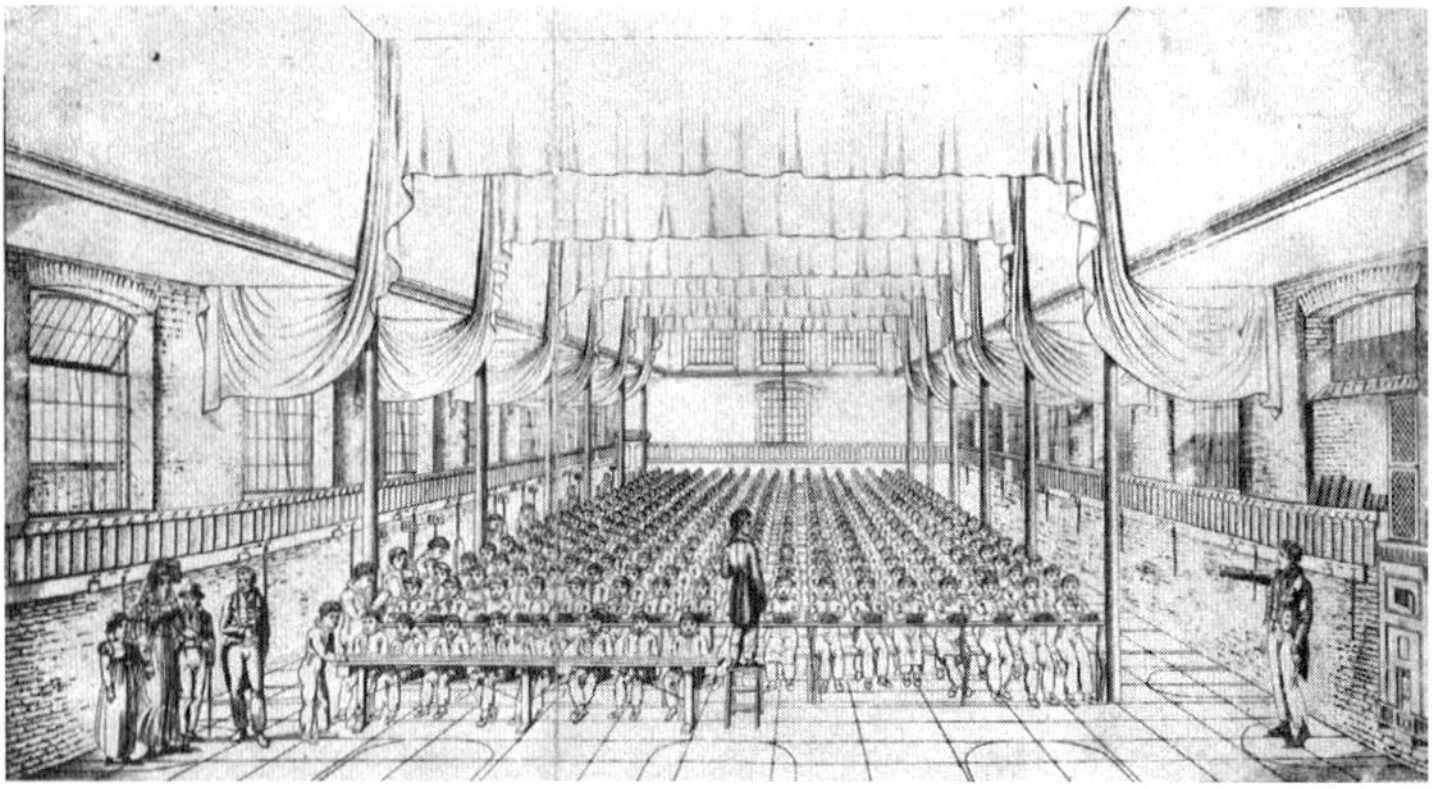

図 3-1　モニトリアル・システム

（出典） Seaborne（1971）。

はない。ところが、「教育」から連想するその「学校」でさえ、いまや「頭を使わない場所」になってしまっているようだ。いったい何が起きているのだろうか。

図３－１は、一八世紀末に登場した「モニトリアル・システム」と呼ばれる授業形態だ。授業を受ける子どもたちが整列させられ、手前中央には監督者が立っている。一見、一斉教授のようだがそうではない。子どもたちに読み書きを教えるのは壁沿いに立っている学力のよい子どもたち（図中左にいる各机の端に立つ者たち）である。彼らはモニター（助教）と呼ばれる。では、手前中央の監督者は何をしているのか。じつは彼は、子どもたちがきちんと勉強に取り組んでいるかどうかを見張っているのである。つまりこの監督者は、子どもたちの「学校で学ぶ身体」をつくり上げるためにいる。[*1]

このような授業形態の登場は、第一次産業革命期にあった当時の社会的要請に基づいている。国民国家や工業化社会を支える人材養成に伴い、学校は個人の身体を管理する役割を担うことになった。このように、そもそも学校は学問探究そのものを目的とする社会的な地位を占めていたわけではない。[*2]

【2】 狩猟採集民の子どもの創造的適応性

学びには遊びが欠かせないと論じた心理学者ピーター・グレイは、学習者の身体を管理し、主体性を奪いかねない学校教育がもつこの負の側面から学習者を解放する手がかりを、狩猟採集民の子どもたちの学びに求めている。グレイの主張はこうだ。学校教育とはすなわち農耕社会のシステムに基づいた教育である。たとえば農作物をうまく育てる方法のように、有効性があり、実証済みの方法を教えるのが学校教育である。ここで求められるのは、その方法や知識の正確な再現である。ところが、狩猟採集社会の教育は異なる。「狩猟採集で生き延びるためには、自然の絶え間なく変わる、予測不可能な条件に、持続的に、しかも創造的に適応することが要求され（る）[*3]」。自然を改変して資源を獲得する農耕に対し、自然から直接資源を得る狩猟採集では、予測不可能な出来事に満ちた自然の中で活動する分、その場の状況に柔軟に、そして創造的に対応しなければならない。では、私たちが「頭を使うための教育」を取り戻すには何が必要なのか。本章では、自立した学び手として育つとされる狩猟採集民の子どもの教育環境に学ぶことで、学校教育になじんだ私たちの教育環境について捉え直してみたい。

【3】 狩猟採集民とは誰か

ヒトがサルと分岐して地上を二足歩行するようになった七〇〇万年前がヒト誕生の時代とされる。およそ一万年前になってようやく農耕・牧畜という生業が登場するが、それまでの人類史の長期間を、

図 3-2　森に出かけるバカの子どもたち

ヒトは狩猟採集に頼って生活してきた。グレイが言うように、学校教育が農耕社会に基づく教育だとするなら、狩猟採集社会の教育はどのようなものなのか。それを知るために筆者はこれまで、アフリカ大陸中部、カメルーンの熱帯雨林に暮らす狩猟採集民バカ・ピグミーの人々（以下、バカの人々）の調査を行ってきた（図3－2）。

現在の狩猟採集社会を「狩猟採集社会（または狩猟採集民）」と呼んでよいのかという議論がある。人々の大半はいまや定住しているし、それに狩猟採集の生業実践だけに頼って暮らしてきたわけではないからである。バカの人々もそうである。彼らもかつては森の中を遊動生活していたが、一九七〇年代の国家による定住政策のもと、熱帯雨林地域に敷かれた幹線道路沿いに定住するようになり、現在では農業も行っている。「純粋な」狩猟採集民とは言い難いが、それでも一年に数カ月は定住集落を離れ、森に滞在し狩猟採集活動を営む。森林資源に依存し、いまでも森と強い結びつきをもつことから、筆者は彼らを「狩猟採集民」と便宜的に呼ぶことにしている。

【4】 教示の不在と自律性の獲得

さて、狩猟採集民の教育の特徴について、先行研究で述べられてきたことを要約すれば「教示の不在と自律性の獲得」であるといえる。狩猟採集民の教育は、子どもに独立心と自己依存性（self-reliance）を奨励するとされる。それは日々行われる食料探しに、個々の率先力（initiative）が求められるからである。[*4]

人類社会の基本的生業形態として、狩猟採集（漁労）、農耕、牧畜の三つが存在するが、これらの生業形態の違いは、教育にどのような影響を及ぼすのか。このことを検討した初期の研究に、心理学者ハーバート・バリーらのものがある。この研究では、蓄財が一つのキーワードになっている。たとえば財としての家畜を管理する牧畜社会では、社会に対する従順さや富の管理をめぐる社会的責任を子どもたちに教え込む。その一方で、その日の食料はその日のうちに費やし、基本的に貯蓄することのない狩猟採集社会では、みずからの食料を確保するのに必要な行動力と、それを支える自己依存性を子どもたちに身につけさせるという。[*5]

狩猟採集社会の子どもが学ぶ自己依存性や独立性、これらを整理した用語が「自律」（personal autonomy）である。他者からの制約を受けることなく、行為し、意思決定する「自律」は、「共有（シェアリング）」「平等」とともに、狩猟採集社会の社会的価値、または社会規範として研究者たちの間で議論されてきた。[*6]

狩猟採集社会の子どもたちが日常実践を通じて自律を学ぶとの考えは、現在でも引き継がれているが、ではどのようにして育まれるのか。中央アフリカのアカ・ピグミーのしつけや子どものケアを調査したバリー・ヒューレットらは、狩猟採集民の大人の振る舞いについて次のように述べている。

「食料採集者（foragers）は自律や平等に価値を置くために、年長の子どもや大人たちは、子どもにとって何が最良かを考えたり、感じたりはしない。また、子どもの社会学習に直接関わったり、介入したがったりもしない」[*7]。狩猟採集社会では、父母、祖父母、オジ、オバ、さらには年長のイトコを含むキョウダイといった養育者たちが、一から十まで子どもに教えるのではない。むしろ子どもたちが、彼らが行っていることをみずから観察し、模倣しながら学んでいくのであって、養育者らが子どもに教える（teaching）頻度は相対的に低いのである[*8]。しかし、こうした周囲の不干渉（nonintervention）こそが、子どもの自律を育む一つの型になっているのかもしれない、と狩猟採集民の子ども研究を渉猟した心理学者シェイナ・ルールヴィーらは述べている[*9]。

そこで筆者は、先行研究が自明のものとして定式化している、「教示者が学習者の学習を達成させるために、〈意図的〉に教えない態度」を「教示の不在」と定義した[*10]。そのうえで、この教示の不在と自律性の獲得はどのような関係性にあるのか、言い換えれば、そもそも「教えない」行為が日常の生業実践活動の中でどのように組織され、また子どもの自律の学びがそこでどのように構成されているのかを明らかにするために、カメルーンでの参与観察に基づく調査を始めた。

2　技法以前の、態度としての教示的無関心

【1】　あえて教えていないのか？

二〇一三年八月のある日、筆者はカメルーン東部の森の中にいた。バカの人々が築いた森のキャンプを拠点に個体追跡調査を行いながら、子どもたちが養育者らに混じって参加する狩猟採集活動を追

図 3-3　森で調査中の筆者

（出典）　写真：萩野泉氏。

っていた。朝の六時から夜の六時まで、一日一人の子どもに張りつきながら、ノートとカメラを持って、キャンプと森とを行き来していた（図3－3）。彼らの行動を記録しながら、子どもたちがどのように養育者らと共同活動を進め、そして養育者らがどのように子どもたちに協力しているのかを、フィールドノートに記録していた。ある日の追跡中、子どもたちに動きがなくなって、手持無沙汰になった筆者はフィールドノートにこのようなことを書いている。

「子どもに対する養育者の構えを表現するのに、『あえて伝えない』『あえて口にしない』という心理描写は適切ではない。あえてそうしないのかはともかく、養育者はその場の状況や環境に、子どもとのやりとりの展開を委ねている印象を受けるからである。たとえ彼らが『何か』を子どもに言おうと待っているように見えても、その『何か』が口にされずに終わってしまうので、何も待っていないかのようである」（二〇一三年八月二四日フィールドノート）

意図的に教えないことを前提とするかのような先行研究に対し、実際の現場を見た筆者の印象は違っていた。養育者たちは、いつ教えるか教えまいかにそれほど注意を払っているようには見えなかったのである。調査中、この「教示に対する養育者の無関心」ほど筆者の注意をひいたものはなかった。子どもに対する養育者のこの振る舞いが、教育のあり方に及ぼす影響を感じた。ヒトの教育、学習を扱う考古学や心理学、社会学研究者からすれば、「人類社会の始原」とされる狩猟採集社会に教育制度が存在するのか、また存在するとしたらどのようなものかに関心があるだろう。こうした点について筆者は明確に回答ができない。ただし狩猟採集社会の教育を捉える一つの手がかりとして、いまのところ「教示的無関心」という用語で養育者たちの教育実践を捉えている[*11]。

教示的無関心とは、「教え－教えられる関係性に固定されず、学習者ではなく、あくまでいち実践者として子どもの参加を組織する養育者の態度」を指す。筆者は狩猟採集民の教育の特徴が、その一種の捉えにくさにあると考えている。「無関心」という言葉をあえて用いたのは、養育者たちの態度が、「教育的らしくない」からである。子どもと養育者は、知識や技能面で圧倒的に非対称な関係にある。しかしそうでありながら、子どもたちはよほど危険な大型獣対象の狩猟などを除けば、たいていの活動に幼くして参加し、彼らはそこで思いのままにとりあえず実践してみている。養育者による、一見教示に無関心な態度が子どもの参加を支えているのである。もし、子どもの行為や参加の仕方に間違いがあったり、あるいはその子どもが携わる作業が不適切と養育者が判断すれば、そのときになって養育者は子どもを注意し、適切な仕事を提供する。

教示的無関心という用語は、社会学者アーヴィング・ゴッフマンが論じた、電車の中で乗客が互いへの無関心を装う「儀礼的無関心」[*12]から着想を得た。この儀礼的無関心もまた、意図的に無関心を装う行為なのか、たんにそう見える態度であるのかよくわからない独特の捉えにくさがある。そこで筆者は、行為とも態度ともとれる「無関心」という言葉を用いることにした。あえて教えない「教示の不在」は〈教育技法〉だが、「教示的無関心」は、そうしたものとは別の〈技法以前の態度〉である。

【2】 教示的無関心の相互行為分析

いち実践者として子どもの参加を組織する養育者の教示的無関心をどのように捉えるか。また子どもの自律はそこでどのように組織されるのか。これらを描き出すために筆者が注目したのは、相互行為分析手法であった。相互行為分析とは、人々自身がいかにその活動を遂行しているかに焦点を当てることで、ある社会的現象が構成される過程を忠実にたどり、その現象について実践者の視点から捉え直す方法である。[*13]「見られてはいるが、気づかれていない（seen but unnoticed）[*14]」、いわば、それと名指されずに存在している、人々が営む日常実践の自明性を捉えようとする社会学的研究手法である。

この相互行為分析は、じつはアフリカ狩猟採集社会研究において、社会構造や人々の関係性にアプローチするための手法の一つとして用いられてきた。その理由として、当該社会の社会構造がそもそも捉えにくく、調査者の「説明」に頼るのではなく、人々がやっていることを見続けなければならないといった問題が挙げられる。[*15] 養育者の「教示的無関心」や子どもの「自律」もまた、一人の人物による単独の行為ではなく、そこでやりとりを展開する実践者らによって協働的に組織される現象であると考える。筆者が、子どものある行為を定量化したり、養育者の放任時間を記録したりするのではなく、両者の観察可能な対面相互行為を動画で記録し、書き起こしたうえで分析する方法を選んだのは、「教示的無関心」や「自律」を観察可能な出来事として記述し、理解しようとしたためであった。

【3】 教示的無関心の教示の特徴

では、養育者たちの教示的無関心がもつ、「教育らしくなさ」はどこからやってくるのか。まずは養育者たちの「教示の特徴」にあると考える。狩猟採集民はたしかに教えている。しかしその教示の特徴として、ⓐ状況的：何を学習するかはその状況に依存しており、学習内容はその状況の中で立ち現れること、ⓑ実践的：学習者にとってのトレーニング場というものがなく、本番を通じてその活動に参加することによって学ぶために、教示が実践的であること、そして最後に、ⓒ応答的：学習者となる子どもの行為が先行し（教えてもらう前にとりあえず子どもは何かをやってみて）、それに応答するようにして養育者がその子の行為を修正したり、支援したりするために、教示が応答的であること、の三点が挙げられる。樹上から落下するアフリカンオイルビーン（油豆）が木の幹を打ち鳴らす音、サルの鳴き声、トリのさえずり、地面にこっそりと空いた小動物の巣穴、蔦が絡まる枝々……。森の異質で多様な環境物は、子どものさまざまな行為を引き出す。養育者たちの教示は、環境に引き出されたその行為に応答する形で開始される。

たとえば、アオム（四歳男子）は、大人や青年たち六名がオニネズミ猟を行う横で、山刀を使って木を切っていた。彼は別に誰かに頼まれたわけではなく、巣穴から飛び出してくるかもしれないオニネズミを打ちのめすための道具（木の棒）を準備していたところであった。それを見た母は、アオム

02　母：誰か（(巣穴の方を指しながら)）こっち見に行って
03　　：あなたたち，行くのよ
04　　：ほったらかしよ，一か所
05　青年女性：((おしゃべりに夢中で反応しない))
06　母：((一瞬アオムを見やり，再び巣穴の方に視線を向ける。頭をかく))
　　>いい，アオム<

青年らの代理として呼びかけている

発話を素早く放っている

07　母：あなた（ngamò）がそこに行って立つの（dɔ wòsolo bɛ）
08　母：ほかの巣穴があったわよ
09　ア：((指された方向に駆け出して)) お母さん，どこ？
10　母：((ふたたび指し示して)) そこよ

具体的な行為を指す言葉であり，知識と経験をもつ通常の参加者に用いる言語表現ではない。「こういう状況においてはそこに立つものである」といった説明的なニュアンスを含む

図 3-4　アオムと母の会話分析

（注）　会話分析の表記法は，「トランスクリプションのための記号［v.1.2 2008 年 1 月］」http://www.meijigakuin.ac.jp/~aug/transsym.htm に基づく。

をこの集団猟の作業に引き入れようとする。母は座りながら、いましがた採ってきた採集物のキノコを整理していたが、ふと顔を上げると、誰も見張りをしていない巣穴入口があることに気づく。

オニネズミのこの巣穴入口を誰も見張っていないことに気づいた母は、まず狩猟グループのメンバーである青年女性たちに、誰か見に行くよう声をかけるが、彼女たちはおしゃべりに夢中で気がつかない（図3－4、二〜五行目）。そこで、母は背後で木を切っていたアオムにそこを見に行くよう指示を出すのである（図3－5）。「いい、アオム」（六行目）と彼に呼びかける。この発話が多少早口で放たれていることから（発話内の＞＜は、発話が比較的早く放たれたことを意味する）、その巣穴からオニネズミが飛び出さないうちに行為を遂行しようという彼女の緊急性が読み取れる。母は「あなたがそこに行って立つの」（七行目）という指示に続き、「ほかの巣穴があったわよ」（八行目）まで中断せずに発している。指示を受けたア

図 3-5　アオムに巣穴を見に行くよう指示する母

オムはただちに駆け出す（九行目）。

ここで、母の発話がどのように組み立てられているのかを見てみよう。一つ目に、ウォソロ（*wòsolo*）（七行目）という表現は、狩猟経験のある青年女性に対する行為指示表現とは対照的である。*wòsolo* とは「そこに立つ」こと、すなわち具体的な行為を指す言葉である。これはある程度の知識と経験をもつ通常の参加者に用いる言語表現ではなく、「こういう状況においてはそこに立つものである」とする説明的なニュアンスが含まれる。つまりこれは教示である。二つ目に、母が見に行くよう要求したこの巣穴入口は、けっしてアオムの指導のためにあらかじめ用意されたオニネズミ猟を経験するシミュレーションのための環境物ではない。この入口からは、実際にオニネズミが飛び出してくるかもしれないという、現実的な可能性を秘めていることが、母の発話から垣間見える。三つ目に、母は、木を切りながら参加の意思を示すアオムに応答し、オニネズミが実際に出現するかもしれない実践的な現場で、教示内容を状況的に選択し、教示を見事に実践している。以上、教示の三つの特徴を簡単に紹介したが、「教育的態度らしくない」と呼んだのはこれらの理由による。「養育者はその場の状況や環境に、子どもとのやりとりの展開を委ねている」と筆者がフィールドノートに書いていたのは、まさにそのように機会的に教示が組織されていくからであった。

T：Now who knows what this one says.
((holds up new card))
じゃあ誰かこれがわかる人？ ← Initiation 問いかけ
((cafeteria と書かれたカードを掲げて))
A：Cafeteria.
カフェテリア。 ← Reply 応答
T：Cafeteria, Audrey, good for you.
カフェテリア，オードリー，その通り。 ← Evaluation 評価

図 3-6　IRE 連鎖

（注）　T は教師，A はオードリー（生徒）を指す。
（出典）　Mehan（1979: 113-114）を一部改変した。日本語訳は筆者による。

【4】いち実践者同士の関係性

では、こうした教示の特徴が、学習者と教示者の間にどのような関係性を育むのか。

まず、いかにも学習者と教示者らしい関係性を築くやりとりとはどのようなものか。学校教室で教師と生徒間に生起する典型的なやりとりとしてIRE連鎖が挙げられる（図3－6）。教師による問いかけ（Initiation）に生徒が応答し（Reply）、それに対して教師が評価する（Evaluation）といったやりとりのことだ[*16]。

もちろんバカの養育者たちがこれを行わないわけではない。しかし、日常に見られる「教育的態度らしくなさ」は結局のところ、こうした制度的会話の不使用に起因していると思われる。たとえば、子どもの発話を繰り返すこと（再利用）を通じて、養育者らは子どもの判断や経験を丁寧に聞き取ることで（たとえば、子どもが観察したという動物行動や、マチェット〔山刀〕を使っての木の切り倒し方に関してなど）、子どもをさまざまな実践場面で主体的判断者として位置づけることを行っていた[*17]。

ではなぜ、バカの養育者はしばしば子どもの発話を真に受ける（「真剣に聞く」）のだろうか。図3－7を見てほしい。

森では、どこから獲物が現れるのかわからなかったり、また目当て

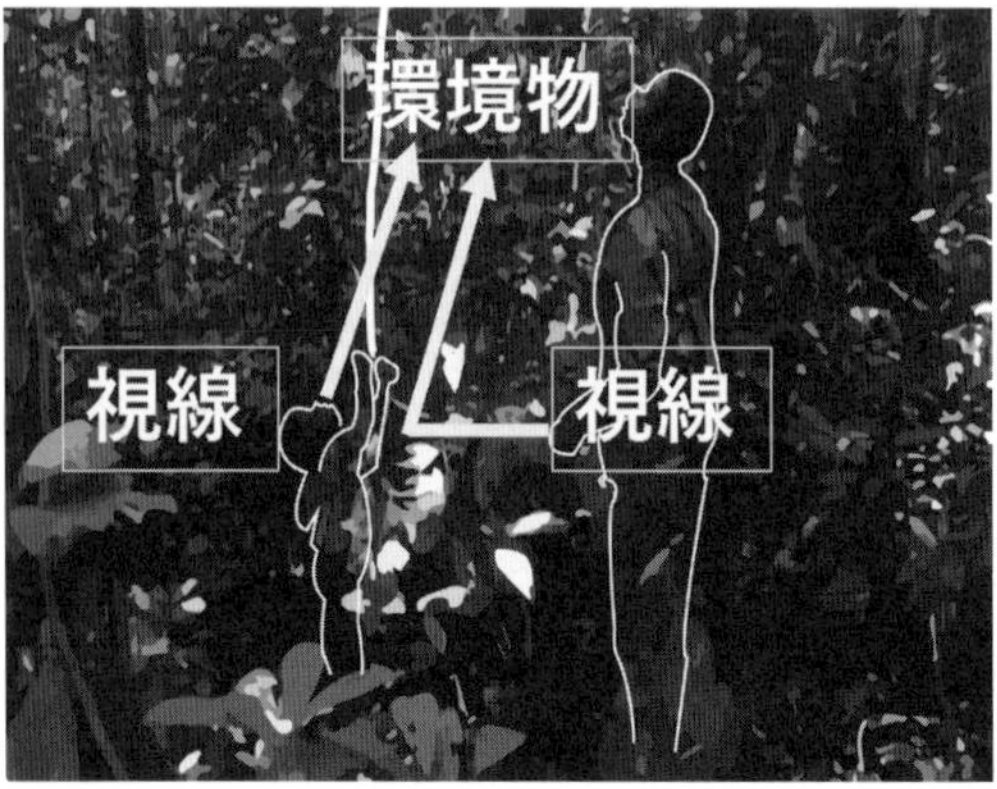

図 3-7　森（熱帯雨林）の教育環境（自然環境）

としていた木の実が思いがけない場所に落ちていたりするように、予測できない出来事が生起する。いうまでもなくこれらの環境物は、教示者（＝熟練者）である養育者を中心に配置されているわけではない。このことがもたらすのは、認識における権威の揺らぎである。

　異質で多様な相互行為資源にあふれた森では、子どもの視線から見えているものや出来事が養育者にはすぐに捉えられないといったことが起こる（たとえば、低木の枝に引っかかったさなぎを見つける、ツリーハイラックスの糞を地面に見つけるなど）。問われている情報に関して、主張／評価することができる立場を、相互行為分析の用語で「認識的権威」[*18]（epistemic authority）というが、通常養育者が森での教示者として維持するはずの認識的権威は、一時的に停止する。かえって学習者＝子どもの方が、一時的、状況的に認識的権威となることがあるのである。子どもが「ここにさなぎがある」と言えば、養育者はそれを放っておかないため、子どもは首尾よく養育者からの共同注意を獲得できる。他方、養育者はしばしば、子どもの目線や知覚に合わせて状況理解を試みる。このような状況では、教示者と学習者

図 3-8　徒弟制の教育環境（人工環境）

（出典）　Lancy & Grove（2010）よりはなおかけんた氏が作成。
（注）　奥の人物が親方，手前の人物が徒弟。

は、教え－教えられる関係性に固定されずに、「いち実践者同士の関係性」を形成する。

　では、この森の教育環境をもう少し深く理解するために、徒弟制の教育環境と比べてみたい（図３－８）。

　徒弟制では通常、作業場では教示者（＝親方）を中心に道具が配置されている。学習者（＝徒弟）はこの作業場に側方的に関わりながら、親方がどのタイミングで、どんな道具を用いて、また何をしているのかを観察し作業を覚えていく。したがって徒弟制の教育環境では、教示者＝親方と学習者＝徒弟は、「教え－教えられる関係性」に固定されやすいだろう。

　さらに森の教育環境との強い関連性が考えられるのが、バカの人々の知識観である。学校教育の影響もあるだろうが、通常「知識」は体系化され、すべての人々が同一内容を共有するといった知識観を私たちは前提にしているように思われる。しかし、バカの人々をはじめとする、狩猟採集社会では、薬用植物や食物禁忌、動物行動といった、自然資源や諸現象をめぐる知識は、個人の経験を頼りに形成され、必ずしも体系化されていない側面も指摘されている。[*19] このように狩猟採集民の教育では、個人のじかの体験、知覚に基づく知識や判断（「自分らしい答え」）が重視される傾向が見られるが、いち実践者同士の関係性を築く彼らの教育が、子どものこうした態度を育むのではないかと考えられる。

3　おわりに——予測不可能な現実を志向する教育

狩猟採集民はたしかに教えている。バカの養育者たちの教示的無関心は、けっして教えていないわけではなく、その教示が状況的、実践的、そして応答的であるために、「いかにも教えている」ようには見えないのであった。しかし、教示的無関心を通して組織される養育者と子どものやりとりを見ると、彼らはしばしばいち実践者同士の関係性を形成していた。先行研究で言われてきた「自律」とは、さまざまな生業活動の中で組織されるこうした主体的判断者としての立場のことではないかと筆者は考えている。

ところで本章の冒頭で筆者は、学校教育になじんでしまった私たちの教育環境を捉え直すと言った。ここで紹介した「森」は、あらゆる現実世界のメタファーである。マニュアル通りにはいかず、予測不可能な出来事が起きるのが現実世界である。しかし、「頭を使わなくなった教育」は、意図してかはわからないが、いつしかマニュアルだけを教える教育になっていると言えないだろうか。「学校はお粗末な場所である」（“A school is a lousy place”）と批判したのは、社会学者ハワード・ベッカーであった。学校は学校でしか使えない、いわば学校で生きるための知識を与える場でしかない。「生徒たちが学校で何も学ばないとは言わない。しかし彼らは学校が教えるつもりがないことを学び、まして学校が重点的に教えることについてはあまりうまくやらないのだ[*20]」。

学校教育には、予測不可能な現実に志向する「外部へと開かれた仕掛け」が足りないのかもしれない。だからこそ、アルバイト先で見知らぬ客と交わすやりとりの方が、よほど緊張感があり、スリリングで、予測不可能性に満ちているのだ。バスに乗っていたあの学生たちはそう感じていたのかもしれない。

学校で教師がどのように振る舞えばよいか、さしあたり筆者には最良の方法についてのアイデアはない。しかし、学習者固有の経験に問いかけて、学習者に認識的権威をいつ、どこで譲ることができるかは意識するようにはなった。教育のマニュアル化にささやかに抵抗するために、まずは学生の何気ない経験について真剣に聞くことから授業を始めたい。

第4章
「教える」と「教わる」のあいだ
その進化的／発達的起源

橋彌和秀

1　はじめに――社会的相互作用としての「教える／教わる」

発達研究が、「オトナが教え／コドモが学ぶ」という教育観に拠って立ってきたことは否定できない。「教え／学ぶ」過程にはヒトの生物学的基盤が大きく関与しており、知識の世代間伝播という機能的側面から見れば、この教育観には相応の妥当性もある。しかし、「教えること」に含まれる情報の歴史性に比重をおいてしまう一種のバイアスが、このイメージを強固なものにしてしまっている側面には留意しておく必要がありそうだ。

行動研究の指針として現在でもその重要性を失わない「ティンバーゲンの四つのなぜ[*1]」が指摘し

た通り、行動の機能に関する問いと機構（メカニズム）に関する問いとを別個に取り扱う必要があることを踏まえれば、個体間のコミュニケーションの問題として「教育」を捉えようとする際、また、「教育」という営為を可能にする個体レベルでの基盤（知覚、認知、行動、コミュニケーション上の傾向）を検討する際には、世代間伝播の機能や歴史性を前提とした教育観をいったん脇に置く――さらにいえばこの言説のバイアスを批判的に再検討する――必要がある。より具体的には、「教える」という営為において行動レベルで伝達されるべき情報は、時間的というよりはむしろ空間的に偏在しているといえるだろう（個体Aは情報を保持しているが、個体Bは保持していない、というように）。コミュニケーションにおいて、情報の歴史性は個体間の空間情報に「圧縮」されているのだ。もう少し別の表現をとるなら、情報の垂直伝達（親から子へ）／斜行伝達（親以外のオトナから子へ）／水平伝達（同一世代内で）という時間軸と遺伝的な近接性の相互作用に着目して類型化した文化伝達の形態[*2]もまた、行為レベルでは（個体の相互作用の問題として）同一平面上に圧縮して検討すべき側面をもつ、ともいえる。

本稿では、おもにヒト乳幼児を対象とした行動レベルでの実験発達研究を通して、個体に実装された「教える」「教わる」ことの心理基盤を検討したい。さらに「教える」と「教わる」というインタラクティブな過程の両側を接続的・統一的に理解するうえで「自他間の情報偏在を解消し認識論的共通基盤を整備しようとする傾向」を想定することを提案し、この傾向が「教える」「教わる」を含むヒト的なコミュニケーションを支えている可能性を議論したい。

2 「教える／教わる」のヒト特異性

【1】「教える」のヒト特異性

ヒトという生物について議論する際には――あくまでも他の生物種とのさまざまな共通性・連続性を踏まえてのことだが――直立二足歩行や目の外部形態[*3]、特異的な協力の様態やコミュニケーション、言語、複雑な制度や規範を備えた社会生活等々、「他種には見られない特徴」に注目することになる。

「教える」ことのヒト特異的な様態の可能性も、その俎上に置くことができる。とはいえ、ここでヒト特異性／普遍性について検討するには、そもそも「教える」という概念の定義を（便宜的にせよ）あらためて行う必要がある。たとえば最初の「叩き台」としてシンプルに、「特定の情報を有する個体から有さない個体への、情報伝達を目指した行動」と定義することもできるだろう。しかしこの定義は、「コミュニケーション」の定義とどこが異なるのだろう。ヒト以外の種を見渡して、たとえば、フェロモンを介したアリの行列行動やミツバチのダンスは、他の個体に資源のありかを「教える」ことに該当するだろうか。あるいは、ノドグロミツオシエ（*Indicator indicator*）は、ハチの巣を見つけると大きな音声を発し、それを手がかりにやってきて巣を破壊して食べたラーテル（*Mellivora capensis*）の「おこぼれ」を手に入れるが[*4]、この場合、ミツオシエはラーテルにハチミツのありかを「教えている」のだろうか。

ティム・カロとマーク・ハウザー[*5]は、教える（teaching）とは

① 情報を有した個体Aによって、情報をもたない個体Bと対峙している場合のみに示され

② 個体Aに直接的利益がなく、ある種のコストを払う必要があるが

③　その結果として個体Bは「知識／技能」を容易に（迅速に）学習可能になる、あるいは、それなしにはBの学習が成立しない

行動であると定義した。①については、一定の共通基盤さえあれば個体同士の直接対面の必要性は必ずしもない点（先行した登山者が後続の誰かのために道しるべとなる目印を残す、等）、②については「直接的利益」がどの程度のタイムスパンで測定しうるものかが包括適応度[*6]を考慮すれば曖昧な点（個体Aと個体Bの血縁度が高ければ、Aがコストを払った結果Bの適応度が上昇することは、中長期的にはA自身の直接的利益ともいえる）等、検討すべき余地は残るが、「教える」ことが他者の操作と異なる点として、「利他行動としての側面」が指摘されている点には注目する必要がある。「教え手」がさまざまな形でのコストを払い情報を提供することで、「教わり手」の適応価が上昇するのだ。

フェリックス・ヴァルネケンとマイケル・トマセロ[*7]は、ヒトの利他性を単一の形質と捉えず、経済学の枠組みを援用して三タイプに分け、扱われる「商品」――物品、サービス、情報――により定義づけることを提案した。「利他的である」とは、食物など物品であれば「寛容で分配に応じる」こと。手の届かないものをとってあげるなどサービスであれば「援助的である」こと。情報（ゴシップも含めて）や考え方についてであれば「情報伝達的である」ということだ。重要なのは、個々のタイプはそれぞれについて利得－損失が異なるため、それぞれに異なる進化過程がありうる点だ。

この三タイプに沿ってみれば、分配と援助の側面に関しては、チンパンジーとヒト乳幼児のどちらもが、状況次第では他者を援助する場合が報告される一方で[*8]、情報提供は、ヒト（子どもも含めて）しか行わない特殊な形態の援助行動といえる。これには言語を介したものだけでなく、指差し等によ

る非言語的な情報提供も含まれる。ヒトの子どもは、一二カ月頃には指差しによって他者に情報を提供するようになる一方で、チンパンジーその他の類人猿が互いに向けて指差しをすることはまずないし、互いに役立つようなことを、指差しに限らず何らかのコミュニケーション手段によって知らせ合うことも、ないといってよい。

ヒト乳児での実験研究の具体例を挙げると、ウルフ・リッコウスキらは、大人が「紙をホチキスで留める」といった課題をこなしているのを生後一二カ児が見ている、という状況を設けた実験を行った。[*9] この大人は並行して別の道具も手にしており、その後彼女が部屋を出て行くと別の大人が入ってきて、二つの道具をそれぞれ棚にしまってしまう。そこへ、最初の大人が、紙の束を抱えて、ホチキス留めを続けるつもりで戻ってくる。しかしテーブルにはホチキスが見当たらないので、まごついたそぶりを見せながら無言のままでそれを探す。すると、ほとんどの乳児が、大人が抱えている問題を理解して、彼女が探しているホチキスの場所を指差し援助しようとしたのだ。同じだけ手にしていたもう一つの道具を乳児が指差すことははるかに少なかったし、乳児はホチキス自体が欲しかったわけでもないようだ。大人がホチキスを手にした後で、駄々をこねたり手を伸ばしたりといった、普通に見られるような要求行動を行うことはなく、彼女がホチキスを手にすると指差しをやめ「満足げに」していた。「乳児はただホチキス留め作業が再開されるのが見たかっただけである」という可能性も、補足実験によって排除されている。[*10]

このような情報伝達的指差しがヒト乳幼児で一貫して示される一方で、チンパンジーたちは互いに向けて指差しを行ったりしないし、飼育環境下でヒトに向けて指差しを行うとしても、たいていはヒトに食べ物を要求する際のものだ。チンパンジーがヒトに対して指差しを行った観察事例ではすべて、その動機は指示的（命令的）なものだった。手話などのヒト的なコミュニケーション手段を習得したチンパンジーにおいても、その手段はチンパンジー同士でなく、ヒトとのコミュニケーションのためだけに使われ、またほとんど例外なく指示のためだけに使用したという。

[2]「教わる」は（どこまで）ヒト特異的か

では、「教わる」はどうだろう。学習一般は、生物学的に捉えるならば、外界の情報を個体内に保持（記憶）し再構成して、新たな事態に対して適応的な行動を可能にする（確率を高める）プロセスであり、広範な生物種で観察されるかなり普遍的な現象だ。

その中で、他個体（異種も含め）の行動が手がかりとなって成立する社会的学習が、「教わる」という概念と深く関連しているには間違いない。しかし、社会的学習一般を「教わる」ことに置き換えることは可能だろうか。たとえば観察学習（たとえば他個体が物陰に潜んでいた捕食者の存在を見落とし捕食されてしまった事態を観察して同様の物陰を警戒することを学習するといった過程）は、個体の生存に重要な役割を果たしてはいるが、これは「教わった」ことになるだろうか。情報源となる個体の意図状態にかかわらず他個体から学習することは可能であり、また「どんな他者から学ぶのか」という要因（知識状態や順位、集団メンバーか否か等々、ヒト乳幼児における情報提供者選択の研究としてはキャサリーン・コリヴォーら[*11]の研究がある。なおチンパンジーでは実験場面において知識がある個体、優位な個体から選択的に学習することが報告されている[*12]）を含めた学習者側の選択方略も社会的学習の範疇には含まれるが、個体の効率的な学習戦略が、「教える」ことと鏡像関係をもって「教わる」という概念に含まれるわけではない。

ゲルゲリー・チブラとジョルジ・ゲルゲリー[*13]は、自分に向けられていた視線や表情を含むさまざまな社会的シグナルに感受性を示し、そのシグナルを手がかりとして学習を行うヒト乳幼児の行動特性を実証的に示す一連の実験研究を通じて、「ヒトのコミュニケーション・システムは、道具使用や言語を含む社会規範を効率よく世代間で伝承する装置として進化した」とする〝ナチュラル・ペダゴジー〟（Natural Pedagogy：天賦の教授法）説を提唱している（中尾央とクリスティン・アンドリュース[*14]によるこの説に対する批判および本書第5章、第6章、第9章も参照）。ここで重要なのは、チブラとゲルゲリーの主張は、養育者をはじめとした周囲の他者が存在し乳幼児に対してコミュニカティブに振る舞うという生態学的環境を前提に乳幼児の学習を捉えている点、そして、乳幼児に実装された特性にインタラクティブなプロセスが内包されている点だ。シグナルの発信者側と受信者側の双方を射程に置く必要のあるコミュニケーション研究の定石でもあるが、「教える」「教わる」機構の進化について論じる場合にはとくに、両側のプロセスの共進化を検討する必要がある。

さらにいえば、自分に向けられた視線のような社会的シグナルは、チブラとゲルゲリーが指摘するように学習の引き金として作用する（視線が協力行動を促進する装置として進化したことを唱えるトマセロらの協力する眼〔cooperative-eye〕仮説も参照[*15]）にとどまらない。発達の早期から、視線が学習において直接的な報酬（強化子）として作用している可能性は、乳児を対象として感覚性強化手続きを用いた、坂口晋一を中心に行った筆者らの実験からも確認することができる。この研究では、顔向きとポジティブなインタラクションを伴う他者の視線が、生後六〜七カ月の段階で学習における強化子として作用することが示された。具体的には、母親の膝に抱かれた対象児の掌にマジックテープで紐を装着し、その紐が引かれることで目の前の不透明な特殊調光ガラスが透明になり、ガラス越しに現れる実験者

（成人女性）が軽い笑顔で口を開けるなどして無言で遊びかける状況を設定した。現れる実験者が対象児と視線を合わせる条件、顔向き／眼球方向を二〇度ずらす条件等（条件の試行順序はランダム）を設定して、三分間の紐引き回数を検討したところ、「顔向き＋眼球方向が一致して対象児に対面し」かつ「笑顔が伴う」条件のみにおいて、紐引き回数の有意な上昇が見られた。[*16] これは、当該条件でのフィードバックが、乳児期においてすでに、報酬（感覚性強化子）として機能していることを示している。顔向き等の要因や表情と複合しつつ、実験者の随伴的な働きかけが対象児にとっての「報酬」として作用するには「対象児に向けられた視線」が重要な役割を果たしているのだ。視線シグナルに備わるこのような機能の生得性やヒト特異性（の可能性）については今後の比較研究が必要だが、体サイズも含む生態学的要因、[*17] 集団サイズ・大脳新皮質率といった社会的要因[*18]を反映したヒトの目の形態的特異性が、対面コミュニケーションにおける目の信号値を飛躍的に高めたことが、養育場面において顕在的な視線シグナルが強化学習過程に組み込まれることに貢献している可能性があると考えることができる。

【3】「教えない」≠状況認識の不在

すでに述べた通り、「教える」「教わる」というプロセスを論じる際に見逃せないのは、これらの現象がインタラクティブにしか語りえない点だ。ヒトに近縁な現生種であるチンパンジーの道具使用行動では、この行動が、集団ごとに形成された文化と呼べること、[*19] すなわち集団メンバーの社会的学習の産物であることが共通認識となっている一方で、この学習の成立過程、とくに能動的教示（active teaching）[*20]を含めた、情報源側からの能動的な働きかけ（「教える」行動）の存在については、それを示す観察が散見されつつも慎重な議論が多い。[*21] 視線計測を用いた洗練されたデザインでチンパンジーやボノボが他者の誤信念を反映した予測的注視を行うことを示したクリストファー・クルペニ、狩野文浩らの研究[*22]が、「教える」の基盤の一端をなす他者の認識論的状態への感受性がヒト特異的ではないことを明確に示す（セシリア・ヘイズ[*23]による批判的な見解とそれに対する原著者らの反論[*24]も参照）一方で、「チンパンジーは他者の置かれた状況を視覚的に理解していて、要求行動に応じて、適切な援助行動（適切な道具の手渡し）を行うが、自発的な援助は行わない」ことを実験的に示した山本真也らの研究[*25]を踏まえると、他者理解への高い感受性をもつことと（ヒト的な）自発的援助行動の出現とにはギャップがあるようだ。大型類人猿を対象とした近年の実験研究が示してきたのはヒトのインタラクションのあり方と大型類人猿のそれとの差異であり、本稿の文脈で言えば、ヒト特異的な協力の様態の一部としての「教える」を支える心理基盤も、その一環としての特異性を備えていると考えられる。

興味深いのは、近年知見が蓄積されている実験研究から、イヌにおけるヒトの情報伝達的指差し（さらにはヒトの視線）の理解と利用が明らかになっていることで、[*26] 系統的にはヒトと離れた種であるイヌが、一万五〇〇〇年以上にわたる家畜化の過程で獲得したと考えられるこの形質は、ヒト的なコミュニケーションとそれが成立する生物学的基盤とは何かを検討するうえで重要なトピックではあるが、これについて論じることは別の機会に譲り、系統的に近縁な大型類人猿との比較から見出せる「ヒトの特性」に論点を絞ることにしたい。

3 「選択的に教えること」の認識論

先に挙げたリッツコウスキらのホチキスの実験[*27]で留意しておく必要があるのは、「実験者が（明らかに）ホチキス留めの課題を続けようとして部屋に戻ってくる」という文脈設定が行われており、実験者は、対象児の反応に応じて（反応がなければ段階的に）、困って探すふりをしたり、（対象の名称は使わないが）自分の状況について明示的に発話したりする点だ。つまりこの実験では、対象児は、実験場面において関連性の高い文脈を探り、実験者の間接的な（とはいえ場合によっては対象児自身に向けられた）コミュニケーション行動に応答していることになる。このような状況下で「実験者の顕在的なコミュニケーションに対して関連性の高いホチキスを指差すという反応が観察される」というのが、ここで示されたことだ。「自他間の知覚的状況は同じだが認識論的状況が異なる」場面で他者が顕在的な行動をとった場合、一二カ月児は指差しを用いて反応し、関連性の高い対象の存在を選択的に「教える」。ただし、ここでの行動は（他者の行動に反映された）「要求」に対する反応である側面を無視できない。「自発的に教えている」わけでは必ずしもないのだ。

同じくリッツコウスキらは別の研究で、実験者の背後に新奇物が出現し、対象児からは観察可能だが実験者はそれに気づかない、という状況を設定すると、対象児が自発的に指差しを行い、新奇物の存在を実験者に「知らせる」こと（informing）を明らかにしている（「知らせている」という蓋然性については、先ほどの実験と同様に、複数の行動指標と統制実験から支持されているし、ここでの「知らせる」は「教える」と同義と考えてよいだろう）。「自他間で知覚的状況および認識論的状況が異なる」場面では、一二カ月児は指差しを用いて自発的に反応し「教える」。しかし「教える」対象の選択性（同程度に顕在的な対象のうち何について、どのような基盤のもとに選択的に教えるのか）はここでは問われていない。

指差しの選択性に関しては、クリスティン・リーバルとトマセロ[*28]が、対象児と実験者が、新奇なおもちゃで一定時間遊んだ後、一緒に別室に移動し、「先ほど一緒に遊んだ（新奇な）おもちゃ」の写真と「別のおもちゃ」の写真とが貼り出されている状況を目撃するという状況を設定した実験を行っている。この状況下では対象児は、「先ほどの（一緒に遊んだ）おもちゃ」を選択的に指差すことが明らかになった。この指差しは、先ほど共有された経験を確認し、コミュニケーションの共通基盤を整備する機能をもつものと解釈される。もっとも、この研究の実験状況では、対象児と実験者の知覚的状況が同時に更新されるため、認識論的状況のギャップが生じないからこそ、選択的に「共有」の指差しが出現した可能性には留意しておく必要がある。

つまり「自他間の知覚的状況は同じで、かつ、認識論的状況も同じ」場面では、一二カ月児は指差しを用いて反応し、関連性の高い対象の存在を選択的に「共有する」。リーバルらが議論しているように、ここでの対象の共有がコミュニケーションにおける共通基盤を確立するうえで重要な行動ではあることには疑いの余地がないものの、少なくとも機能的に「教えて」いるわけではない。

これらの研究を俯瞰すると、「教える」ことについて検討する際には、「教える側」が「**教わる側**」**の認識論的状態を踏まえて自発的に行動を分化させるかどうか**が、一つの重要な側面であることになってくる。

【1】二人称的状況での選択的な指差し教示

我々は、孟憲巍（現・大阪大学）を中心に、「自他間の知覚的状況が異なり、認識論的状況も異なる」場面での対象児の「自発的な」指差しの選択性を検討した。[*29] 実験室で保護者の膝の上に抱かれた生後一三〜一八カ月児が実験者とテーブル越しに対面し、「実験者とが玩具Aで一緒に遊ぶ条件（玩具Bはない）」と「実験者不在の状況で対象児単独で玩具Bで遊ぶ条件（玩具Aはない）」とを経験した（経験フェーズ。二条件の試行順序および玩具の割り当てはランダマイズ）。玩具AおよびBがどちらも片づけられた後に戻ってきた実験者が、再び対象児と対面し、対象児に話しかけるなどのインタラクションを行っている最中に、実験者の背後に先ほどの玩具AとBとが再び提示される（再出現フェーズ）、という状況を設定した。玩具は実験者の背後にある左右二つの窓から提示されるが、視界の外にあって無音で提示される玩具の出現には、実験者は気づかない（図4-1）。

経験フェーズでは、対象児が物体を操作する時間は両条件間で同じになるよう統制したため、実験場面ではじめて提示された玩具A、Bに対する対象児の経験時間に差はなかった。再出現フェーズでの指差しの選択性についての可能性をまとめれば、自発的指差しに選択性がない場合は「知覚的ギャップのみを解消する動機があり、認識論的ギャップは自発的指差しの背景に想定されているとはいえない」ことになる。[*30] 共有経験のある対象への選択性があった場合は「知覚的状況ギャップを解消する動機は共有経験の確認にある」可能性が高くなるだろう。[*31] 一方、実験者にとって新奇な対象への選択的な指差しであった場合には、「知覚的ギャップを解消するとともに、認識論的なギャップを解消する」動機すなわち、対象児が自発的に「実験者に新奇な対象を〝教えている〟」可能性が出てくることになる（もっとも、後述するように対立可能性を検討する必要はある）。

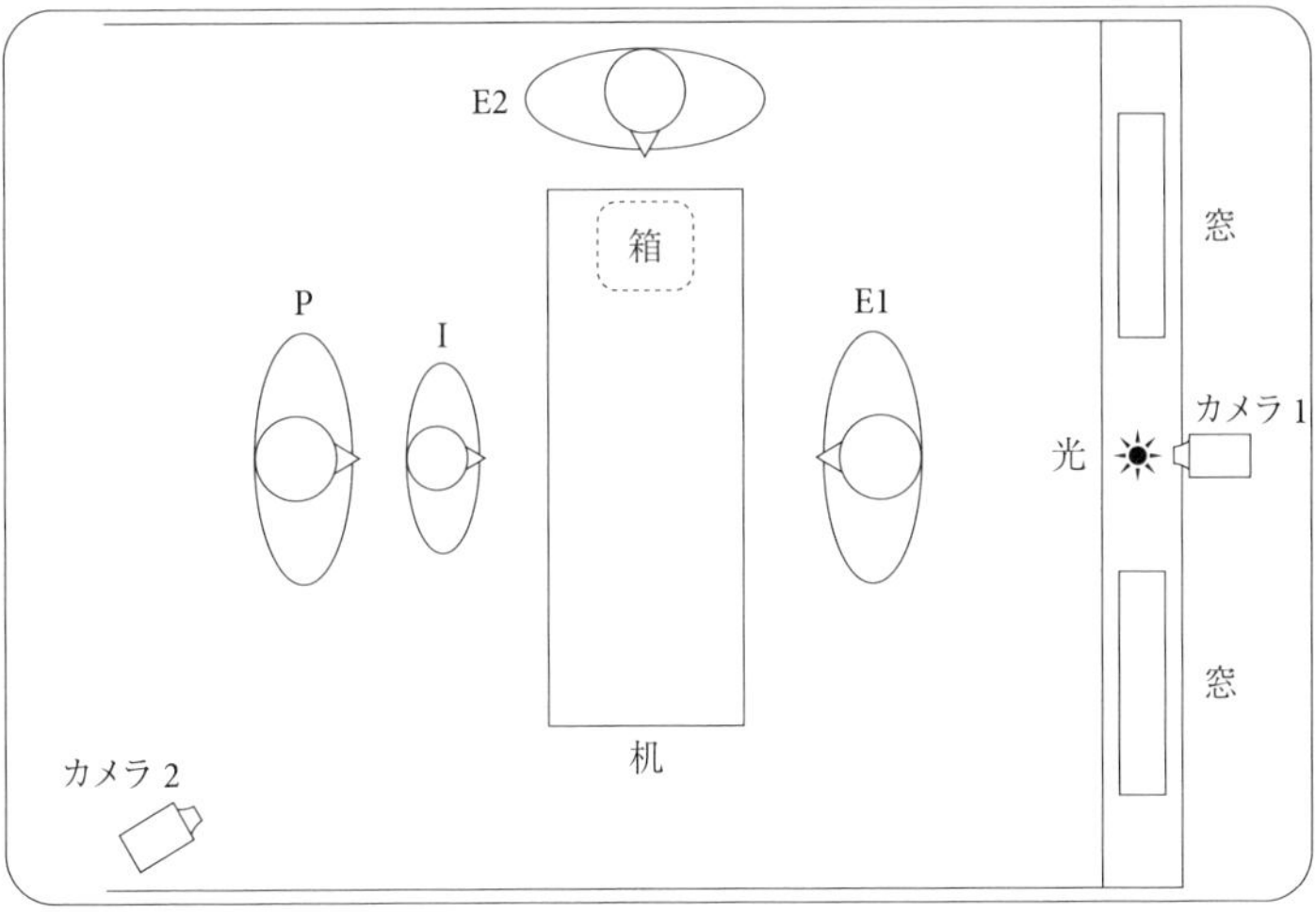

図 4-1　実験セットアップ

(注)　対象児 I は保護者 P の膝の上で調査を受けた。実験者 E1 はテーブルを挟んで対面。経験フェーズでは玩具はテーブル上に提示され，再出現フェーズでは E1（実験 2 では E2）後方の窓から提示された。カメラ 2 台で調査のシークエンスを録画した。

(出典)　Meng & Hashiya（2014）。

再出現フェーズ（テスト）での対象児の反応を分析したところ、類似した状況設定をとるリッコウスキらの先行研究と同様、高頻度の指差しが見られた。指差しが見られた場合、実験者は、対象児の指差しを観察すると指差された方向（自分の背後）に視線を向け、「ああ！」とポジティブに音声を発して対象児に視線を戻し、試行は終了する。このシークエンスを複数方向から録画記録し分析を行ったところ、玩具B、すなわち、「対象児が単独で遊んだ玩具に対する指差しが有意に多い」ことが明らかになった（図4－2）。

この時点では対象児の指差しの解釈には複数の選択肢がありうる。単独で操作していた玩具を（「気に入る」などして）実験者に対して「要求」したのかもしれない。この可能性は、実験者の反応（振

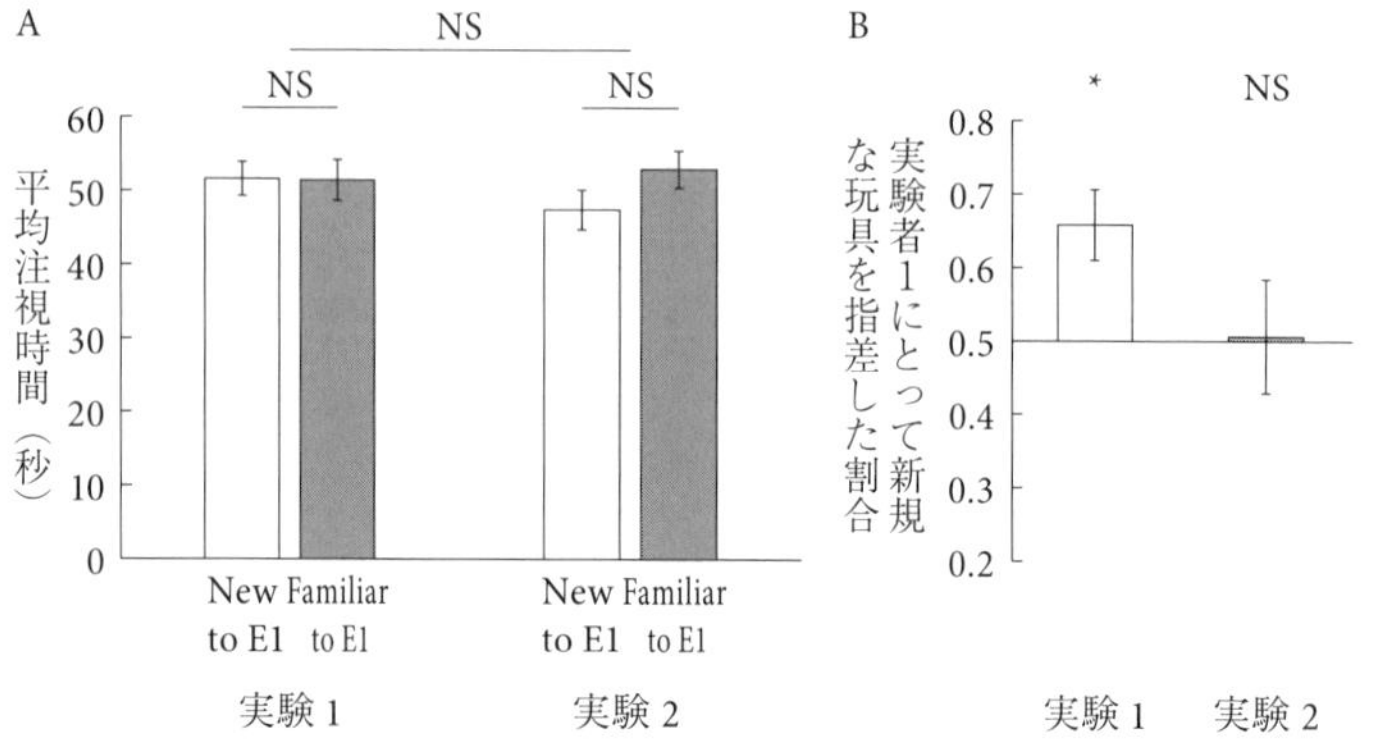

図 4-2　実験 1 および 2 の結果

（注）　A：経験フェーズでの各玩具に対する注視時間。New to E1：実験者 1 にとって新奇な玩具。Familiar to E1：実験者 1 が経験した（経験フェーズで対象児と遊んだ）玩具。B：実験 1 および 2 それぞれの再出現フェーズにおいて，「実験者 1 にとって新奇な玩具」が指差された割合。$^{*}p < .005$。エラーバーは平均の標準偏差を示す。

り向いて声を上げ、対象児に笑顔を向ける）後に指差しが反復される頻度がきわめて低いことから却下されたが、いずれにせよ、経験フェーズでの「実験者との遊び」「単独遊び」という経験の相違が何らかの理由で選択的な指差しを誘発している可能性が残るため、統制実験を行った。経験フェーズと再出現フェーズとで実験者が別の人物と交代する実験二を設定したのだ。二人の実験者はどちらも、調査開始前に対象児と遊びラポール形成を行っていたが、再出現フェーズで対面する実験者は、経験フェーズで対象児が遊んでいた玩具をどちらも「知らない」ことになる。この操作以外は、実験一とまったく同じ手続きで実験を行った。その結果、実験二では指差しの頻度は実験一と差がないが、指差す対象の選択性は見られなかった（図４－２）。二つの玩具を、同程度に指差したのだ。これらの結果は、対象児が、実験者の背後に出現した玩具を、対面する実験者の知識状態に応じて選択的に指差していることを示している。実験者が知らないであろう対象を選択的に

「教えて」いると解釈することができる。つまり、相手からの要求がないまま自発的に「認識論的ギャップを解消する」この行動はいわば、一八カ月児が「教えたがり」の傾向を示していることになる。

【2】三人称的状況における無知な他者への自発的「関心」

上記の研究は、対面場面（いわば二人称的状況）における指差しによる教示を示唆するものだが、では、他者同士の相互作用場面から三人称的視点に立って他者の認識論的状態を知覚する場合はどうだろうか。孟ら[*32]は、二者のインタラクション場面を動画で提示して、対象児の視線を計測する手続きを採用し、九、一二、一八カ月児を対象にこの点を検討した。

具体的には、「人物AとB（パートナー）とがテーブルを前にして横並びに座り、正面を向いている＋テーブル上にはオブジェクトが二個置かれている」「人物AとBが顔を見合わせる／背け合う」、その後、「人物Aが目の前の対象二つのうち一つを注視する」という系列の動画を画面に提示したうえで、最終画面で一時停止する（各条件の動画提示順序はランダム）。視線計測装置（Tobii-X 300）を用いて対象児の視線を計測し反応を分析したところ、「顔見合わせ」条件では、全月齢群で人物Aが注視したのと同じ対象への速やかな視線移動（visual joint attention）が見られたのに対し「顔背け」条件では、九、一二カ月児で人物Aと同じ対象への速やかな視線移動が見られた一方で、一八カ月児のみでは、人物Bへの速やかな注視が観察されたのだ（図4-3〔口絵〕、図4-4）。

「顔背け」条件においては、当事者である人物Aと、観察者である対象児は、（Aが特定の対象に視線を向けている＝関心を示している）事態を知覚しているが、人物Bは知覚していない＝気づいていない蓋然性が高い。こういった状況での一八カ月児の注視は、対象児自身も含む三人のうち一人だけ、認

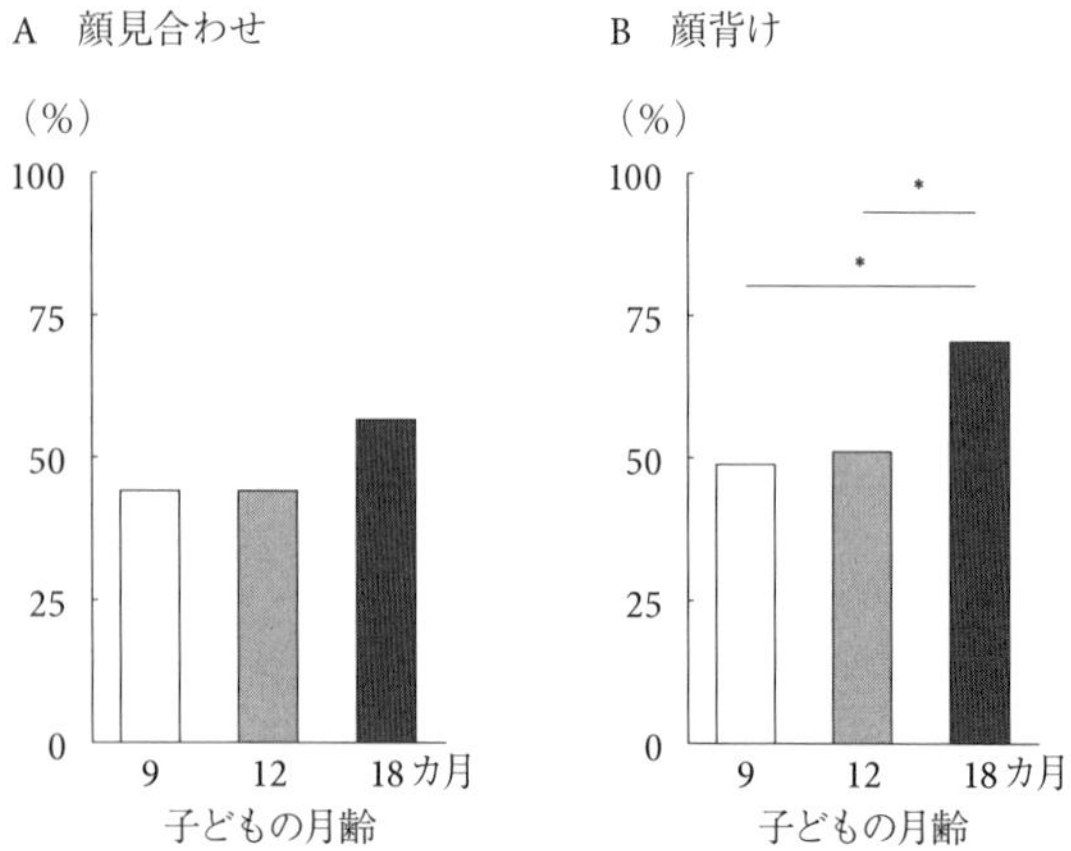

図 4-4　A：「顔見合わせ」条件，B：「顔背け」条件，それぞれにおけるパートナーへの視線シフト

（注）縦軸の％は，「パートナー・オブジェクトを含む何らかのサッケードが生起した試行の総数」に占める「初発視線サッケードがパートナーに向かった試行数」の割合を算出したもの。*：$p < 0.05$。

識論的状態を共有していない人物Bに対する関心を反映したものと考えられる。そしてこのような関心は、生後一年目の前半に出現するのではないか。かつて、伝説のテレビ番組「8時だよ！全員集合」で、探検隊員に扮した志村けんの後ろにミイラ男が迫るのだが志村はそれに気づかない。舞台を見ている客席の子どもたちは大声で「志村、うしろー！」と叫ぶのだが、志村が振り向くとミイラ男はいない、というのが何度も繰り返されるのがお約束だったコントを読者がご存じならいいのだが、つまり一八カ月児の視線は、三人称的視点に立って、自分および他者Aと異なる認識論的状態を維持しているであろう他者Bに対して向けられた、自発的な注意を反映していると解釈することができる。

このように、自他の認識論的状態（epistemic states）の相異を踏まえたうえで、相手が知らないであろう対象の存在を自発的に指さし「教え」たり[*33]、第三者的視点から「気づいていない」他者に視線を向ける[*34]という、一定レベルの認識論的理解を踏まえた教示行為が、遅くとも一歳半児で見られることが明らかになった[*35]。

【3】「認識論的均衡化」仮説

前節で述べた二つの実験の論理的階層を記述するならば、

二人称的視点[*36]であれば
「(AがXを知っている／知らないこと) を 私は知っている」
三人称的視点[*37]であれば
「[(AがXを知っている／知らないこと)] を Bが知っている／知らないこと」を 私は知っている」

と、両者の複雑性には差がありそうに思えるが、コミュニケーション文脈において両者を認識する過程にはどのような差がありうる（あるいはありえない）だろうか。現時点でのデータからこの問いに直接答えることはできないが、二つの研究結果の対象年齢を踏まえ、一歳児期前半において両者が重複し、その出現時期に大幅な差異はないことを考えると、二人称的状況における他者の認識論的状況理解に基づく自発的教示と、三人称的状況における他者の認識論的差異に向ける自発的関心との出現順序について「論理的階層の低い二人称的視点理解が確立することを経て、より複雑な三人称的視点が後続して成立する」と考えることは難しいように見える。しかし、それならば、上記のような論理的階層の差を乳児はどのように埋め、日常のコミュニケーション文脈を処理しているのだろうか。

ここでは、「自他間のギャップへの感受性と、それを解消しようとするある種の動機づけとが個体に実装されている」と想定することで、二／三人称的状況理解の論理的階層差、そして、「教える」「教わる」というインタラクティブな営みの両側（といっても両者はたしかに異なる行為だ）を統一的に記述することを提案したい。

たとえば、私と他者Aとの間に認識論的共通基盤が存在するとき、

①［（私は知っている）かつ（Aは知っている）］の場合：均衡

②［（私は知らない）かつ（Aは知らない）］の場合：均衡

③［（私は知らない）かつ（Aは知っている）］の場合：不均衡

↓「学習」が均衡に向かう方略となる（社会的学習および「教わる」の可能性もあるが、これらの方略に限定されるわけではない）。

④［（私は知っている）かつ（Aは知らない）］の場合：不均衡

↓「教える」が均衡に向かう方略となる。

このように「教わる」を含む学習も「教える」行為も、「自他間の認識論的ギャップを解消する（認識論的状態を均衡化する）」ことに向かうという共通項をもつことになる。情報が自己側に偏在した場合には「教える」の形をとるし、他者側に偏在した場合には「教わる」「学習する」の形をとる。他者の認識論的状態の「知覚」を前提とした「教わる」については、他者による利他行動としての

「教える」を期待する必要は必ずしもなく、「教える」という行動以上に幅広い様態の可能性がある。

認識論的共通基盤を前提としたこの記述は、上記の「私」と「他者A」に「他者B」を加えて三人称的状況にしても同一の形をとることになる。具体的な記述は煩雑になるので省略するが、たとえば

［（私は知っている）かつ（Aは知っている）かつ（Bは知らない）］

場合であれば、事態は不均衡でBへの関心と均衡化方略としての「教える」（動機づけ）が生じる、というように。重要なのは、検出コストの問題を別にすれば、三人称的状況に関わる他者をn人に拡大することも原理的に可能なまま、「認識論的共通基盤」を前提とした同一のフォーマットが利用可能である点だ。

「自他の認識論的共有基盤に高い感受性をもち、さらにそれを均等化しようという傾向性が個体に実装されている」ことを想定するこの仮説を便宜的に「認識論的均衡化仮説」と呼んでおこう。自他の認識論的状態を均衡化しようとするこの傾向性は、「教える」と「教わる」両者の自発性の基盤となりうるものであり、また、ヒトが集団を形成し協力を行ううえでも不可欠と考えられる「私たち性」（we-ness）[*38]を生み出すことにも直結すると考えることができる。

4　最後に――内集団化する営為としての「教える」（その「暴力性」）

しかし、「自他の認識論的状態を均衡化しようとする傾向性」がヒトの本性に含まれうるのであれ

ば、とくにこの傾向を、「教えること」さらには「教育」の基盤として検討するのであれば、この「本性」がはらむ負の側面についても考慮しなくてはならない。

　ヒトは、集団規範への高い感受性や同調、さらには、他者に集団規範への同調を強いる行動特性を幼児期早期から発現することが一連の実験から明らかになっている。また、発達早期の経験を通して、言語や方言（訛り）を社会的マーカー（social marker）として利用することで選択的な向社会性を示し、[39]情報提供者を選択する傾向、これら発達過程の経験を通して獲得した社会的マーカーだけでなく、実験的に挿入した（帽子やTシャツの色といった）恣意的なシグナルさえも手がかりとして、内集団と外集団を形成・弁別し、さらには内集団メンバーを「ひいき」する強固な傾向が幼児期から存在することも示されてきた。

　上記の行動特性を前提に考えると、「教える」という営為は、あるレベルで見れば「他者への同調を強《し》い、他者を内集団化する」機能をもつ営為であるといえる。この内集団化の過程では、教え手からは規範を含むあらゆる情報提供が行われ、教わり手は、他者への同調傾向を前提に自己の行動を調整し、集団に適応していく。

「教えること」は、利他行動・協力の一形態であり、世代を超えて社会を維持する機能を果たしている。教えることで（すでに内集団化された自分ばかりか）「他者を内集団化する」機能が、一定の共通基盤の上に立つ社会の成立に欠かせない適応価を有しているといえるだろう。一方で「教える」という利他行動や協力もまた、他の行動様式と同じく、究極的には個体の利益（包括適応度）に帰着される形質であり、また、情報による他者操作の側面があることも重要だ。「欺き」の進化については一九八〇年代以降の「マキャベリ的知性」をめぐる議論[40]に端を発し、協力や共感、道徳の進化と対立するものとしてではなく、ヒトの社会的知性の一側面として知見が蓄積されてきた。ロバート・トリヴァースが指摘し追及した通り、自己欺瞞とその進化的適応価についての研究もまたヒトの心の進化を検討するうえで重要な側面だ。[*41]「教わり手」の側でも、「教え手」が伝達する内容の正当性を、教え手自身の評判や言語情報から見極める方略を備えており、教え手と教わり手の利害は基本的に一致しない。「教育」という営為は、「教え・育む」という「教える側の論理」と「教わり・育つ」という「教えられる側の論理」との均衡点を探る側面があるということができるかもしれない。教育という言葉を前にしたときに、「教える側」(だけ)にみずからを置いてしまおうとする無自覚的な傾向があるとすれば、そこには、スラヴォイ・ジジェクが指摘するような意味で、ある種の暴力性[*42]がはらまれていることを、我々はあらためて認識しておく必要があるように思う。[*43]

第5章

教育の進化

ナチュラル・ペダゴジー理論の検討を中心に

中尾　央

ヒト社会において、教育はあまりにも一般的なもののように見える。義務教育が導入されている社会であれば、教育を一切受ける機会なしに成人する人は少数派だろう。また、義務教育が導入されていない社会でも、親や祖父母、あるいは年長世代の人間が次世代を教育するといった行動は、本当にありふれた姿に思われるかもしれない。[*1] むしろ、教育が行われていない社会を想像するのが難しいくらいだろう。教育がここまでありふれたものであれば、それは他のありふれた行動や形質と同じく、ヒトが進化してきた系統の中でもかなり昔に遡ることができる形質なのではないか。そう考えたくなるのもわからないではない。

しかし実際のところ、とくに伝統的社会において、教育はそこまでありふれたものだとは考えられてこなかった。[*2] 狩猟採集を主とする伝統的社会においては、子どもは親や年長世代から何かを教えられるのではなく、生業技術や規範、狩猟の仕方などを、観察や模倣、そして遊びを通じて学習するものだと論じられてきたのである。だとすれば、ヒトが更新世（Pleistocene、二六〇万年前～一万年前の地質年代）以前に営んでいた先史狩猟採集生活においても、教育はあまり行われなかったか、行われていたとしても、重要な役割を果たしてこなかったと考えられるかもしれない。

だが近年、こうした少し単純化され過ぎた構図が見直されようとしている。そのきっかけの一つになったのが、後述するナチュラル・ペダゴジー理論（natural pedagogy theory）の登場である。[*3] この理論によると、ヒトは教育に特化した心のメカニズムを備えているとされ、そのメカニズムの進化は数百万年前に遡るとされる。この理論が正しければ、おそらくはすべてのヒトにこのメカニズムが備わっており、それゆえ、これまで教育が見られないと考えられてきた伝統的社会においても、教育が観察できると考えられる。そして実際、伝統的社会における教育の観察事例も徐々に報告され始めている。[*4]

本章の目的は、とくにナチュラル・ペダゴジー理論を中心として、こうした教育の進化をめぐる議論を概観し、教育の進化に関して現状でどこまで、何がいえそうか、そしてどういった問題が考えられるのかを明らかにすることである。具体的には以下、まずは本章の基盤となるナチュラル・ペダゴジー理論について概観する（第1節）。その上で、この理論が出発点の一つとしている過剰模倣（overimitation）や、その他の肯定的証拠に対して、どのような反例が報告されているか、その現状を検討しておく（第2節）。さらに、伝統的社会における教育の観察事例を概観・検討し、これらの事例がもつ含意を考察する（第3節）。最後に、ここまでの検討を踏まえたうえで、以前筆者が論じたのと同様、[*5] ヒトの進化において教育が重要な役割を果たすようになったのは、それほど昔に遡れそうにないと結論する（第4節）。

1　ナチュラル・ペダゴジー理論の概要

ナチュラル・ペダゴジー理論が明確に定式化されるようになったのは、二〇〇六年頃からである。おもな提唱者であるゲルゲリー・チブラとジョルジ・ゲルゲリーは発達心理学者であり、その着想は、発達心理学の諸実験をベースとしている。一時期に比べれば、関連する研究の出版もある程度落ち着いてきているように見えるが、それでもその内容を支持する、あるいはその内容と矛盾するような研究成果が継続して発表されており、いまだ注目を集めている理論である。[*6]

では、ナチュラル・ペダゴジー理論とはどのようなものなのだろうか。その内容を概観していこう。チブラとゲルゲリーによれば、ナチュラル・ペダゴジーとは教育のため、すなわち教育に特化した心のメカニズムであり、情報の伝達側、また受け手側の両者に備わっている。まずは、彼らの主張を引用しておこう。

［ナチュラル・ペダゴジーによって］ある行為の一度きりの実演（demonstration）からでも、不透明な（opaque）内容をもった知識が効率よく他者へと伝えられる。これは受け手がその行為を、意図をもった実演として認識するよう用意されているだけでなく、実演の内容が共有された（shared）文化的知識を表しており、他の対象や機会、個人にとって、何らかの関連をもった一般化可能な（generalizable）内容であるという予測を、受け手が最初からもっているからである。[*7]

少し抽象的な文章なので、具体例を使って説明しよう。世の中には、なぜそれをするのかよくわからないが、何らかの理由によって多くの人が従っている行動がある。たとえば（いま、この文章を書いているのが正月明けだというのもあるが）神社へ参拝に行くと、二礼二拍一礼という風習に従う人が少なくない。そして、この風習に従う人は、おそらくはその理由もよくわからずに従っている人の方が多いだろう。これが、先の引用文での「不透明な」状態である。この理論に従えば、（後述する、あるシグナルを与えられれば）こうした不透明な内容をもった行動でも、たった一度、目の前で見せられるだけで、我々はその行動を効率よく学習してしまう。しかも、その行動が特定の神社だけではなく、神社の参拝全般に一般化可能な行動であり、また目の前の相手や自分だけでなく、他の人にも広く共有された行動であると学習するのである。[*8]

ただ、ナチュラル・ペダゴジー理論によれば、ただ漫然と参拝行動を眺めているだけでは、こうした学習は不可能であるという。[*9] すなわち、この学習は「教育」を通じてはじめて可能になる。この教育のきっかけになるのが、明示的シグナル（ostensive signal）と呼ばれるものである。このシグナルを送って特定の行動を実演してみせること、これがナチュラル・ペダゴジー理論で想定されている教育である。この明示的シグナルには、相手に対する呼びかけ、アイコンタクト、表情の変化などが含まれる。[*10] 実際、こうした明示的シグナルに対して、ヒトはかなり幼い頃から敏感に反応し、またこうしたシグナルのおかげで幼児の学習が大きく変化することが知られている。[*11] たとえば、生後二日の新生児でも、目をそらした表情より、自分たちに向かって真っ直ぐ向いた表情に興味を強く示すし、明示的シグナルを送ることで、六カ月児は実験者の視線をより多く追いかけるようになったりするの

図 5-1　オルドワン（Oldowan）石器とアシュール（Acheulean）石器。前者は250 万年前～170 万年前頃に使用され，後者はそれに続いて 13 万年前頃まで使用された

（出典）オルドワン石器：Wikimedia; アシュール石器：筆者撮影，南山大学人類学博物館蔵。

である。

さらに、このナチュラル・ペダゴジーの進化は、道具使用の進化と関連しているとされる。[*12] たとえば、図5－1のような石器は一見するとシンプルに見えるが、こういった石器をつくるには、たんに石と石を打ち合わせればよいというわけではない。石器をうまくつくり出すには、どのような石を選び、石と石をどういう角度で、またどういう力、リズムで打ち合わせるかが重要になる。素人にはそう簡単に作成できないというのは、さまざまな実験でもよく知られていることであり、[*13] またこれらの石器作成技術が数百万年、数十万年もの間、何世代にもわたって受け継がれ、また集団内に拡散・定着していたこともわかっている。[*14]

このように、そう簡単には作成できない複雑な道具が世代を超えて受け継がれ、集団内に拡散・定着していくためには、何が必要だろうか。当然、効率的な学習システムが必要とされるはずである。ここで、なんのための動作か目的はよくわからないが、一度きりの実演からでも忠実にその行動を学習できるようになっていれば、石器づくりもうまく継承と拡散・定着が可能になるだろう。少なくとも、チブラとゲルゲリーはそう考えている。[*15] したがって、こうした石器が作成され始めた二五〇万年前には、ナチュラル・ペダゴジーという心のメカニズムが進化していたはずだというのである。[*16]

2 ナチュラル・ペダゴジー理論を支える実験的基盤の現状

【1】過剰模倣

本節では、上記のようなナチュラル・ペダゴジー理論を支持する実験や報告について、概観・検討していこう。少し古めのものは既発表の研究で検討したので、[*17] ここではまず、近年でもまだ注目を浴び続けている過剰模倣（overimitation）に焦点を合わせ、その研究（その中でもとくに最近の研究）を概観する。

その前に、まずは過剰模倣とは何かについて簡単に説明しておこう。過剰模倣とは、行為者の目的達成に、本来は不要な行動まで模倣してしまう行動のことである。たとえば、古典的な研究では、実験者の目の前にスイッチが置かれている。このスイッチを押せばライトに光がつくのだが、実験者が手を使えるにもかかわらず、わざわざ頭でスイッチを押したとしよう。アイコンタクトや呼びかけなど、明示的シグナルを送られたうえでこの様子を見せられた幼児は、手を使ってスイッチを押すのではなく、やはり頭でスイッチを押してしまうのである（図５－２）。もちろん、幼児も手を使える状態になっているにもかかわらず、である。[*18] この行動が、過剰模倣と呼ばれている。しかも、一度きりではなく、何度も頭でこのスイッチを押し続けるという。この過剰模倣はまさに、不透明な（すなわ

図 5-2　明示的シグナルを送ったうえで，手が使えるにもかかわらず頭でスイッチを押すと，幼児はやはり頭でスイッチを押すようになる

ち、なぜ手を使えるにもかかわらず、頭を使ってスイッチを押すのかその理由がわからない）状況で明示的シグナルを送られると、その行為が一般化可能なものとして学習されたわけである。そしてこの過剰模倣こそ、ナチュラル・ペダゴジー理論の基礎になるような行動であると考えられていた。[*19] その後、過剰模倣は欧米だけでなく、非欧米諸国の伝統的社会でも見られるという報告がなされていく。[*20] ヒトが先史時代に営んでいたであろう伝統的社会においても観察できるということは、ナチュラル・ペダゴジーはヒト系統のかなり古い段階で進化した、という仮説を裏づける証拠となりうる。

しかし残念ながら、その後、この過剰模倣の解釈にはさまざまな反例が報告されるようになる。たとえば、先ほどの実験に登場したスイッチの操作法を知ってしまった後だと、一八カ月児では過剰模倣が見られなかったという報告がある。[*21] スイッチの操作法を知った幼児は、明示的シグナルを送ったうえで、実験者が頭でスイッチを押す様子を見せても、全員が手でスイッチを押したのである。もちろん、スイッチの操作法を知ってしまった後なら、ある意味この状況は不透明ではなく、透明な状況である、という反論も可能だろう。[22]だが他方、三〜五歳児を対象とした実験では、操作方法がわかっている状況でも過剰模倣が見られたという結果が得られている。[23]この実験では、一定の操作を加えればおもちゃが取り出せるようになっている箱に、無駄な操作を加えて見せた後、子どもたちにも箱を操作してもらうと、やはり子どもは無駄な操作も含めて模倣したという結果が報告されている。重要なのは、子どもたちに何の指示もなく箱を操作してもらったときには、かなり容易に箱からおもちゃを取り出してしまったという点である。すなわち、子どもたちは箱の操作法がわかっている（＝透明な文脈である）にもかかわらず、実験者の操作法を過剰に模倣したのである。

他にも、明示的シグナルを送らなくても過剰模倣が生じる、あるいは明示的シグナルの有無は過剰模倣が見られるかどうかに影響を与えない、という実験結果が報告されている。[24]この実験では、実験者が箱から目的の対象を取り出す様子を五歳児に見せるのだが、一連の動作の中には、対象を取り出すには不要な行動も含まれている。そしてこの動作を行う前に明示的シグナルを送った場合、そして送らなかった場合を比較してみると、過剰模倣が見られる割合はほとんど変わらなかった。さらに、第三者に対して実験者がある箱の（無駄な動作も含めた）操作法を見せただけでも、四歳児が過剰模倣を見せるという報告もある。[25]もちろん、このとき、子どもに対しては明示的シグナルが送られていない点に注意してほしい。これらの実験結果は、明らかにナチュラル・ペダゴジー理論では説明のできない結果である。

以上のように、少なくとも過剰模倣について、ナチュラル・ペダゴジー理論の解釈には多くの反例が報告されており、この解釈をそのまま支持することは難しい状態である。[*26] 先述したように、過剰模倣はナチュラル・ペダゴジー理論にとって、ある種基礎的な典型例の一つであった。こうした基礎的な典型例がうまく説明できなくなってしまっているのは、この理論にとっても大きな痛手だろう。また、過剰模倣の解釈そのものに難を抱えている以上、過剰模倣が非西欧諸国で観察されたとしても、それがナチュラル・ペダゴジーの汎文化性を示すことにならないのはいうまでもない。

【2】 物体のアイデンティティ

前項までに、ナチュラル・ペダゴジー理論が典型例と見なす過剰模倣について、この理論の解釈が成立しづらい現状を概観した。本項では、この理論を支持する他の実験的証拠についても、報告されている各種の反例を確認しておく。

まず、物体の位置と（おもちゃ、本などという）アイデンティティに関する実験について、近年報告されている反論を見ておこう。ナチュラル・ペダゴジー理論を支える実験の一つとして、明示的シグナルを送った場合とそうでない場合で、学習者の学習内容（すなわち、学習される知識が一般化可能なものかそうでないか）が変化するという実験がある。[*27] この実験では、九カ月児に対し、実験者が物体に一定の動作を行った後、物体の変化に対して九カ月児がどう反応したかを見たものである。実験者が明示的シグナルを送りながら物体を指差した場合、幼児は物体の位置の変化ではなく、物体のアイデンティティの変化をより長く注視していた。[*28] 他方、明示的シグナルを送らず、物体をつかもうとしているだけの場合、幼児は物体の位置の変化をより長く注視していたのである（図5-3）。これは、明示的シグナルを送ることで、物体の位置というその場限りの情報ではなく、アイデンティティとい

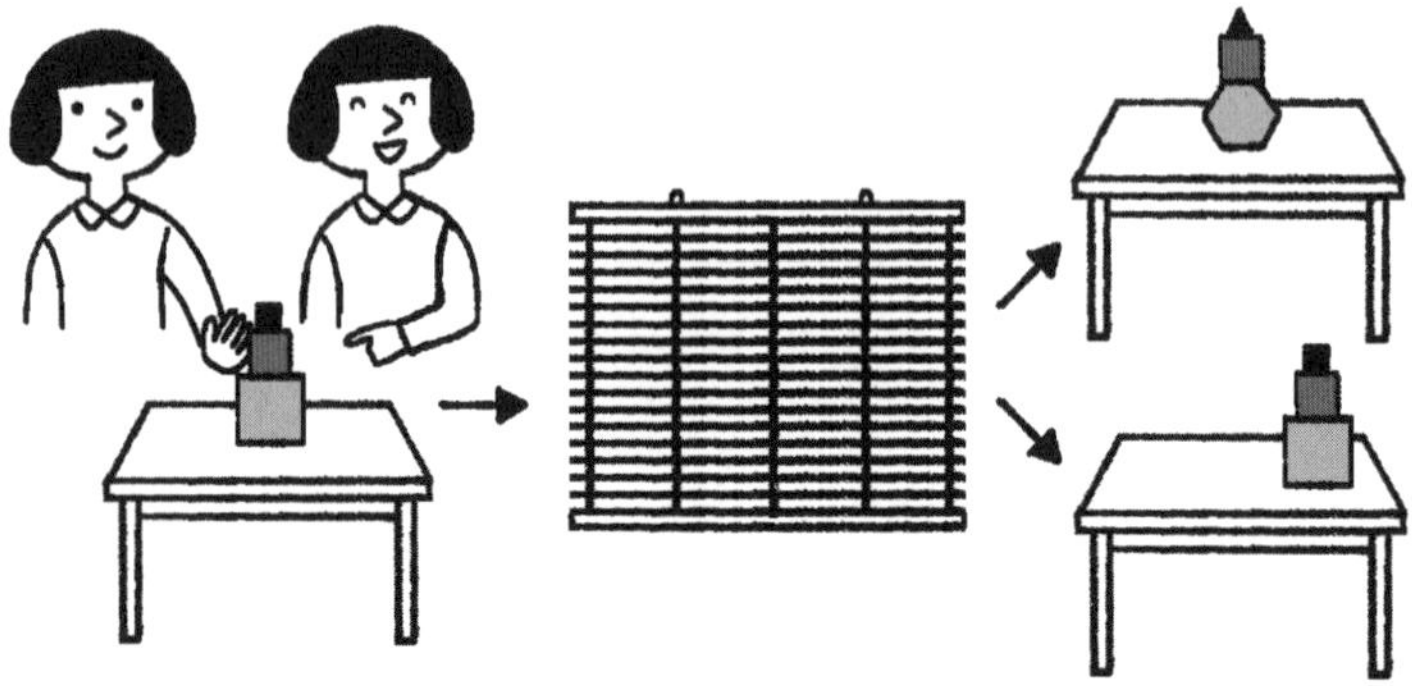

図 5-3　実験者が物体に指差し（明示的シグナル有）・手を伸ばした（明示的シグナル無）様子を見せた後，いったん物体は実験参加者の前から消え，再度登場する。そのとき，物体のアイデンティティが変化している場合（図右上）と，位置が変化している場合（図右下）の２通りの変化が提示される

うより一般的な情報を学習したのだと解釈されている。

しかし、一〇歳児を対象に類似した実験を行ったところ、異なる結果が得られている。この実験では、明示的シグナルを送った場合とそうでない場合を比較すると、むしろ前者の条件で位置の変化に強く反応し、明示的シグナルを送らなかった場合の反応を見ても、位置の変化よりはアイデンティティの変化に強く反応したという結果になっている。[*29] これもまた、ナチュラル・ペダゴジー理論の解釈とは矛盾する結果である。

【3】価値の学習

もう一つ、不思議な実験を見ておこう。ある実験によれば、相手に明示的シグナルを送ることにより、対象に対する実験者の感情表出が、特定の個人の感情表出ではなく、一般化可能な価値の表出であると理解されるという。[*30] 一四カ月児や一八カ月児を対象にしたこれらの実験では、明示的

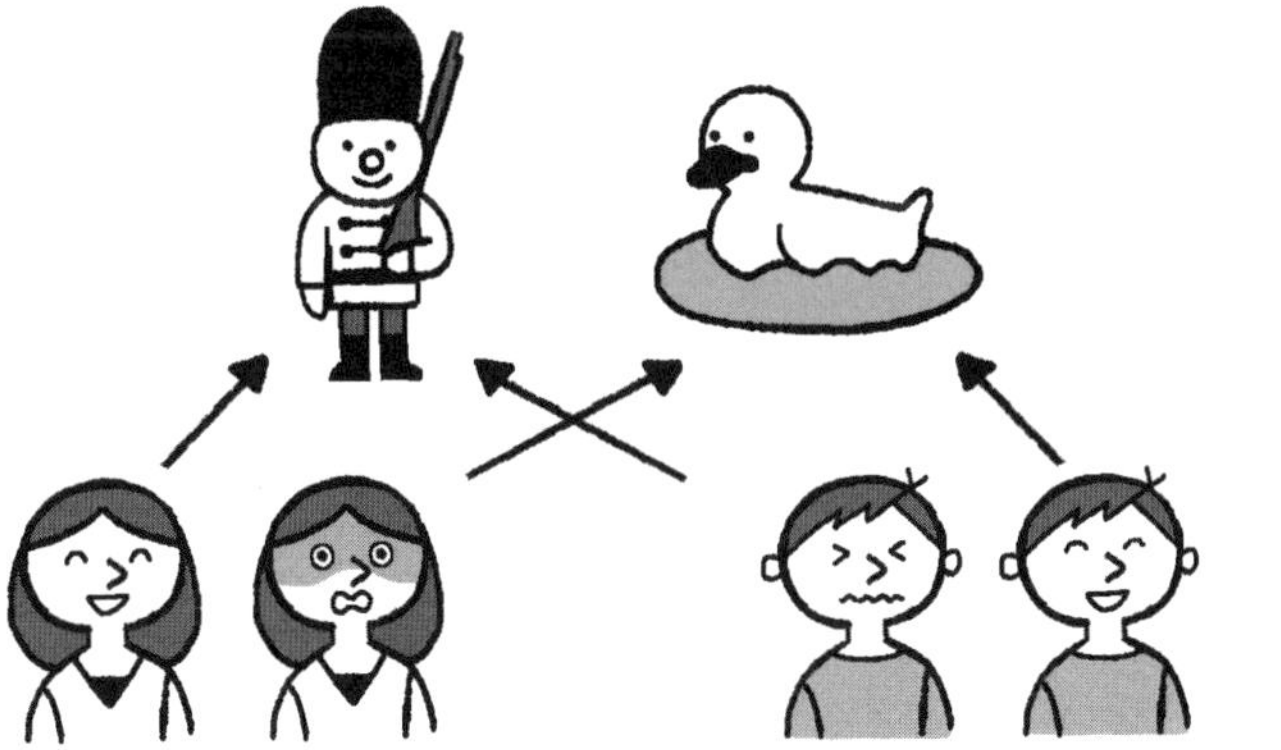

図5-4　2人の実験者（Aは明示的シグナルあり，Bはなし）が感情表出を行った後，幼児にどちらかの対象を渡してくれるように依頼する

シグナルを送る実験者Aと送らない実験者Bが登場し、AがO_1に肯定的、O_2に否定的表出、BがO_2に肯定的、O_1に否定的表出を行う、というように、二つの対象O_1、O_2にそれぞれ肯定的・否定的な感情表出を行う（図5－4）。この後、別の実験者が登場し、幼児にO_1かO_2のいずれかを渡してくれるように頼む際に、明示的シグナルを送った場合とそうでない場合を比較すると、前者の条件でO_1を渡す割合が有意に高かったという。これは先述したように、実験者Aの感情表出が一般化可能な価値の表出であり、Bの感情表出があくまでも個人的なものであると理解されたからだと解釈されている。

しかし、この実験にも反例がある。[*31] この実験では、明示的シグナルを送る場合と送らない場合という二つの状況で、実験者が三歳児にあるおもちゃの操作法を見せる。その後、別のぬいぐるみが入ってきて、おもちゃを実験者とは異なる方法で操作する。このとき、子どもがぬいぐるみの行動に抗議するかどうかが観察された。ここでもし、明示的シグナルによって実験者の操作法を一般化できているのであれば、明示的シグナルを送った場合において、そうでない場合よりも、ぬいぐるみのおもちゃ操作法に対して抗議がより多く見られるはずである。しかし、結果は明示的シグナルの有無で、抗議の程度には統計的に有意な差が見られなかったのである。これもまた、先述した実験結果とは矛盾する内容である。

【4】まとめ

このように、ナチュラル・ペダゴジー理論を支える実験的基盤は、さまざまな反例が提案されてきている。もちろん、こうした反例も完全なものではなく、微妙に実験設定が異なっていたり、また実験参加者の年齢が異なっていたり、という点が問題として残されており、この微妙なズレは今後の検討課題だろう[*32]。

さらに、こうした反例で、ナチュラル・ペダゴジー理論を構成している主張すべてが否定されるわけでもない。とくに、明示的シグナルが何らかの意味で、重要な役割を果たすこと自体はたしかだろう[*33]。だが、明示的シグナルの役割などについても、この理論の枠組みでそのまま解釈することには、注意が必要かもしれない。少なくとも現状では、ナチュラル・ペダゴジー理論を十分に支持できるほどに、反例が退けられたとはいえない状態である。

3 伝統的社会における教育

【1】民族誌から見た教育の事例

以上のように、ナチュラル・ペダゴジー理論は大きな問題を抱えたままである。しかし、たとえこの理論が棄却されてしまっても、別の点から明示的シグナルの重要性や、あるいはまた、教育の進化に関する仮説が支持できるかもしれない。とくに重要なのが、教育に関する民族誌（ethnography）のデータである。本節ではそのデータを概観・検討し、その含意について考察しておこう。

冒頭でも触れたように、狩猟採集社会を中心とした伝統的社会において、これまでは教育が見られないという研究が多数を占めていた。しかし、近年はその様相も徐々に変化しつつある。まず、アカ・ピグミーのような民族に関しては、実際の生活を撮影し、詳細に検討し直した結果、教育が実際に行われている様子が確認されている。[*34] さらに、これまで蓄積されてきた各種の民族誌データをメタ分析した結果でも、たしかに一部のケースに関しては、教育が行われていることがわかっている。[*35] たとえば、道具作成に関するアカ・ピグミーの教育は昔のデータからも知られているうえ、カラハリ砂漠のブッシュマンなどでも、武器の使用法が教育されているという。[*36] また、アフリカだけでなく、世界中の狩猟採集社会に関するデータを見てみれば、生業技術に関しては、たしかに教育によって技術伝達が行われているものの、青年期になるまではあまり教育が見られず、逆に食物共有のような規範に関しては、幼少期から教育によって情報が伝達されているようである。[*37]

ただし、これらの研究で想定されている教育には、子どもの行為に対する肯定的・否定的なフィードバックも含まれてしまっている点には注意が必要だろう。[*38] こうしたフィードバックそのものが、ナチュラル・ペダゴジー理論で想定されているような、明示的シグナルに基づいた教育に含めるべきなのかどうか、その点はまだ検討が必要かもしれない。たとえば、ナチュラル・ペダゴジーはヒト特有の形質であると考えられているが、数多くの動物実験が示しているように、肯定的・否定的なフィードバックで学習効率が変化するのはヒトだけではない。また、ナチュラル・ペダゴジー理論で想定されていたような、一般化可能な共有知識の学習において、肯定的・否定的フィードバックだけでは不十分かもしれない。したがって、伝統的狩猟採集社会において、ある程度は教育事例が見られることはたしかだとしても、とくにこの理論で想定されているような教育がいつ進化したかという問題を考えるうえでは、これらのメタ分析結果は多少割り引いて見ておいた方がよいかもしれない。

では、このようなデータや報告から、いったい何がいえるだろうか。まず、教育の果たす役割が、伝達される知識の内容によって異なる可能性である。先述したように、民族誌データのメタ分析からは、生業技術よりも規範において、早い発達段階から教育が行われていることが示唆されていた。これはたとえば、生業技術であれば容易に観察可能である一方、規範に関しては行動として観察できないものも少なくないため、口頭での明示的な教示が重要になるからかもしれない。いずれにせよ、もしこうした分析結果が正しいとすれば、教育の進化を考察する際にも、教育全般という大雑把な枠組みではなく、伝達される情報の内容などに関して、詳細な文脈を踏まえたうえでの検討が重要になるだろう。

たとえば、関連する研究として、文化進化研究の成果が挙げられるかもしれない。文化進化の文脈では、伝達される文化の内容によって、伝達の経路（ここではおもに、誰からその情報を学習するかについてだが）が異なる可能性が指摘されている。[*39] この研究ではまず、スタンフォード大学の学生を対象とし、学生たちの宗教や政治的信念、日常的習慣などを調査した。次に、同じ内容を学生の親、友人などにも尋ね、答えの類似性から、どの情報が誰から学習されたかを調べたのである。結果、宗教については母親経由、それ以外の情報については友人の影響が強かったという。過剰模倣の文脈でも同様の指摘がなされつつあるが[*40]、このように、やりとりする情報の中身によって、重要な役割を果たす伝達メカニズム（本論の場合であれば、教育なのか、たんなる観察学習なのか、など）が異なる可能性は十分に考えられる。

次に注意すべきは、伝統的社会においても教育事例はいくつか報告されているものの、やはりそれらはいまだ多数派にはなっていない、という点である。もし教育がヒト系統の古い段階で進化したものだとすれば、もっと広く、教育行動が各種社会に根づいていてもおかしくはないだろう。更新世のヒトが生活していた狩猟採集社会はもうほとんど現存していないうえ、それらの生活がヒトの過去を直接表しているとはいえないまでも[*41]、こうした社会で教育事例がもっと広く観察できないのは、ナチュラル・ペダゴジー理論で想定されていたように、かなり古い時期に教育が進化したという仮説とは整合的な状態とはいえない。

最後に、先ほどの議論と関連するが、もし教育事例が一部観察できるとしても、これまでの各種研究の蓄積も無視はできない、という点である。もちろんこれまでの人類学的・民族学的調査がたんに誤っていた、あるいは「教育は近代社会がつくり出したものだ」という先入観に支配されたままに調査した結果が得られていただけだ、という可能性も否定はできない。しかしそれでも、数多くの調査において、伝統的狩猟採集社会では教育が一般的でない、という報告がなされてきている点には注意しておかねばならない。こうした蓄積をある程度でも信頼するのであれば、現状では、やはり伝統的社会において、教育は（観察学習や遊びを通じた学習など、他形態の学習よりも）重要な役割をもっていたとは言いづらい状態だろう。

もちろんここで、では教育のような学習メカニズム抜きに、どうやって複雑な道具作成技術を伝達・拡散できたのだ、という疑問が生じるかもしれない。これについては、促進的教育（facilitative teaching）という代替メカニズムを提案したことがある。[*42] 実際、伝統的社会においてはおもちゃのような弓、道具を与えられ、遊びを通じて狩猟の技術を学んだり、また少し大きくなった後は狩猟に連れていき、現場を観察させたりといった、ある種の教育が行われている。これまでの研究で報告されてきたのは、まさにこれらの促進的教育の事例だろう。ここではもちろん、明示的な教示（instruction）を通じた教育が行われているわけではなく、より効率よく学習できるよう、さまざまな学習機会が提供されているだけだ、という点に注意が必要である。こうした学習機会の提供を通じた教育を促進的教育、またナチュラル・ペダゴジー理論などで想定されている明示的な教示による教育を明示的教育（explicit teaching）と呼んで区別するなら、伝統的社会では促進的教育が有効に機能し、複雑な技術なども伝達可能になっているかもしれない。

【2】まとめ

以上の議論が正しければ、結論としては次のようにいえるだろう。まず、伝統的社会でも教育は一定の役割を果たしているとはいえ、教育が二五〇万年前に進化してヒト社会の複雑な技術伝達・拡散に貢献してきたといえるほどには、広く観察できない。したがって、この仮説にも、現時点では十分な支持があるとはいえない。さらに、促進的教育のような代替メカニズムがあれば、教育なしでもヒトの技術・文化の伝達・拡散は可能かもしれない。とはいえ、この可能性もさらなる検討が必要であることはたしかである。

4　おわりに

ここまでの議論をまずは再度要約しておこう。ナチュラル・ペダゴジー理論に関しては、これまでさまざまな実験でその主張を支持するような結果が得られてきたが、近年ではその反例も相当数蓄積されてきている。これらを見る限り、また、これらの反例に対して十分な再反論がなされていない状況を踏まえる限り、ナチュラル・ペダゴジー理論はけっしてそのまま支持できるものではない。

また、この理論が想定していた教育の進化史についても同様である。さまざまな報告や分析から、伝統的社会においても一定の教育が行われていることはたしかである。だが、教育の進化がヒト系統のかなり古いところにまで遡れるという主張を支えられるほどに、教育事例が広く観察できるわけではなさそうである。したがって、現時点では、この仮説も支持することは難しいだろう。

ここまで、ナチュラル・ペダゴジー理論そのものにはかなり懐疑的な議論となったが、もちろん、その構成要素のすべてを否定したわけではない。とくに、明示的シグナルが何らかの点で、とくに幼児の学習にとって重要な役割を果たすことはたしかだろう。それは、さまざまな研究成果からも明らかである。しかし、その役割を、この理論の枠組みで理解するには困難なほど、各種の反例が蓄積されてきてしまっている点には注意しなければならない[*43]。

また、伝達される情報の種類によって、重要な役割を果たす伝達メカニズムが異なる可能性も示唆されていた。文化進化や過剰模倣の文脈においても、類似の議論がなされているが、教育の進化を考えるにあたっても、教育全般という大きすぎる枠組みではなく、今後はもっと詳細な文脈（どういった状況下で、またどのような内容の情報が伝達されているのか、など）を踏まえた研究が必要になってくるだろう。[*44]

第6章
教育はヒトの生物学的生存戦略である

安藤 寿康

この章では、筆者が近年唱えるホモ・エデュカンス（*Homo educans*）仮説[*1]、すなわち教育はヒトを生物学的に特徴づけている最も重要な生存戦略の一つであり、文化ではなく進化によるものであるという主張を展開する。そして教育学が人文社会科学の一分野だけでなく、生物学の一分野となりうることを示したいと思う。

これがかなり大胆で野心的な主張であることは筆者も十分に承知している。しかしここでは学問的な美徳である慎重さよりも、多少の無謀も覚悟の上で、あえて大胆なフライングを試みたい。それは筆者個人の学問的バックグラウンドによるものである。

筆者は文学部に設置された教育学専攻の中で、学部時代は教育哲学を、大学院からは教育心理学を専攻し、能力の獲得に及ぼす遺伝と環境の影響を解明しようと、いまも双生児法を用いた行動遺伝学研究に従事している。[*2]

人文学的「教育学」の知的雰囲気の中で育ちながら、心理学的手法を用いて、いまや遺伝子や脳活動まで射程に入れるのもルーティンになりつつある研究に関わることの居心地の悪さをおわかりいただけるだろうか。

一方で、「教育とは表現的交渉である」（木村素衛：西田哲学の影響を受けたドイツ観念論のもとで教育学を展開）、「全人教育、すなわち子どもの有するすべてを、天から授かった性能をできるだけ順当に伸ばすことが教育」（小原國義：玉川学園創始者）、「教育とはよくしようとする働きかけ」（村井實：ソクラテス研究と分析哲学をもとに独自の教育理論を展開。筆者の学部時代の恩師）のような言葉づかいをする知的世界がある。[*3] 教育哲学を専攻する教員や院生の話はいつもこのようにビッグで美しい、しかし何を言っているのかよくわからない言葉が延々と並ぶ。私も学部時代はこうした教育思想や教育哲学を学ぶゼミに所属し、プラトン、ジャン・ジャック・ルソー、フリードリヒ・フレーベル、ジョン・デューイ、マリア・モンテッソーリなどの教育思想に触れて、その多様な考え方にそれぞれ知的インスピレーションを受けた（そしていまも受け続けている）ものの、こうした人文学的なアプローチに対して、いったいそういう思想ができあがる普遍的で科学的な根拠の不明確さへの当惑、平たくいえば、その思想家の主観的好みで論じられたものを、それぞれに主観的に共鳴する人たちが、そのビッグネームだけを頼りに珍重して言葉遊びをしているにすぎないのではないかという漠然とした違和感と不審感を抱き続けてきた。

この違和感と不審感は、教育をめぐる公の言説の中にもいつも感じ続けていた。たとえば、教育基本法では教育の目的は「人格の完成を目指し、平和で民主的な国家及び社会の形成者として必要な資質を備えた心身ともに健康な国民の育成」を期することと謳われている。その崇高さにかたじけなさを感じるが、具体的にはどうなると「人格の完成」なのか、どうすれば「心身ともに健康な国民」といえるのか、さっぱりわからない。そもそも学校に通っていたとき、「さあ、今日も人格の完成を目指し心身ともに健康な国民になるために勉強するぞ」などと思った経験は、少なくとも筆者には一度もない（高校の頃、オレは聖人君子になると志して『論語』に夢中になったことはあったが、挫折していまに至る）。しかし教育学者や教育哲学者はこういった文学的・抽象的で非科学的な言葉づかいで教育について大真面目に語る世界に住んでいる。

他方、よりよい教育を目指して「学力」「知能」「内発的動機づけ」といった構成概念を「科学的に測定」しながら、それらに関連する心理的、社会的要因の探究に日夜取り組む心理学者がいる。そして筆者はそんな構成概念や測定法を用いて、その遺伝・環境要因や脳内基盤、関連遺伝子を明らかにする研究者集団の中で仕事をしている。

当然のことながら、教育哲学者と教育心理学者が共通の言葉で話を交わすことはなく、双方が相手を「アウェイな目」で見て、いや見てすらいない。教育哲学者は教育の本質を理論的に探究するなかで、具体的な教育現象に関する心理的プロセスをエビデンスをもとに検証する作業をすっ飛ばし「思想はエビデンスに勝る」[*4]などとうそぶく一方で、教育心理学者は「教育とは何か」という問いを発することなく、何となく常識的・直感的に「教育に関連しそうな」現象の説明モデルを心理学の言葉で描いて「教育の役に立とう」と、成績を上げ動機づけを高め、よい子にすくすくと育てるためにはどうしたらよいかの探究に奮闘している。そこには科学を装いながら、肝心の「教育現象」とは何かを、その根底から基礎づけるための理論的探究に欠けている。

これは危機的状況であると思うようになった。まず自分自身の知的危機であり、それは教育科学の危機、ひいては教育の危機であると、不遜にも思うようになった。そんな状況が二〇年以上も続いていた。

引き裂かれそうなこの知的状況を解決すべくあるとき突然天から舞い降りてきたのが、チャールズ・ダーウィンという神であった。教育を「進化」の目から理解しようとする科学的営みによって、教育とは何か、教育はいかにあるべきかという問いに理論的かつ科学的にアプローチできるという直感が芽生えた。だから本章はホモ・エデュカンス仮説を信奉しようとする筆者の信仰告白のようなものである。

1　ホモ・エデュカンス仮説とは

「ホモ・エデュカンス仮説」、すなわち「ヒトは教育的動物である」というテーゼは、冒頭に述べたように「教育はヒトを生物学的に特徴づけている最も重要な生存戦略の一つである」という主張である。

ここでいう「教育」とは、学校教育や学校的な形でなされる教育活動や教育制度という、こんにちありきたりとなったように見えるもろもろの「教育」場面だけでなく、それ以前に、他者による「教える」という行為によって成立する「学習」様式を指す。それは高田明の「制度」「活動」「行為」の三分類（本書第9章参照）に従えば「行為」のレベルにあたり、説明、例示、足場がけ、促し、強調、評価、禁止といった、学習者の学習行動をコントロールする個々の具体的な利他行動のことである。

学校教育のような「制度」のレベル、あるいは授業や稽古ごとのような「活動」のレベルも「教育」の重要な分析単位であるが、それらは教育を成り立たせているさまざまな行為を組織化した上位の階層として考える。

この区別ははじめにしっかりと押さえておかねばならない。人文社会学的な教育学が扱う教育とは、普通、制度や活動といった組織的、計画的、意図的に設計されたレベルである。教育は文化か進化かという議論を、制度や活動のレベルで議論すれば、ほとんどが文化の話と捉えられることはいうまでもない（後述のように、制度や活動レベルにも生物学的な規定があるが）。だから行為レベルの教育は、「教育」（education）ではなく「教示」（teaching、あるいはinstruction）という用語をあてた方が混乱を招かないという示唆を受けることはたびたびある。しかし活動や制度のレベルが行為レベルとけっして切りはなされたものではなく、むしろ連続性を考える必要があることから、本章ではあえて行為レベルも「教育」という言葉を用いることにしたい。

さらに行為レベルの教育の進化を考えるためには、ヒト以外の動物とも共通の土台で比較することのできる操作的定義が必要である。それを与えてくれるのがティム・カロとマーク・ハウザーの機能的定義である。[*5] それは以下の三つの条件を満たす行動を積極的教示（active teaching）、すなわちここでいう教育と見なすというものである。

① ある個体Aが経験の少ない観察者Bがいるときにのみ、その行動を修正する。
② Aはコストを払う、あるいは直接の利益を被らない。
③ Aの行動の結果、そうしなかったときと比べてBは知識や技能をより早く、あるいはより効率

的に獲得する。あるいはそうしなければまったく学習が生じない。

この定義についてはあらためて考察するが、条件①で他個体が存在するときに生ずる（逆にいえば他個体がいないときには生じない）独特の社会的行動であること、条件②でそれが利他行動であること、そして条件③でそれが学習者にとって学習が成立するための、あるいは学習を効率化させるための必要条件であることを述べ、そのような行動を教育と呼んでいる。

さて本章でホモ・エデュカンス仮説を主張するにあたり、その主張のエッセンスを、ニコ・ティンバーゲンの有名な「四つのなぜ」[*6]に沿って、教育の究極要因としての「機能（生存と繁殖にとっての役割）」と「系統発生（進化的根拠）」、至近要因としての教育の「機構（メカニズム）」と「発達（個体発生）」を簡潔に明示する。そして本章の続く部分で、その説明を詳細に論ずることにしたい。

【1】教育の機能

ティンバーゲンの挙げた「四つのなぜ」の中の「機能」とは、生物の生存と繁殖にとって必要などのような機能をもつかという問いである。教育について見た場合、まずいかなる動物も動的な環境変化に適応して食物を得たり危険を回避したりするために、「学習」による行動変容、あるいは知識獲得が必要である。それを特定の条件下でとくに効率化させる機能をもった様式が、先のカロとハウザーの定義に従う「教育」行動である。とくにヒトの場合、生存し繁殖するためには、何らかの文化的知識の習得が不可欠であり、それを試行錯誤による個体学習やたんなる観察による模倣学習だけでは習得することができず、それを教育が行っていることが示すことができれば、それは進化的な産物であるといえる。それはヒトにとって知識が食物と同じように生存に不可欠であり、その知識を他個体間で共有する独特の仕組み、すなわち知識分配としての教育の能力が、食物分配と同じように生存にとって不可欠だからである。

[2] 教育の系統発生

「系統発生」のなぜとは、進化の過程でそれが獲得されたものであることが示せるかどうかである。直立二足歩行という行動形質については、ホモ族の化石資料や現存する霊長類の行動から類推することができるが、「教育」という行動についてはそれが難しい。しかしカロとハウザーの定義に従う行動がヒト以外の動物にも見られること、そしてネアンデルタールやそれ以前のホミニド、そして旧石器時代のヒトの考古学的資料などからそれを類推することができる。

[3] 教育の機構

ヒトにおいて教育による学習が発生する普遍的なメカニズムとしては、脳の連合野が生み出す不可視的な知識生成能力、それを他者に伝える言語能力の存在、心の理論として知られる他者の心的状態を認識する能力、学習者への共感性などさまざまなものが考えうる。問題はそうした多様なヒト特有の能力が前提条件となって教育が派生的に生じた二次的産物なのではなく、それら多様なヒト特有の心的能力が同時多発的に獲得されたことが、とくに教育という知識共有、知識分配という生存戦略を必然的に伴っていること、大胆な言い方をあえて恐れずにいうなら、それらさまざまなヒト特有の心的能力が同時発生したのは、教育という生存戦略を生み出すために必要だったということまでいえれば、ホモ・エデュカンス仮説は強固なものとなるだろう。

【4】　教育の発達（個体発生）

もし教育が進化の過程で獲得されたものであるなら、それは直立二足歩行や言語能力と同じく、特別な訓練をすることなく、文化的差異に依存せず、発達のごく初期から自然に、普遍的な形で発現され、ヒトの生活史の中で、その生物学的特徴を反映したような発達的変化を、やはり普遍的な形で見せるはずである。それは本書の他章でも批判的に検討されるナチュラル・ペダゴジー（生得的教育、天賦の教育、自然の教育）や狩猟採集民の子どもの文化的知識の獲得に関する研究の妥当性、乳幼児の教示行動の発生などを検討することによって行う。

＊

これら四つの側面のそれぞれをさらにくわしく議論する。これらは相互に関わり合っているため、一つの側面に焦点を当てながらも、他の側面の問題もしばしば同時に取り上げる。

2　教育の究極要因

【1】　教育のご利益――その機能に関する考察

「人はパンのみにて生くるものにあらず」は旧約聖書「申命記八：三」とそれを引用してキリストが語った場面を描いた「マタイによる福音書四・二‐四」の有名な箴言である。それではヒトはパン以外の何によって生きるのか。聖書ではそれが「神の口から出る一つ一つのことば」となるわけだが、ヒトが生きるための生物学的な条件を考えた場合、それは明らかに「知識」である。神の口から語られた言葉は、おそらく苦しみの中に迷える人間たちにとって生きるために必要な「知識」であった。しかしパンを食べるためにも、小麦の栽培から加工まで首尾よくこなし、食べられるパンに焼き上げる知識が不可欠である。今日、自分でゼロから小麦を育ててパンをつくることのできない人にとっては、パンを手に入れるための金銭を稼ぐ仕事に関する知識も必要だ。それだけではない、パン職人が用いる材料や道具の製作に関わる知識も、食卓でパンを盛りつける食器を作るための知識も、パンを食べるときのテーブルマナーのような知識も、人間を取り巻くおよそありとあらゆるものを入手し、適切に用いるための背後に、人類が築き上げてきた膨大な文化的知識の分業システムがあり、それらを適切に担うためにどこかで誰かが必要な知識を学習し、それを運用してくれなければ、パンにすらありつけることはできない（このことは新型コロナウィルスやウクライナ情勢で実感を伴うようになっている）。その意味で今日我々が住む世界は知識によってできあがっており、知識を学習することは生きるために必要不可欠である。ヒトは知識によって生きる動物なのである。

　これがヒト以外の動物ではどうか。たとえばゾウリムシなどは、学習された知識など不要で、生まれつき備えた反射を機械的に環境条件に合わせて適用させるだけで生きていける本能マシーンなのだろうか。とんでもない。単細胞動物であるゾウリムシですら（といったらゾウリムシに失礼だが）、自分にたまたま与えられ生存することのできた環境に関する温度[*7]や形[*8]について、後天的に学習し記憶している。つまり「知識」を獲得しているのである。

　知識獲得、すなわち「学習」は大脳皮質のような複雑な神経系のネットワークがなくとも、単細胞のレベルでも生ずる生命の基本的な機能といってよいようだ。ヒトのみならず、生きとし生けるものはことごとく、パンのみならず知識によって生かされているのである。

ゾウリムシの学習様式は学習心理学でいうところのオペラント条件づけ、つまり個体がある環境条件の下で自発的に行った行動がうまくいけば（強化されれば）、次も同じ環境で同じ行動が生じやすくなるというものである。昔うまく生き延びられたやり方を「覚えて」おけば、次のときもそのやり方をすれば生き延びる確率が高くなる。単細胞動物、いや細胞をもたない生物と無生物の境目の存在である新型コロナウィルスですら、おそらく彼らなりの学習方略をもって、ヒトからヒトへとしたたかに感染し生き延びるための知識を獲得しているに違いない。

ゾウリムシの学習は「個体学習」である。仲間や他人（他個体）の世話にならず、一匹でも勝手にやってのける。おそらくヒトまで含むあらゆる動物は個体学習を行っている。それは学習心理学で試行錯誤学習や洞察学習などと呼ばれれるさまざま様式を用いていると思われる。これが仲間や他個体がつくる社会的状況でないと成立しないと、それは「社会学習」になる。それは主として観察・模倣学習または共同学習によるものである。観察学習あるいは模倣学習は、他個体の行動を観察することにより、それと同じ機能をもった行動が模倣されることによって生ずる学習で、たとえば鳴禽類の鳴き声や霊長類の道具使用などに見ることができる（エミュレーションやイミテーション、ミラーニューロンやメンタライジングなど、そのメカニズムについては後述する）。共同学習とはライオンやトラが仲間と狩りをするやり方を学習するように、モデルを模倣するというよりも、他個体と共同で行動するなかで、やり方を学習するというもので、筆者の便宜的命名である。

ここで注意しなければならないのは、観察・模倣学習も共同学習も、他個体が存在する社会的状況で成立するという意味では社会学習であるが、新しい行動に関わる知識の獲得はあくまで個体がひとりで行っている個体学習だということである。つまりそれらは社会的状況下での個体学習なのである[*9]。

それに対して教育は、カロとハウザーの定義が示すように、他個体の学習を生起あるいは促進する特殊な利他行動に随伴する学習という点で、観察・模倣学習や共同学習と一線を画す社会学習である。少なくとも独立する二個体間で学習それ自体を目的とした行動と情報のインタラクションが成り立っており、系統発生的に見てきわめて稀有で特異な機能をもった行動が創発されたといわねばならない。後述するように、ヒト以外の動物で教育がはっきり確認されているのは、ミーアキャット（*Suricata suricatta*）、ムネボソアリ（*Temnothorax albipennis*）、シロクロヤブチメドリ（*Turdoides bicolor*）の三種のみである[*10]。

これらの種で確認された積極的教示としての教育は、いずれも食行動に関するものであり、明らかに生存と繁殖のための必要条件といってよい。しかしヒトが行う教育は、食と栄養に関する内容に限定されておらず、まさにコンテンツフリーである。「駅までの道」から「人として生きる道」（神の御言葉）まで、詐欺や殺人の手口のような悪魔の知識から学問や芸術の真髄に至る聖なる知識まで、およそありとあらゆる内容が教育の対象となりうる。

明治の世になり「邑に不学の戸なく家に不学の人なからしめんことを期」そうと学校が全国津々浦々につくられたとき、百姓のせがれに学問はいらないなどと言われたではなかったか。いまでも買い物に使える掛け算九九さえできればよい、微積分や三角関数なんか意味がないとうそぶく高校生のなんと多いことか。これも後述するように、狩猟採集民の子ども期にはいわゆる教育はないとすらいわれている。にもかかわらずはたして、生物としての生存と繁殖にとって、教育による学習は不可欠な必要条件といえるであろうか。

教育がヒトの生存戦略だとするホモ・エデュカンス仮説の対立仮説は、生存に必要な知識は教育によらずとも個体学習と観察・模倣学習だけで得ることができるという主張である。旧石器時代のヒトがサバンナや熱帯雨林で狩猟採集の生活を営んでいたころ、生存に必要な知識は、成人して一人前になるまでの十数年を超える長い子ども期・青年期の中で、大人たちが日々行う（子どもの見えるところで、しかし子どものために見せようとしたものではない）生業活動や聞こえてくる会話に触れ、それをまねして遊んだり、その意味を自分で考えるなかで徐々におのずと身につけることができたのであって、大人や年長の子どもからわざわざ手本を見せられたり、口で説明されたり、練習させられたり、間違ったことをして叱られたりすることなく学習して、一人前に育つことができたのだろうか。

この対立仮説を覆す直接的な証拠を示すことは難しい。傍証となるのは今日の狩猟採集民がどのような知識をどのように子ども期に学んでいるか、そしてそうした知識がどれほど個体学習や観察・模倣学習だけで習得できるほど可視的なものかを検討することであろう。

狩猟採集民が多様な植物や動物の種類や特性についての知識を、生業生活の中で駆使していることは、民族生物学や生態人類学において数多く報告されている。子どもも多くの生業に関する技能や知識を、大人の行動の観察と模倣に基づく異年齢の子ども集団の遊びの中で学んでいるが、それだけでは身につけることのできない必ずしも可視的でない知識もある（食用のキノコとそっくりの有毒のキノコの区別は明示的に教わらないとわからないだろう）。

それらはすでに何万年もの間に蓄積されてきた知識であって、人類発祥の時点ではそれほど複雑な知識を必要としなかったとする反論に答えるのも難しい（ジョセフ・ヘンリック[*11]はサピエンスの誕生以前に豊富な文化的知識が形成されてきたと論じているが、検証が必要である）。しかしその時点から、ヒトが生き延びねばならなかった自然環境は十分に複雑で、競合する他の動物との生存競争の中でニッチ構築をするために、他の動物にはたどり着けない環境資源の利用の仕方（硬くて取り出しにくい木の実や骨髄の中の栄養の発見、それを取り出すための道具の発明など）について、今日の人間と同じように環境に関する知識や仲間と共同で生き延びるための社会的知識を、さまざまな試行錯誤や仮説検証のための実験によって、おそらく遺伝的な才能をもった個人や限られた人数の小集団が発見したり発明して、それを共同体の中で共有するという教育の仕組みが必要だったことは想像に難くない。

この問題は後述する教育による学習の機構（認知的メカニズム）や系統発生に関する推察（類人猿やネアンデルタールなどとの比較）でも別の角度から考察することになるが、「教える」という行動を当たり前のように用いる現代人から見れば、教育能力の存在が、適応にさまざまな恩恵をもたらしてくれていることは自明のことのように思われる。それはたんに複雑な知識がより効率的に学習されるだけでなく、知識を個人の脳の中にとどめるだけでなく、教育によって他者に伝達する過程で、言語や非言語の動作などによって記号化、可視化、具象化することによって、あたかも実際の事物と同じように、それらを統合したり変形させたりして加工し、より有用な知識を発明することも可能になる。

このように教育が生存のために必要な知識獲得を促進したり効率化したり、さらには知識創造をもたらすという機能こそが、それが十分進化的に獲得された形質であると信ずるに足る究極要因であり、むしろヒト以外の動物にそれが発生しなかったのが不思議なくらいである。実際、ヒトはおせっかいなほど他人に教えたがるし、昆虫の鳴き声や鳥のさえずり、動物の発するさまざまな音声にすら、仲間同士で何かを「教え」合っているのではないかと擬人化する。それほど「教える」という行為は自然だ。それでももし反論があるとすれば、我々が教育と思っている利他行動は、それ自体は教えることが一義的な目的ではなく、自分が他者より優位な立場に立ち、他者をコントロールしようとする支配のための自己顕示行動であり、そこから派生したものであるという反論である。

　もし自分がある知識をもつことによって他者より優位に立ちたいのなら、それを教えるよりは、むしろ「企業秘密」のように秘匿しておく方がよいだろう。教育という利他的な行動をとらず、あくまでもその知識を利己的に独り占めしておいた方が有利なはずである。そうすれば、知識をもたない他者がどうしてもそれをほしいと懇願してきたとき、代償として食物やお金や社会的特権、あるいは最低でも自己顕示欲が満たされるという恩恵を得られる。たしかに知識がそのように用いられることもある。昔は「学校の先生」は社会的尊敬を集めていた。教師の社会的地位が低下してきたといわれる昨今だが、それは教師が教師本来の機能を発揮していない場合にそうなるのであって、知識豊富で分別があり難しい事柄をわかりやすく教えることのできる優れた先生はいまでもやはり尊敬の的であり、生徒やその親から賞賛を受け、場合によっては人気教師としてメディアに引っ張りだこになって稼ぐことすらできる。知識は現代社会では商品として売ることができる構造になっているからである。学校教育の制度下で働く職業教師も、それによって給与を得ているという意味でカロとハウザーの定義でいう利他行動ではもはやない。

　しかしそれは教育活動や教育制度のもとで、教育行為が特定の産業構造の中で社会的・経済的対価によって提供される契約が結ばれるようになったことによって、そのようになったのにすぎない。そしてそこにはその社会的・経済的対価を求める一定の条件がある場合に限ると思われる。それは獲得された知識を習得するのにどれだけのコストがかかったか、またその知識が生み出す所産がどれだけ有限の財を侵食するか（企業秘密の製法のように、その知識を他者に教えると自分の儲け＝生存のための資源が減るような場合）という、知識の伝達にとっては外的な条件によるものである。その条件が変化すれば、教育による知識伝達は無償でなされることになるだろう。

【2】 系統発生に関する考察

教育の系統発生にはなぞが多い。現存するヒト以外の動物でカロとハウザーの三条件を満たす教育行動が確認されているのは、いまのところミーアキャット、[12] ムネボソアリ、[13] シロクロヤブチメドリ[14]の三種である。[15] これらはいずれも系統的にヒトに連なる霊長類の系列から遠く、それらがヒトの教育行動の前駆行動と見なすことは難しい。ミーアキャットのそれは学習機会の提供（opportunity providing）で学習者の習得した技能の程度に合わせてその学習機会も高度になる前進的教示（progressive teaching）であるのに対し、ムネボソアリは学習する場所がはっきりわかるようにするという局所的強調（local enhancement）であり、学習者の技能の成長に合わせて変化することのない固定的教示（fixed teaching）である。またシロクロヤブチメドリでは、鳴き声と食べ物という刺激間の連合を観察学習させる固定的教示であり、教示行動の様式はそれぞれに異なっている。また一方でカロとハウザーの定義すべてを十全に満たしてはいないものの、その可能性を示す社会学習が示唆される動物種も少なくないことも事実である。[16] 動物界はまさに教育の出現前夜の様相を呈しながらそこに至らず、その中で唯一ヒトは教育行動を社会学習の主要な様式として獲得しえたがゆえに、動物界において特異な地位をとったかのように見えるといっても過言ではない。

教育行動が表れる生物学的条件として、共同繁殖し（アリやハチのような真社会性昆虫がその候補とされる)、獲物をとるための狩りを仲間と協力し合うのではなく個体で行う動物[17]で、学習される技能が複雑であることなどが指摘されている[18]。それは必ずしも高度な知能を必要とせず、したがって最も進化的に近いはずのチンパンジーには教育行動は確認されてない[19]。あれほど高度な知能を用い、道具使用まで発明する動物が、教育という効率性の高い学習方略をもっていないことは驚きであると同時に、ホモ・エデュカンス仮説に挑戦を挑んでくる。

積極的教示という教育行動の存在を他の動物にほとんど見出すことができないという事実は、教育による学習という生存方略が、思いの外コストのかかるものであることを示唆する。ほとんどの動物が個体学習と、社会的状況下での個体学習である観察・模倣学習によって生存ができるにもかかわらず、なぜヒトにおいてわざわざ他個体のために自分を犠牲にして学習を成り立たせ、知識を独り占めせずに他者と共有するための教育という方略を用いなければならなかったのか。それはひとえにヒトが他の動物よりもはるかに不可視の知識に依存して生きる動物だからであり、それはとりもなおさず外界からの情報を二次的に処理し、それらをさらに入れ子構造にして高次な概念を生成する脳の連合野を獲得してしまったからである。幸か不幸か、神経情報の連合的機能が皆無か、ヒトと比べて貧弱な動物たちは、基本的には外界からの刺激に対し、一次的な処理で適応的に対処することができる。しかし連合野で二次的に生み出された新しい知識は、それ自体目に見えない形で存在するため、それを共有するには観察学習だけでは無理で、そのために他個体に明示的に学習をさせるための方略が必要だったのだと考えられる。

もう一つの問題は、前項で論じた教育の機能が透明性の低い不可視の知識の伝達のみならず、知識の具象化によって創造性と累積性を示す証拠が教育の発祥であるとすると、それはサピエンスが生まれたと考えられる二〇万年前には見られず、いわゆる「大躍進」[*20]と呼ばれる五万年前、新しい石器を生み出し、アフリカからヨーロッパやアジアに進出したと考えられる時期になってようやく始まったと考えられることである。

ヒトがチンパンジーとの共通祖先から分岐したのがおよそ七〇〇万年前だとして、現存する唯一のホミニドであるサピエンスにたどりつくまでに、きわめて多様なホミニドが地球上に出現し、滅亡していった。ここで教育のメカニズムで論ずるべき教育を成り立たせている認知機能について、系統発生の問題として考察したい。

ヒトが無知な他者に何か知識を教えるとき、非常に多くの認知的な負荷がかかる。たとえば中石器時代にネアンデルタールもサピエンスも共に製作していた主要な石器の製作で用いられたルヴァロワ技法について考えてみよう。この石器は素材となる石核から適切な形の剝片を複雑なステップを経てつくり出す高度な技術が求められる[*21]。まず第一に、自分自身がその技能に用いることができるほどに習熟していることが必要である。それだけでもワーキングメモリを一つ分は食うだろう。その上で、目の前にいる他者がその知識をもっていないこと、あるいはどのようにもっているかを心の理論を用いて把握することが同時にできなければならない。これで二つ。その上で、相手に合わせてどのようにその知識をすり合わせるか、口で説明するのか、実際に手本を見せるのか、身振り手振りでイメージを可視化して伝えるかなどを考えて、自分の教示行動を調整しなければならない。かくして、少なくともワーキングメモリのキャパシティーは最低三個（WM3）必要である（その意味で後述するような、まだ十分にワーキングメモリの容量が発達していない乳児にも見られる教育は、成人が行う十全な教育行動と必ずしも同じではないと考えられる）。

それに対してチンパンジーのワーキングメモリは一つですむと思われる（WM1）。それは心の中に一つのイメージを保持しながら行動することができるということである。木の実割りの行動を学習する場合、ただやみくもに木の実めがけて石を振り下ろす行動を模倣するのではなく、頭の中に木の実が割れた未来の完成形を想定しながらそれを行うためにワーキングメモリが最低一つ必要だが、一つで十分である（ワーキングメモリの進化的増加に関してはフレデリック・クーリッジら参照[*22]）。

脳に一つ、イメージなり概念なりを保持できるワーキングメモリの働きが進化的に生じたことは、それ自体大きな躍進であり、チンパンジーが劣っていることを意味するわけではない。たんに環境からの刺激に直接反応し、それに直接適応する行動が学習だけではなく、環境からの刺激が誘発したイメージや概念を一定時間、意識の中に保持しながら行動できることで、チンパンジーはヒトが見ても「知的」な行動をする。京都大学霊長類研究所の有名な天才チンパンジー、アイとアユムが、コンピュータ・スクリーン上のランダムな位置に提示された数字を、それが〇・七秒で隠されても、小さい順に正確に覚えており、そのイメージをおそらく数十秒保持しておくこともできるのはそのためである[*23]。たった一つのワーキングメモリが「知的」と思わせる行動の基盤となっているのである。

現存する動物をワーキングメモリの容量で比較したとき、不思議なことに気づく。進化的、生物学的に最も近縁であるチンパンジーは一つ（WM1）、一方でヒトは最低でも三つのワーキングメモリを用いることができる（WM3）。するとワーキングメモリが二つだけの動物（WM2）はどこにいたのか。それがチンパンジーとヒトとの共通祖先か分かれた七〇〇万年間に地球上に出現しながら絶滅していったホモ族のどこかにあったはずだ。それはアウストラロピテクスか、ホモ・ハビリスか、ホモ・エレクトゥスだったのか。WM2のミッシングリンクをつなぐホモ・Xは誰なのか。

それがホモ・サピエンス・ネアンデルターレンシス、すなわちネアンデルタールだったという大胆な作業仮説をここで展開させてもらおう。彼らはヒトと同時代を共有し、少なくともヒトが文化的に大躍進を遂げる紀元前五万年前までは、ヒトと同程度の石器を使いこなし、ヒトと交雑もしていたらしい。埋葬の風習も確認されていることから、目に見えない魂の存在を思い描き、おそらく悲しみの感情を伴ったイマジナリーな世界を仲間と共有することもできていた。これはワーキングメモリが一つではできないが、三つはいらない、まさにWM2のなせる技ではないか。同様に頭の中に二つの概念表象を同時に維持させながら行動できる能力があると、特定の形をした石器の完成系をイメージしながら、いま手に持っている石同士に適切な力を加えて使い勝手のよい石器を整形できる。それがルヴァロア技法である。

ワーキングメモリが二つあることによって、きわめて強力な認知的作業を展開できる。それが入れ子構造である。二つのイメージを連合して使用し続けると、それはやがて自動化され、わざわざ二つを同時にイメージしなくとも、ワーキングメモリ一つぶんの負荷で実行可能になる。すると空席のできたワーキングメモリに、あらたに別のイメージを負荷して、さらに複雑な行動を生む。魂をイメージしながら遺体を埋葬するという行動がチャンキングされると、そこに花を添えようという行動まで発展させることができるのである。

しかし、それをさらにまだ実現されていない新たな用途を想定し（WM一つ目）、それにふさわしい新しい形をイメージし（WM二つ目）、それに合わせて石を整形する（WM三つ目）ためにはワーキングメモリを三つ必要とし、それこそがネアンデルタールとサピエンスの差異であった。それは二〇万年前に両種が同居していたときには生じなかったことから、おそらく五万年前に、脳の機能に、その容量形態をほとんど変えないまま、何らかの遺伝的な変化が生ずる「大躍進」が起こったとする説が正しいのかもしれない。教育の真の系統発生的な端緒は、そこにあったのかもしれない。

ネアンデルタールには教育がなかったと考えるさらなる根拠として、その成長曲線がある。よく知られているようにネアンデルタールの脳はサピエンスより大きい。また身体も大きく、寒冷適応の形をとっており、サピエンスより先に寒冷地であるいまのヨーロッパで生活をしていた。脳も身体も大きければ、当然カロリー消費量も大きい。その大きさまでサピエンスと、もし同じ時間をかけて成長させていたら、親の養育負担はサピエンスよりはるかに大きかったであろう。おそらく早い成長曲線を描き、サピエンスよりも早く成人の身体と脳の大きさに育ち、自立していたと思われる。こうした脳の成長曲線は、おそらくサピエンスのある種の自閉症児の脳の成長曲線と類似している。自閉症はしばしば巨頭で、生後二年間の成長の速さが指摘されている。[*24] もしネアンデルタールが自閉症と類似した社会コミュニケーションの特徴を有し、心の理論の能力がサピエンスほどの高さでなかったとしたら、やはり教育は行われにくかったのではないだろうか。[*25]

一方、旧石器時代のヒトがすでに模倣学習だけでなく教育による学習も行っていた間接的根拠は考古学的にも見ることができる。石器製作の遺跡からは、その破片の飛び散った形や方向から、製作者たちの技量や座っていた位置関係と方向までが推察できる。それを見ると熟練者の近くに上級者、その近くに中級者や初心者が並んでいることが読み取れる。[*26] 彼らが対面で座っていれば、明らかに教育を行っていたといえるだろうが、違った向きであることが興味深い。

3　教育の至近要因

［1］　教育を可能にするさまざまな認知機能

すでに前節で教育の系統発生を考えたとき、教育行動を可能にしたであろう認知機能として、至近要因としてワーキングメモリの大きさの考察が不可欠であった[*27]。いわばコンピュータのCPUの処理容量にあたるワーキングメモリが、二つから三つに増えたからといって、必然的に教育行動が生まれるわけではない。それをカロとハウザーの定義にあるように、利他的に他個体とインタラクションしながら、他個体の学習を促す教育行動として現れるためには、いくつもの認知機能が同時に発動されていなければならない。

①　言　語

教育行動を可能にする最も直接的な至近要因となる認知能力は「言語」の獲得である。

教育が進化の直接的な方略ではなく、言語のもつ多様な機能から副次的に派生したものであるならば、ホモ・エデュカンス仮説は成り立たない。

言語は思考や感情など個人内的な精神活動を支える道具であるとともに、そこで使われる同じ表象が他者と共有し合える音声パターンとして表出されることによって、他者に影響を与える機能ももつ。それが感情の交流や情報伝達や、命令・指示など他者の行動の統制といった多様な機能などをもちうる。とくに教育行動と関連するのは後者の口頭で表出された言語行動が、他者との社会関係の中で果たす機能である。バラス・フレデリック・スキナー[*28]は言語行動を「マンド（要求言語行動）」「タクト（報告言語行動）」「イントラバーバル（言語間制御：内言語）」「エコーイック（音声模倣行動：反響反応）」「オートクリティック」の五機能に分類している。話された内容やその語用法の観点からではなく、ある発話が他者との間でどのような行動制御（強化随伴性）をもつかという観点からのこの分類は、とりわけ教育という社会的コミュニケーションによってどのような学習を他者に生起させるかを考察する際に有用である。なかでもマンドは「もっと強く叩け」のような命令によって、石器づくりの初心者がそれまで割れなかった石片をいい具合に割る行動が随伴する。このときこの言語行動が強化されるが、同時に学習者も石をうまく割る技を学ぶ。タクトは「あそこが獲物の通り道だ」と狩りのとき仲間に話すと、その仲間はうなずき、それから集団の獲物の数が増える。

　これらの言語行動はいずれも他者に学習を促す機能をもつことはたしかである。しかし非言語的なインタラクション（指差し、視線共有、リーチングなど）や肯定的、否定的な感情表出もまた他者の学習行動をコントロールする。したがって言語行動があることが教育行動の必要条件とはいえない。

②　ナチュラル・ペダゴジー

　非言語的なコミュニケーションが教育による学習となっているのが、ゲルゲリー・チブラとジョルジ・ゲルゲリーのいうナチュラル・ペダゴジー（NP：生得的教育）である。[*29]ポジティブな視線共有やマザリーズのようなオステンシブ（顕示的、明示的）な手がかりが向けられると、その後の共同注意のようなリファレンスを促した対象物に注意が向けられ、それについて何らかの一般性のある知識が、乳児でも習得されるというこの現象については、他章でも繰り返し批判的に触れられている。たしかにナチュラル・ペダゴジーという概念がやや一人歩きし、それに伴って過剰な一般化がなされるようになってきていることは事実である。しかしそれが当初考えられていたように普遍的なものではなく（中尾央、本書第5章）、限定的であったとしても、その示唆は傾聴に値する。

それはまず非言語的な知識の共有の仕方が、オペラント条件づけによるものとは異なる社会的コミュニケーションの様式で、言語運用能力がまだ十分に機能していない二歳以前から起こるということそしてそれは教育に不可欠と考えられがちな心の理論やメンタライジングを必ずしも必要としない教育による学習が成立するということ、である。教育における心の理論の位置づけについては次に論ずるが、学習者が教育者の「心」、すなわち教えようとする意図の理解や何を教えようとしているかの「知識」の推測をしなくとも学習が生じるだけでなく、教育者としての幼児が学習者である他者の「心」を想定しなくとも、ただルールに従わない学習者にNOを提示したり、学習者にオステンシヴな刺激を示して「正しい」ルールに従った行動を行うことができれば、教育を成り立たせることができる。

③ 心の理論

心の理論やメンタライジング、あるいはミラーニューロンの働きは教育の必要条件かどうかについては、先ほどの議論からも必ずしもそうではないこと、つまり心の理論を想定しなくとも教育は成り立つ可能性があることから示されたと思われる。では十分条件となりうるだろうか。相手が何かを知りたがっていることや教えたがっていることがわかり、さらにどういう知識を知りたがっていることや教えたがっていることまで心の理論を使ってわかることができれば、たしかに教育は成立する。とりわけ教育する「意図」は教育行動の有無を判断するときの条件として挙げる研究者も少なくない。[*30]

しかし二つの理由から筆者は心の理論が必ずしも教育を成立させる必要条件であるとは考えない。一つはすでに述べたナチュラル・ペダゴジーのように心の理論を想定しないでも教育による学習が成り立つ場合があること。もう一つは「教育」という意図をもたなくとも、定義上「教育」が成立している学習がありうるからである。それはたとえば芸術作品、政治演説、商品広告などに見られる。音楽や美術、文学などの芸術分野での作品制作とその鑑賞、政治における政治家や官僚の演説や情報伝達とそれを受け止める一般市民、物を売るために商品の情報を魅力的に印象づけようとする広告表現と購買者、これらはいずれもいわゆる「教育」が意図されたものでもなければ、知識を学習させようと意図したものでもない。心の理論やメンタライジングはそれぞれ機能しているが、そのときの心的状態は、芸術では感動や美的快感の共有を、政治は政策の理解やその妥当性の判断を、広告は購買意欲の高揚を促すことをそれぞれ主たる目的として、そのために用いられている。これらはカロとハウザーの定義に照らすと、第二条件（発信者＝教育者の利益にならないこと）を満たしていないとすらいえるかもしれない。しかしながら、結果として芸術作品からは美や感動の新しい形を学習し、政治では公益に資する行動や思想を学習し、広告からは商品に関する知識を学習する。発信者にとっての直接のメリットは芸術では共感者の獲得、政治は政権の安定や政策の期待通りの実行、広告では商品が売れることであるが、それとは違うところで学習が成立するという意味では、直接の利益を被っていない。

④ 利他行動

カロとハウザーの第二条件が言及しているように、教育行動は利他行動である。ヒトはさまざまな場面で利他性を示す動物であるから、教育もそのような一般的な利他性の現れであり、必ずしも教育に特化した心的メカニズムを想定しなくともよいのではないか。そうならばとくにホモ・エデュカンス仮説を主張する必要はないといえるのではないか。

マイケル・トマセロたちは乳幼児の示すさまざまな利他行動を実験的に確認している。[*31] デイヴィッド・ランシーは人間は生まれたときから大人の手助けをして社会に食い込みたがっているという。[*32] このようにヒトはかなり小さい頃から他者の置かれた状況を理解し、それに手を貸して助けようとする。手が届かなければ代わりにとってあげようとし、違った場所を探しそうとしたら、正しい場所を指差して「教えよう」とする。そうした一般的な利他的性質の一環として、教育行動も位置づけられるのであって、教育行動という領域特殊なモジュールを仮定する必要はないのではないか。

赤木和重は、一歳代の子どもの目の前で、実験者が円板をはめ板の四角孔にはめようとして入らない姿を見せると、一歳八カ月以前の幼児では、約八〇パーセントが自分で円板を操作するのに対し、一歳八カ月～一歳一一カ月になると約六〇パーセントが自分で円板を操作するのではなく、円孔を指差し、さらに指差した全員が実験者に対して視線を向けたり、「ここよ」「こっち」などの発話を行うなどの積極的教示行動が見出されることを示した。[*33] この実験を見ると、発達的にはまず相手に替わって自分で適切な解や結果をもたらそうとしている。これも一種の援助行動といえるが、それは知識を伝えたことにはならない。しかしやがて相手に適切な解を指先で指示するという形で「教える」という行動が出現する。いわば「魚を与えるのではなく、釣りを教える」のたとえのように、知識を伝えるという形で他者を援助する。このように直接手を差し伸べるのではなく、代わりに知識を遠隔で伝達するという行動が普遍的であれば、やはりたんに一般的利他性だけにとどまるのではなく、知識の学習に特殊な「教える」という利他性を発揮しているといえるのではないだろうか。これはさらなる検討が必要な課題である。

⑤ 共　感

これまで紹介した乳幼児に見られる「教える」と考えられる行動のメカニズムには、まず「相手が知識をもっていないことの認知」、あるいは「ルールに従わない不適切な行動の観察」に誘発されて、その知識の所在を指差しなどで示す行動が見られる。このとき、「できない」「知らない」という相手の状態を心の理論を用いて認識するだけでなく、その人の「できない・知らない」状態に伴うネガティブな心的状態を感情的に共感し、それを解消してあげようとする行動となる。このように他者ができない様子、知らない様子について「共感」し、援助してできるようにさせたり、知らしめたりさせるメカニズムがある。それを知らしめようとするとき、相手が知らない状態から知る状態に変わって生ずるであろうポジティブ感情を予想し、自分ができない相手へ抱くいらだちのようなネガティブ感情を超えて、むしろ相手に伝えることへの喜びというポジティブ感情が生ずると教えるという行動への動機づけが生まれるのではないか。

「共感」と似た感情として議論に上がるのは「同情」である。知識や技能をもつ人が、それを知らない人、できない人に対して、かつて知らなかったときの自分を投影して同情と哀れみの感情をもつことがありうる。そしてそれが引き金となって教育行動を生む場合もあるが、優越感にとどまり教育行動を生まないこともあるだろう。さらにはできない状態を自分のように努力していないことへの怒りやいらだちというネガティブ感情を誘発し、そのために教育行動に結びつかなかったり、学習者にあえて苦痛のようなネガティブ感情を引き起こす「厳しい」指導、体罰などの方法をとることも考えられる。

したがって共感が教育行動の必要条件とはならないが、教育行動をより促進したり、その方法にニュアンスを与える触媒としては機能すると考えられる。

⑥ 血縁者への優先的投資

親は子どもへの教育的投資を優先的に考える傾向が高い。どれほど強欲な親や、学歴のない親も、自分の子どもには自分が遊んだり贅沢したい欲望を抑制してでも、子どもに教育を与え、願わくば高い学歴を授けたがるものである。それが今日の受験熱や、しばしば裏口入学や入試問題漏洩事件のような不正の温床にすらなってしまうが、それこそが教育というものへの生物学的優先性があることの表れではないだろうか。実親が実子に対して行う投資量が、とくに教育について、他のものよりも大きいことを示唆する客観的証拠はまだ見たことがない。

ここまでに述べてきたように、教育行動には多様な関連する認知機能や情動機能がその基盤にある。不思議なのは、このような教育を可能にする多様な心的機能がヒトにおいて同時多発的に出現したことである。たしかに教育以外の利他性に基づく文化的行動、たとえば貨幣経済や法律機構、医療なども、さまざまな認知機能や情動機能が媒介となって発生したものと考えられる。それと教育は同次元のものなのだろうか。

このうち貨幣の自然的根拠は財の等価交換であろうが、それは幼少時から発生しない。むしろ他者に一方的に無償に与える行為として発生する。法律や倫理にも進化的基盤は想定される。[34] それは領域固有性のない社会的ルールへの選好性があるのか、何らかの領域固有性をもつかは検討されねばならない課題であるが、自分がそのようなルールに従うという形で現れる部分を超えて、前項で述べたように他個体にそれをさせようと「教える」という時点で、教育に固有の行動が生まれる。こうしたことがさまざまな認知機能の協働によって生じたとするよりは、むしろ教育という機能をもたせるために、これらが同時多発的に生じたと考える方が自然である。

⑦ 遺伝的多様性

人間の遺伝的個体差が心理的・行動的機能の個人差に及ぼす効果量は、行動遺伝学の知見から察するに、おしなべておよそ五〇パーセント程度ほどの大きさをもつ。[35] これは集団の中にさまざまな遺伝的素質をもった人々が潜在することを意味する。どの社会にも何かの能力に関して、生得的に優れた人とそれほどでもない人がおり、それらがある場合には分業の手がかりとなり、石器をつくるのが得意な人、どんぐりを採ってくるのが得意な人、イノシシ狩りやゾウ狩りの得意な人、つるで籠をつくるのが得意な人などの差となっていただろうと推察されるし、そこに新たな知識を創造することもできたと思われる。こうした能力の勾配が、もしヒトが生得的に教育をする能力をもつというホモ・エデュカンス仮説に従えば、教育行動が発現する場を生み出し、知識が伝達され、その集団の文化として定着することがあっただろう。

また一方で、一部の人たち、あるいはたった一人の人の営みがあまりに集団の他の人たちから遺伝的に逸脱していたために、共有されずに廃れたことも多々あったと思われる。まったくの個人的見解だが、旧石器時代の洞窟壁画を描いた人たちとはそのような人たちだったと推察している。なぜならショーベやラスコー、アルタミラの壁画は、あまりにも個人的な天才のなせる技で、あのような洞窟の真っ暗な奥深く、モデルとなるウマやバイソンもいないところであれだけの技量で写実的かつ芸術的な絵が描けるのは、ほとんどイディオ・サヴァンのような写真的眼と描きたいという執念や強い情動、共同体で長年にわたって共有されてきた技術に依存しない個人的な描画能力を必要としたと思われるからである。洞窟壁画には教育はなかったと筆者は考えている。

一方、石器や土器、その他の道具製作には、教育があったことが想像される。とくに五万年前の大躍進後、石器に始まるさまざまな道具の文化進化が起こったのは、そのような教育文化の中に、ごくまれに出現した遺伝的天才の創作物が集団で評価され、その製作技術がそのマイスターから「天才」ほどではないがそれに順ずる「秀才」程度の優秀な才能の持ち主たちに教育によって学習され、生産量も増し、それを共同体の成員が利用できるようになったからではないかと思われる。

このようなメカニズムが集団の中でどのように機能するかは、集団サイズと密接な関係があるだろう。仮に一定の確率でどんな集団でも何らかの文化領域に「遺伝的天才」が出現するとしても、小さな集団（とくに定住しない狩猟採集文化）では、天才の出現頻度は小さく、仮に生まれてもそれを評価できる秀才も少なく、目立たないか変人扱いされ、なかなか文化伝達されることもなくて、したがって文化進化も起こりにくい。しかし定住生活が始まり農耕によって集団サイズが大きくなると、そうした遺伝的天才がその有能さを発揮し、文化の創発に関わる頻度は幾何級数的に増えるであろう。国家や帝国が形成されるとそれが顕著になる。ちなみに現代社会は、そうした創発がインターネットなどでバーチャルな巨大帝国で共有され、教育による学習を生み、それが商品やサービスに付加価値を与えて、文化的創発の爆発状態にあるような気がする（それを一番目にするのが一〇〇円ショップに並ぶ便利なアイデア商品の数々だと常々感じている）。

【2】ヒトの生活史と教育との関わり――教育の個体発生

チブラたちのナチュラル・ペダゴジーの示唆や赤木、トマセロたち、そして本書第4章で紹介される孟憲巍と橋彌和秀[*36]の示唆する乳児の教示行動から、ヒトは個体発生のかなり初期から教育する／教育によって学ぶ能力を発揮していると考えられる。

直立二足歩行や言語と同じく、生得的であることの一つの傍証は、それが発達のごく早期から出現することであることを鑑みると、その可能性は高い。

それとともにヒトのもつ独特な生活史戦略が教育と関係している。ヒトは他の霊長類と比較して、長い子ども期と長い老年期をもつ。[*37]閉経し生殖能力を失った高齢になっても長く生存できるのは、それが孫の養育に関わり、親の次の生殖を助けるからという「おばあさん仮説」がある。[*38]これはとりもなおさず、老年期世代から子ども期世代への教育を促し、さまざまな知識を子どもに授ける働きを生む。

異年齢集団の構成も同様である。年長者が学習したさまざまな知識を、大人よりもまず先に年長の子どもが年下の子どもに「教える」。あるいは異年齢集団の中で自然に教育が生ずるような仕組みがあるといえる（後述するように、学年制はその視点からすると不自然である）。

脳の発達曲線を見ると成人に達するまでに一二年から二〇年以上かかる。その間に質的な発達を遂げることが指摘されている。ジャン・ピアジェにならうと、六歳頃に具体的操作期。その後一二歳頃に形式的操作期に入る。五万年前の大躍進の痕跡がここにあるのかもしれない。それに応じて、ヒトは初等教育から中等教育という制度的な移行の基盤になっている。すなわち知識の抽象化、一般化を志向するようになる。いまの学校制度の基盤には、たんに文化的な原因だけでなく、脳の生物学的な成熟とそれに伴う行動様式の変化があると思われる。

デイヴィッド・ギアリーの進化教育心理学では、生得的基盤をもつ一時的な知識（primary knowledge：素朴物理学、素朴生物学、素朴心理学など）と、そこから派生した二次的知識（secondary knowledge：物理学的知識、生物学的知識など）への移行があり、二次的知識の習得に学校教育、すなわち教育活動や教育制度を必要とすると論じている。*39 それと並行して素朴教育学から教育文化への移行が組み込まれていると考えられるだろう。

4　進化教育学の可能性

【1】 教育活動と教育制度の生物学──新しい教育科学を目指して

教育行動は生得的な産物であり、それは生活の中に埋め込まれてヒトの誕生と共にあったことを論じてきた。それでは教育行動を意図的、計画的、組織的に社会の中に位置づけた教育活動や、さらに共同体によって制度化された教育制度は、人類史のいつ頃、どのような条件の下で成立したのか。教育の歴史科学は、このような問いを科学的に明らかにすることができるだろう。たとえば原始農耕や金属器の製作の知識は、教育行動だけで習得できたのか、それとも教育活動が必要だったのだろうか。

私見では、たとえば縄文土器の歴史において、草創期、早期から初期までは、その比較的単純なデザインから考えて模倣学習やナチュラル・ペダゴジーのような教育行動によって作成可能だが、縄文中期時代（BC五〇〇〇~四〇〇〇）につくられた火焔土器の製作は、きわめて複雑な製作プロセスを共有し同型のデザインを量産できるシステムの存在が、中部地帯に広範に存在していたことをうかがわせ、そこに「工房」のような教育活動が展開していたと思われる。その一方で、土偶については、その多様性や同じタイプの造形の類似性から想像するに、いわゆるアイデア模倣（エミュレーション）だったと思われる。

また制度としての教育の発祥は国家社会と官僚制の成立から文字を扱える階層が生まれたことや、宗教的教団や教会の成立がその契機なのではないか。教育活動は一定の集団サイズと食料供給の仕方についての条件がそろえば自然発生的に生じてきそうである。しかし教育制度は、何らかの官僚的機構とそのもとでの明示的な契約関係が階層関係の中になければ生じなかったであろう。しかしこうした問いが科学的に仮説検証とともにエビデンス・ベーストに探究されたことはほとんどない。このような制度や活動の歴史的変化を科学的に説明することが、教育の歴史学をたんなる制度や思想の記述学から説明学、さらには予測や規範の基盤となることが期待される。これは教育の歴史研究の新たな分野となりうるであろう。

【2】 現代の教育問題への提言

進化的視点から教育の歴史を再構成する試みは、さらに現代日本の教育制度や教育慣習の成立基盤を問い直すことにつながってくるだろう。それらを見たとき、いくつかの疑問点が指摘される。ここでは四点を指摘する。それは①学年制の問題、②教育の商業化、③生活史理論との齟齬（老年期の教育的役割と中等教育のあり方）、そして④遺伝的個体差と教育格差の問題である。これを科学的理論からの短絡的な価値判断（自然主義的誤謬、あるいはヒュームの法則）にならないようにする注意は必要であることはいうまでもないが、それでも生ずる問題意識のいくつかに簡単に触れて、本章の結語としたい。

①　学年制の問題

異年齢集団の中での教育行動は、狩猟採集社会からごく最近までの子どもの生活世界を見ても、自然な学習の場であった。それが学年による輪切りによって生じづらくなったように思われる。それは事実か、事実でなければ学校以外のどこに異年齢集団は生じているか、また事実であるとすれば、文化的知識学習に何らかの不自然さは生じていないのだろうか。

②　教育の商業化

教育は本来利他行動であるから、コストに対する対価を期待してなされるものではない。公的価値をもつものであるから、無償であることが原則であり、世界的にはその方向に向かっているが、日本はそれが遅いどころか、有償であるべきとする考えがぬぐえない。「有償であるからこそ高いモチベーションが生まれる」「生活に必要な知識と付加価値としての知識は区別し、後者は有償であるべきである」など、いろいろな意見があるが、その妥当性を検討したい。

③　生活史理論との齟齬

たとえば生物における生存と繁殖のスケジュールを進化的適応との関連で説明しようとる生活史理論を踏まえると、いわゆるおばあさん仮説から考えて、老年期の人たちは幼児期、子ども期の教育に関わるはずである。これはごく最近まで自然になされていた。それが今日、高齢者施設に隔離された高齢者と家庭内の待機児童とにあふれ、両者が出会う機会が剥奪されている。知識の現代化がそれを拒んでいることはたしかであるが、この状況には違和感がある。また脳の発達過程を鑑みるに、脳がひとまず完成しその調整段階に入る一二歳以降は、ごく近代までは成人と見なして教育段階を終了させて社会に「一人前」として参入させていた。しかし今日、後期中等教育（高等学校過程）から大学進学までが社会的に推奨され、社会から子どもを隔離し続けているように思われる。この状況が生み出している問題はないだろうか。

④　遺伝的個体差と教育格差

教育は生物学的な条件の制約がその基底にある。ここではくわしく論じなかったが、行動遺伝学的には学力にも大きな遺伝的個人差がある。[*40] 学校文化では、成績が悪いことは好ましくない現象として問題化され、実際に生じた学力格差は大きな社会問題である。経済格差だけで説明のつかない趣味や能力に見られる遺伝的個体差は、それ自体自然現象であり、それはむしろ適切な分業を促すはずである。しかし教育活動や教育制度はそれを積極的に評価し、社会に実装する仕組みを実現しているようには思えない。とくに高度な知識社会になり、職業の専門化と細分化が、今日ますます強まっている。おそらくそのような職業的な専門知識は、実際に職業についてからの組織的教育活動である職業教育や、個体学習や観察・模倣学習で賄えることも多い。必要な知識、学習が容易にできる知識の領域には大きな個人差がある。教育がそのような個人差をもちながらも他者と知識を共有する仕組みとして進化的に獲得された機能であるならば、個人差問題、今日的には学力格差として露呈する問題も異なる見方ができるだろう。それは競争のためにあるのではなく協力のためにある。できない人の分をできる人が補う。とくに知識が専門化された今日、遺伝的能力の個人差は、教育による知識の適切な分配によっておおいに活用されるべきである。

[3] おわりに

本章では、教育を進化的、生物学的に理解するうえで関連すると現在考えられるさまざまな論点を、エビデンスとともに示してきた。その論点は発達心理学、認知心理学、生活史理論、比較行動学、考古学、文化人類学、行動遺伝学、また本論では触れなかったが脳科学なども含めた多分野にわたるもので、このままではそれら多様な切り口を羅列しただけのように感じられるかもしれない。しかしそれらはたんに教育に関連する諸研究分野の事象の羅列なのではなく、むしろそれら多様な現象がすべて、「教育」による学習というヒト特有の生存戦略という視点から見たとき、統一的に理解しうるものである。「ヒトは教育的動物である」というホモ・エデュカンス仮説のテーゼは、そのような意味で人間の生物学的特質の解明に迫る視座を与えるものといえるのではないだろうか。本章の論考を基盤として、新しい科学的な教育学の体系——進化教育学——の構築を筆者は考えている。

第７章

教育と累積的文化進化

計算論モデルによるマイクロ－マクロ・ダイナミクスの検討

中田星矢・竹澤正哲

1　教育と社会の発展

教育は、現代社会の根幹をなす制度の一つである。先進国で生まれ育った人々は、平均九～一二年という長期間にわたって学校教育を受けており、ＧＤＰの五～八パーセントにも達する金額が教育のために政府や家庭から支出されている。だがなぜ現代社会において、これほどの資源が教育に費やされているのだろうか？　それは、教育が社会全体の発展に大きく寄与しているからである。労働経済学や教育経済学といった分野では、国を単位とした統計データを通して、就学率が高い国ほど経済成長率が高いこと[*1]、現代社会に見られる教育制度が社会全体の経済発展に寄与することが見出され[*2]

てきた。伝統的に、こうした教育制度と経済発展のマクロな関係は、人的資本（ヒューマン・キャピタル）という概念で説明されてきた。人的資本とは、個人がもつ知識、技能、創造性を表す概念である。つまり、教育という制度によって、労働者に必要な能力や技能、知識を個人が獲得することで、経済が発展し、社会が繁栄していくという考え方である。[*3] だが、教育による個人の知識獲得と、社会全体の発展の間には、どのようなプロセスが介在しているのだろうか？　教育に費やされる時間が増加するほど、個人は新たな技能や知識を獲得し、社会はさらなる発展を遂げるのだろうか？

教育とは、個人による学び、すなわち成人や年長者がもっている優れた知識や技能を獲得していくマイクロなプロセスであり、教育心理学や学習科学という分野では、いかにして個人の学びが成立していくかに焦点があてられる。だが教育を個人間の情報伝達として捉えるだけでは、なぜ年少者による情報の獲得というマイクロなプロセスから、社会の繁栄や経済発展というマクロな現象が生じるのか理解することは困難である。

本章で紹介するのは、累積的文化進化（cumulative cultural evolution）と呼ばれる現象である。現代社会を支える技術や科学的な知識は、先人が生み出した技術や知識を基盤として、発展してきたものである。アルバート・アインシュタインがどれほど優れた知性の持ち主であろうが、もし彼が新石器時代に生まれ落ちていたならば、たった一人で相対性理論を生み出すことはできなかっただろう。数学という知識体系が整備され、それを基盤として古典力学が成立していたからこそ、アインシュタインは相対性理論を生み出したのである。現代の科学や技術は、そのどれもが単独個人によって無から発見されたものではなく、無数の先人たちが数百年、数千年の時をかけて累積的に積み上げた知識体系なのである。私たちの社会や経済の発展は、累積的な文化進化と表裏一体だといってもよいだろう。

こうした科学や技術の累積的な発展は、ごく当たり前の現象であるかのように思える。だが、生物の世界では類似の現象はほとんど見られず、人間に特有の現象であることが知られている。なぜ人間だけが世代を超えて知識を蓄積させながら発展させていくことができるのだろうか？　二一世紀に入ってから、人類学者や生物学者を中心として、この問いが実証的に探究されるなかで、ある一つの要因が浮かび上がってきた。それが教育である。人間は、教育によって先人が生み出した知識を正確に劣化せず伝達することができるからこそ、世代を経るごとに高度で優れた知識や技術を生み出しえたという主張である。本章では、累積的文化進化に関する研究を紹介しながら、いかにして、教育というマイクロなプロセスが、科学や技術の発展というマクロレベルの発展を生み出すのかを議論していく。

以下ではまず、累積的文化進化という現象について紹介したうえで、それが生じるために必要な条件を考察した従来の研究を概観し、大人や熟練者による教育の重要性について論じる。続いて、累積的文化進化を実験室内に再現し、その生起条件に関する仮説を検証した試みを紹介するとともに、その限界について論じる。最後に、累積的文化進化という広大な時間スケールにおける現象を検討するうえで、理論モデルやコンピュータ・シミュレーションが有益なツールとなることを論じながら、筆者らが行ったコンピュータ・シミュレーションを紹介する。熟練者が教育によって獲得した技能を伝達するマイクロな認知プロセスを、強化学習アルゴリズムによって表現した計算論モデルを構築した。そして現実世界においては、教育に長い時間を費やすことによって忠実に技術を伝達することと、個人学習によって革新的な技術を探索することの間にトレードオフ関係が存在することを指摘したうえで、教育による忠実な情報伝達が、累積的文化進化において重要であることを紹介したい。

2 人間の文化は累積的に進化する

[1] 累積的文化進化とは

我々が文化という概念を使うとき、それが指し示す対象は、芸術、宗教、食習慣、技術、信念、行動様式など、多岐にわたる。生物学においては、文化とは非遺伝的な経路、すなわち、模倣や教育など、社会的に学習・伝達される情報として定義されている。周りの誰かを観察したり、誰かに教えられることで獲得するものを、文化と呼ぶという発想である。言語がわかりやすい例だろう。乳児は生まれながらに母語を使い出すわけではなく、親や周りの大人が話す言葉を聞いて学ぶ。周囲の大人がスペイン語を話していれば、子どももスペイン語を学ぶ。周りに誰も日本語を話す大人がいないのにスペインで生まれ育った子どもが、突如として日本語を話し始めることはない。もちろんスペイン人に育てられたとしても、イヌやサルがスペイン語を話し始めることはない。言語とは、人間に生まれつき備わった固有の心的能力を基盤としながらも、周囲の人々から社会的に伝達されることで獲得され、世代を超えて伝達されている。[*4]

「社会的に伝達される情報」という側面に注目して文化を定義すると、ヒト以外のさまざまな動物にも「文化」が認められる。たとえば、アンドリュー・ホワイトンは、チンパンジーの群れには、群れごとに異なり、また世代を超えて伝達される文化が存在していることを見出した。[*5] 木の枝を使ってアリを釣り上げたり、石のハンマーを使ってナッツを割って食べるなど、チンパンジーは道具を巧みに使う。だがこれらの行動には地域差が見られる。たとえば、アフリカ西部のチンパンジーは石のハンマーを使ってナッツを割るが、アフリカ東部のチンパンジーでは、そのような行動は見られない。つまり、チンパンジーは地域ごとに異なる行動レパートリーをもっているのである。ここで重要なのは、これらの行動の差異は、生態環境によって形成されているわけではないらしいという点にある。つまり、ある群れのチンパンジーが石のハンマーを使ってナッツ割りをしないのは、群れが生息する地域に手頃な石が落ちていなかったり、そもそもナッツがないという環境側の要因では説明できないということである。

群れごとに異なる行動が見られるとしても、それだけでは文化があるとはいえないだろう。なぜならば、それぞれの群れが異なる生態環境に生息しており、個体が適応的な行動を個人学習した場合でも、群れ間で異なる行動が生じるからである。[*6] だがそのようにして生じた集団間の差は、文化とは呼ばれない。文化とは、個体から個体へと社会的に伝達される情報や行動の総体として定義されるからである。いずれの地域でも可能な行動であるのに、ある地域でのみその行動が観察されるならば、その行動は文化である可能性が高い。

このように社会的に継承される行動や情報として文化を定義すると、トリのさえずりにおける方言や[*7]、イモを洗ってから食べるニホンザル（*Macaca fuscata*）[*8] のように、チンパンジー以外にもさまざまな動物種において文化の存在が報告されてきた。芸術、宗教、言語、技術や科学も、個人から個人へと伝達され、世代を超えて継承されていく文化である。だが、人間の文化は、動物に見られる文化とは一線を画している。それこそが、冒頭で紹介した文化の累積性である。多くの動物においても、社会的に継承される文化は存在しているが、人間の文化のように世代と共により効率的で優れたナッツ割りの技術が登場したり、より複雑な行動が群れの中に広まっていくこと、すなわち文化の累積的な進化はほとんど観察されない。[*9] なぜ多くの動物が文化をもっているのにもかかわらず、人間だけが文化を累積的に進化させていくことができたのだろうか？

【2】 累積的文化進化が生じるための条件

個体から個体へと技術が伝達されるなかで、改良が加えられることで、より効率的に目標を達成できる技術が生まれる。優れた技術が登場すると、それが集団の中に拡散していく。このプロセスが繰り返されることで、累積的な文化進化が生じると考えられる。だが、人間の歴史を振り返れば、より効率的で複雑な技術が、常に進化してきたわけではなく、かつて存在していた優れた技術が、時代と共に失われていくこともある。有名な例が、タスマニア島における技術の喪失である。かつてオーストラリア大陸と地続きであった三万四〇〇〇年前に、人類はタスマニア島へ到達した。一万年前に最終氷期が終わるとタスマニア島は大陸から切り離され、一八世紀に欧州人が到達するまで、島に残された人々は、隔絶された生活を送ってきた。考古学的な証拠によれば、かつてタスマニアに住んでいた人々は、優れた骨器や衣類、斧や投槍器などをつくっていたという。だが一八世紀に発見されたときには、かつての高度な技術は失われ、二〇〇キロ離れたオーストラリア本土のアボリジニと比較しても、きわめて単純な技術しか使われていなかったという。

なぜタスマニア島では優れた技術が失われていったのか？　そもそも累積的文化進化は、いかなる条件下で生じるのか？　ジョセフ・ヘンリック[*10]は、数理モデルによって、こうした問題を理論的に検討し、累積的文化進化が生じる鍵は、集団サイズにあると主張した。たとえば前世代において最も優れた道具を、次世代の人々が継承しているとしよう。だが技術というものは、それが複雑で高度であるほど、完全に継承することは難しい。ほとんどの人は、頑張って学んでも先代より劣った道具しかつくれないだろう。もし誰も技術を継承できなければ、前世代に存在していた優れた技術は、集団から失われてしまう。ここで優れた技術を継承できる確率というものを考えてみよう。もし確率が小さければ、集団サイズが小さいほど、誰も技術を継承できない事態が生じやすくなる。その場合、改良を加えてより優れた技術を生み出すことは、とても困難になるため、技術は失われていく。つまりより優れた技術を生み出すためには、前世代の優れた技術が確実に次世代へ継承される必要があるのだが、そのためには、集団サイズが大きければ大きいほど有利である。一〇〇人に一人の割合でしか前世代の優れた技術を継承できないとしても、一万人が技術を学べば、平均すると一〇〇人くらいは技術を継承できるだろう。この中から、前世代よりさらに優れた技術を生み出す人が出てくれば、技術は累積的に進化する。ヘンリック[*11]はこのような考え方に基づいて数理モデルをつくり、タスマニアにおいて優れた技術が失われていったのは、集団サイズが小さかったからだと議論した。

累積的文化進化において、集団サイズが重要だという指摘については、別の研究者らによる反論も存在する[*12]。だが、ここまでの議論から、累積的文化進化が生じるために必要な条件を、二点見出すことができるだろう。第一に優れた技術が次世代に継承されなければならない、という点である。高度で優れた技術ほど、次世代への継承は困難となる。だが前世代における優れた技術を誰も継承できなければ、改良してより優れた技術を生み出すことなど覚束ない。第二に、継承した技術が改良されるか、あるいはさらに優れた技術が見出されることである。たとえ技術の継承に成功しても、改良された新たな技術を生み出すことができなければ、やはり技術は停滞する。

人間だけでなく、多くの動物もまた、革新的な行動（behavioral innovation）を生み出すことが知られている。[13]新奇な状況や問題に直面したとき、これまでになかった優れた解決方法を見つけられるのは、人間だけではない。そのため、累積的文化進化が生じる第二の条件については、程度に差はあれども、多くの動物において満たされている可能性が高い。したがって、動物において累積的な文化進化が観察されないのは、もう一つの条件において人間との違いが見られる可能性が示唆される。実際、多くの研究によって、人間は忠実な情報や行動の継承において、他の動物よりも優れている可能性が示されている。以下では、忠実な情報や行動の継承を促進する行動切り替え、過剰模倣、ナチュラル・ペダゴジーという三つの能力を紹介しよう。

① 行動切り替え

サラ・マーシャル＝ペシーニとホワイトンは、チンパンジーが非効率的な行動を学んだ後に、新しいより効率的な行動を観察学習させて、行動を切り替えられるのかを検討した。[14]この実験におけるチンパンジーの目標は、木箱に入ったハチミツを手に入れることである。ハチミツを手に入れる方法は二つあった。一つ目の方法は、木の棒を箱に空いた穴に差し込み、棒の先に付着したハチミツを舐め取ることである。これでも少しずつハチミツを舐めることはできる。二つ目の方法はもっと効率的で、同じ木の棒を木箱の横についた錠に差し込むと、箱の上についた蓋を開けて、効率よくハチミツを得られた。まず、木の棒で少しずつハチミツを舐め取る方法を、人間の実験者がチンパンジーの群れにデモンストレートしたところ、年長の個体たちは、この方法を学習した。だが、この非効率な方法を学習させた後で、より効率的な方法をデモンストレートしても、新しい行動に切り替えられた個体は五頭のうち一頭のみだった。しかもこの個体は、先立って行われた練習の段階で、すでに効率のよい方法をみずから見つけていた可能性があったのである。

山本真也らはチンパンジーを対象に類似の実験を行い、異なる結果を見出している。[*15] 山本らは、ストローをジュースが入った容器に挿し込み、ストローの先端に付着したジュースを舐め取るという効率の悪い方法を、実験に参加するチンパンジーの半数に学習させた。もう半数には、ストローをジュースが入った容器に挿し込むところまでは同じだが、そのままストローからジュースを吸って飲む、効率のよい方法を学習させた。その後、効率のよい方法を行うチンパンジーの姿を、効率の悪い方法しか学習していない個体に観察させたところ、多くの個体が、効率のよい方法へと行動を切り替えたのだ。

二つの実験の間にはさまざまな違いがあるため、行動の切り替えが生じるための条件ははっきりとしない。また、行動切り替えの研究は数が少ないため、人間と比較して、他の動物がどれほど行動切り替えが不得手なのかも、はっきりとしていない。だがそもそも、これまでにない優れた技術が発見されても、それが集団内に拡散しなければ、累積的文化進化は生じえない。行動切り替えが苦手であるために、動物では累積的文化進化が阻害されているという可能性については、今後のさらなる研究が待たれる。

② 過剰模倣

他個体の観察や相互作用を通じて促進される学習は、社会的学習（social learning）と呼ばれるが、[*16] 社会的学習の発達研究を通して、過剰模倣（over-imitation）という現象の存在が注目を集めている。

ホワイトンらのグループはヒト幼児とチンパンジーの模倣能力を比較する実験を行った。[*17] 人間の大人が、中の見えない黒い箱の上部を棒で何度か叩いてから、箱の下部にある扉を開けると報酬が得られる（ヒト幼児にはステッカー、チンパンジーには餌）ことをデモンストレートしたところ、ヒトの幼児もチンパンジーも、一連の行動を正確に学習できた。だがじつは、はじめの箱の上部を叩く動作は、箱を開けるためには必要ないものだった。透明な箱を使って実験を行い、箱の上部を叩くことが目標を達成するために不必要であることが自明な条件を設けると、チンパンジーは箱の扉を開ける動作だけを学習し、箱の上部を叩く動作は学習しなかった。ところが、ヒトの幼児は明らかに無駄な箱の上部を叩く動作も含めて、すべてを忠実に模倣し続けたのである。これが過剰模倣である。この一見不合理にも見える振る舞いは、複雑な文化の忠実な伝達に寄与していると考えられている。複雑で高度な技術は、どの要素が不必要で、どの要素が目標達成に必要不可欠なのか、観察しただけではわからないことが多いだろう。すべての行動をあるがままに正確に模倣するのが、ヒトだけであるならば、他の動物は複雑な文化を忠実に伝達することはできず、これこそがヒト文化に見られる累積性を支える鍵ではないかと考えられている。*18

③　教育による忠実な文化伝達

行動切り替えと過剰模倣は、学習者がもつ認知能力であった。だが、子どもが大人を一方的に観察して模倣するだけでなく、大人の側から働きかけることで、より忠実な文化伝達が可能となることもある。それが教育（teaching）である。ここでの教育とは、近代的な学校教育（education）だけではなく、熟練者が初学者に対して知識を伝達する意図的な行動全般を指す。ゲルゲリー・チブラとジョルジ・ゲルゲリーはナチュラル・ペダゴジー（natural pedagogy）という説を通して、人間に特有の認知能力によって教育という仕組みが維持されていると指摘している。[19] たとえば、ヒト幼児はアイコンタクトや呼びかけなどの明示的なシグナルを与えられると、「相手は自分に対して何か有用な情報を伝達しようとしている」と認識して、シグナルを発信した他者の視線や行動によく注意を向けるようになる。[20] そして大人の側では、幼児という学習者がもつ注意の仕方を利用して、複雑な技術を教えるときには、視線や呼びかけといった直示的なシグナル（ostensive signal）を発することで子どもの注意を惹きつける。[21] いずれも、人間以外の動物では見られないことが知られているが、[22] このような教える・教わるために特化した性質が存在することで、複雑な技術であっても、学習や伝達が促進されると、チブラらは主張している。

3　累積的文化進化を実験室に再現する

前節の前半では、高度で複雑な文化を忠実に継承することや集団サイズが、累積的文化進化を支えるうえで重要であることを紹介してきた。だが、そうした主張はあくまでも理論モデルから導かれた仮説であり、仮説を立証する直接的な証拠が存在しているわけではない。そのような中で、累積的文化進化という歴史的な現象を実験室の中に再現することで、累積的文化進化に関する理論仮説を、人間を対象とした実験室実験によって検証しようとする試みが現れた。

心理学者であるクリスティン・キャルドウェルとエイルサ・ミレンは、実験室という統制された環境の中で、累積的文化進化の再現を試みた。[23] 実験参加者は紙片を一枚渡され、（制限時間の範囲で）できるだけ遠くまで飛ぶ紙飛行機を一つつくるよう指示された。この実験参加者をAと呼ぶことにしよう。参加者Aが紙飛行機をつくっている様子を、他の二人の参加者（B、C）が観察した。制限時間が経過すると、実際に飛行機を飛ばして飛行距離が測定された。これを第一世代と呼ぶことにしよう。続いて、観察していた参加者Bが参加者Aと共に、新たな紙飛行機を制作し、その飛距離を測定する。その様子は、参加者Cと（新たに実験室に入ってきた）Dによって観察されている。これを第二世代と呼ぶことにしよう。第三世代では、実験室から参加者Aは退場し、参加者BとCが共同で紙飛行機を作成する。その様子は、参加者DとEによって観察される。

これは実際の人間社会における世代の入れ替わりを模した実験である。参加者Aがいて、参加者Bをその子ども、参加者Cを孫、参加者Dを曾孫《ひまご》……と考えれば、参加者の入れ替わりを世代と呼ぶ理由がわかるだろう。第二世代で参加者AとBがつくる紙飛行機は、参加者Aがつくる紙飛行機と似ているだろうが、アレンジを加えて改良されていることだろう。第三世代で参加者BとCがつくる紙飛行機もまた、第二世代のものと似ていながら改良が施されているだろう。実験では、参加者が次々と入れ替えられて、一一個の紙飛行機がつくられた。最後の第一一世代で紙飛行機をつくった参加者は、第八世代以降の様子しか見たことがなく、それ以前に何が行われていたのか、うかがい知ることができないような状況だった。それははるか遠くの祖先が、どのような生活を送っていたのか、我々が直接観察できないところが実験室の中に再現されたかのようである。

興味深いことに、世代を経るほど紙飛行機の飛距離は漸進的に延びていった。これは紙飛行機を作成する技術が、実験室の中で累積的に文化進化していったことを示す。キャルドウェルら以降、同様の実験パラダイムを利用して、累積的文化進化に関する理論仮説を検証しようとする実証研究がさまざまな研究者によって行われるようになった。

【1】 集団サイズと累積的文化進化

ヘンリックの理論モデルでは、累積的文化進化が生じるためには、集団サイズが十分に大きくなければならないという仮説が導かれていた。キャルドウェルとミレンは紙飛行機実験を利用して、この仮説の検証を試みた[*24]。先ほど紹介した実験では、課題に取り組む人数は毎世代二人だったところを、一人、二人、三人と変えた条件を設けて、実験を行ったのである。そして課題に取り組む人数が多いほど累積的文化進化が促進されるのか検討したが、紙飛行機の飛距離には、集団サイズの影響は見られなかった。

ただ一世代あたりの人数が一～三人というのは範囲が小さい。マキシム・デレクスらは、集団のサイズを二人から一六人まで変化させ、さらに紙飛行機以外の課題を用いて実験を行った[*25]。参加者がコンピュータ上で取り組んだ課題は二種類あり、いずれも、試行錯誤してより成績の高い人工物を作成していく課題だった。一つ目は、鏃《やじり》をつくる課題で、参加者がつくった鏃の形状によって成績が決まった。二つ目は、漁網課題で、どのような漁網を作成するかで、成績が決まった。漁網課題は鏃課題よりも高い成績が得られるが、成績のよい形状を見つけるのが非常に難しく、たいていは低い成績しか得られなかった。実験は一五試行繰り返され、各試行では、どちらか一つの課題を選択して取り組んだ。試行が終わると、他の実験参加者たちが選択した課題、得られた成績、どのような形状の鏃（あるいは漁網）を作成したのかを知ることができた。

この実験で興味深いのは、第一試行が始まる前に、参加者は高成績を得られる鏃（漁網）のつくり方を、実験者から教えられていた点である。そしてヘンリックのモデルから予測されたように、集団サイズが小さい条件（二人あるいは四人）では、高成績が挙げられる漁網課題を選ぶ割合は減少していき、また試行が進むにつれて成績も低下していった。つまり最初に集団内に存在していた高度な技術が失われていったのである。一方、集団内により多くの参加者がいた条件（八人あるいは一六人）では、試行の終盤になっても漁網課題が選択されており、さらに成績の低下も見られなかった。また集団サイズは、鏃課題においても同様の影響を与えていたのである。集団サイズが大きいほど、高度で優れた技術が失われにくいという現象は、他の実験研究でも観察されている。[*26]

【2】 教育による高度な技術の伝達

すでに述べてきたように、前世代の高度で優れた技術を、忠実に継承することは、累積的文化進化が生じるために必要な条件だと考えられている。キャルドウェルとミレンは、自身が開発した実験パラダイムを用いて、この理論仮説の検証を試みた。[*27] 実験では、前の参加者が作成した紙飛行機を観察できるエミュレーション条件、完成物だけでなく前の参加者が作成している様子も観察できる模倣条件、さらに前の参加者から直接つくり方を教えてもらえる教育条件という三つの条件が設けられた。完成物を見るだけよりも途中の作成過程を観察できた方が、さらにそれだけでなく手取り足取り作成法を教えてもらう方が、複雑で高度な技術がより忠実に継承されると予測される。さらに、技術が忠実に継承されるほど、より早く高度な技術が進化すると考えられる。だが期待に反して、いずれの条件でも累積的文化進化が観察され、条件間での違いは見られなかった。同様の結果は、他の課題を用いた実験（米を運ぶ籠をつくる課題）でも得られている。[*28]

ただし、これらの研究には一つの問題があった。単独個人でも試行錯誤を繰り返せば、高い成績を挙げられる比較的容易な課題が用いられていたのである。だが現実の世界で見られる累積的文化進化は、単独個人が一生をかけても生み出しえないような高度な技術や科学が、世代間で継承されていくなかから創発する現象である。あまりにも簡単な課題を使う実験は、理論検証には不適切だったのではないかと考えられる。[*29] また遠くまで飛ぶ紙飛行機をつくることは、先人から手取り足取り教わらずとも、完成物を見るだけでも十分に可能だろう。

キャルドウェルらは、複雑な結び目を伝達するという別の実験によって、再度、理論仮説の検証を試みた。[*30] ロープの結び目は、完成形を見ただけでは、再現が困難なものが多い。予測通り、実験の結果、教育条件においてのみ、複雑な技術が正確に伝達され、世代を経ても失われないことが見出された。トーマス・モーガンらも、[*31] 石器製作課題を用いて、同様の結果を得ている。簡単そうに見えるかもしれないが、大きな石から鏃や斧といった石片を打ち出すためには、ハンマーの角度や力の入れ具合、打ちつける場所を適切に見極めなければならず、完成形を見ただけでは、とても再現できるものでない。モーガンらの実験では、技術を正確に伝達するうえでは、経験者による教育が有効であることが見出された。とくにジェスチャーや言語を用いた教育が、技術の正確な伝達を促進することが見出された。

石器づくりやロープの結び目など、完成物を見ただけでは模倣できない複雑な技術は、経験者から手取り足取り教えてもらう方が、より忠実に継承できることに間違いはないだろう。そしてこれまでに行われた実験によれば、教育が行われることにより、複雑な技術が劣化せずに、世代を超えて伝達されることが見出されている。だが、これらの実験は、累積的文化進化が発生したことを示したものではない。個人がいくら頑張っても生み出せない高度で優れた技術が、世代を超えて伝達されるなかから創発していたわけではないからである。だが、人間を対象とした実験室実験には、時間上の制約がある。人類の歴史上で発生したような、高度な石器技術の進化や、科学的知識の進化のような現象を実験室内に再現し、教育がもたらす効果を検討するには、どうしても限界がある。
このような場面で役に立つのが、数理モデルやコンピュータ・シミュレーションである。

4　教育は累積的文化進化を促進するのか？——シミュレーション研究

第2節で紹介したヘンリックの数理モデルは、集団サイズが大きいほど累世的文化進化が生じやすいことを示していた。同様に筆者らもまた、コンピュータ・シミュレーションを用いて、教育が累積的文化進化に与える影響を検討している。以下では、筆者らが行った研究を紹介するが、その前に数理モデルやシミュレーションによって、何がわかるかを議論しておきたい。

数理モデルというものは、研究者が置いた前提から、論理的にどのような帰結が得られるかを確認するための道具である。前提を変えれば結果も変わる。極端な場合、現実にはありえない極端な前提を置くことで、研究者が望む結果を導くことすら可能である。また数理モデルをつくる際には、現実の世界に存在するさまざまな要因を捨象し、研究者が必要だと思う要因だけに焦点が当てられる。そのため、数理モデルやシミュレーションは、現実の世界を正確に写し取ったものではないし、人間を対象とした実験の代替物でもない。だが数理モデルやシミュレーションを使えば、教育によって累積的文化進化が促進されるという現象がそもそも生じるのか、生じるとしたらどのような条件が必要なのかといった問題を検討できるようになる。

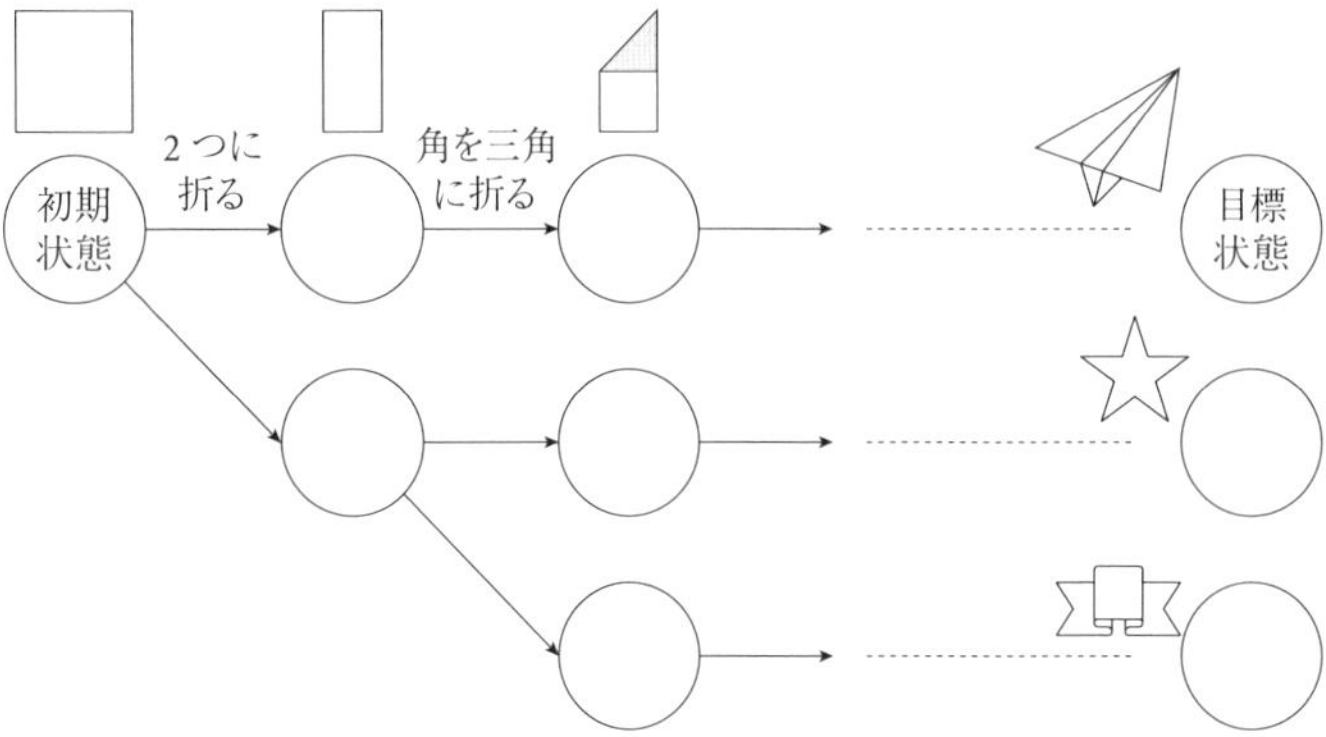

図7-1　紙飛行機製作のネットワーク図。加える操作によって異なる状態に移行する

【1】技術の学習をモデル化する

キャルドウェルとミレンが実験で用いた紙飛行機を作成する課題は、初期状態（一枚の平らな紙）からさまざまな操作を段階的に加えて目標状態（紙飛行機という完成物）にたどり着くプロセスだと考えることができる。ロープの結び目課題も同様に、初期状態（まっすぐなロープ）から複数の操作を経て目標状態にたどり着くプロセスである。手を使って何かをつくるという技術は、ほぼすべて同様の構造をもっているといえるだろう。

そこで我々は、技術というものを、図7－1に示したようなネットワークによって表現することにした。たとえば紙飛行機をつくる場合、中央線に沿って紙を二つ折りにするという操作を加えると、初期状態（平らな紙）から次の状態（二つ折りの紙）に移行する。このように技術というものをネットワークによって表現すると、技術の発明というものは、初期状態から（いずれかの）目標状態へ移動する経路を探索するプロセスとして表現できる。より優れた技術を求めて試行錯誤することは、経路がわかっていてたどり着くことができる目標状態よりも、さらに得点の高い目標状態を求めて、ネットワーク上を探索するプロセスだと表現できる。筆者らはマグナス・エンキンストらの研究を参考にして、初期状態から目標状態への経路を見つける試行錯誤のプロセスを、Q学習と呼ばれる強化学習のアルゴリズムで表現した。[*32]

アンドリュー・ワーレンらもまた、[*33]マウンテンゴリラがイラクサを加工して食べる技術をネットワーク上の移動経路として表現した。我々の研究では、ワーレンらよりもはるかに複雑なネットワークを用いることで、個人が一生をかけても獲得できない複雑な技術を表現した。図7-2・Aは、我々のシミュレーションで用いたネットワークであり、六つの異なる目標状態（Goal）がある。このネットワークにおいて、個人が単独で探索を繰り返した場合のシミュレーションの結果が図7-2・Bである。このネットワークは、得点が高い目標ほど初期状態から遠く離れており、試行錯誤を繰り返してもたどり着くことは困難であるように設計されていた。ここで初期状態から出発して、どこか一つの目標状態にたどり着くまでを、一試行と数えることにしよう。シミュレーションを行ってみると、単独個人が五〇〇〇回以上試行を繰り返してようやく、大多数の個人が六つの目標のうち、難しい方から三個目の目標にたどり着くことができた。だが試行数がそれ以下の場合には、ほとんどの個人は簡単な方から一つ目か二つ目の目標にしかたどり着くことができなかったのである。つまり、このネットワークは、単独個人が一生かけても見つけることができない複雑な技術を表現していることがわかるだろう。

【2】 技術の教育をモデル化する

個体がネットワーク上を移動して、ある目標状態にたどり着いたとしよう。おそらく個体は、目標

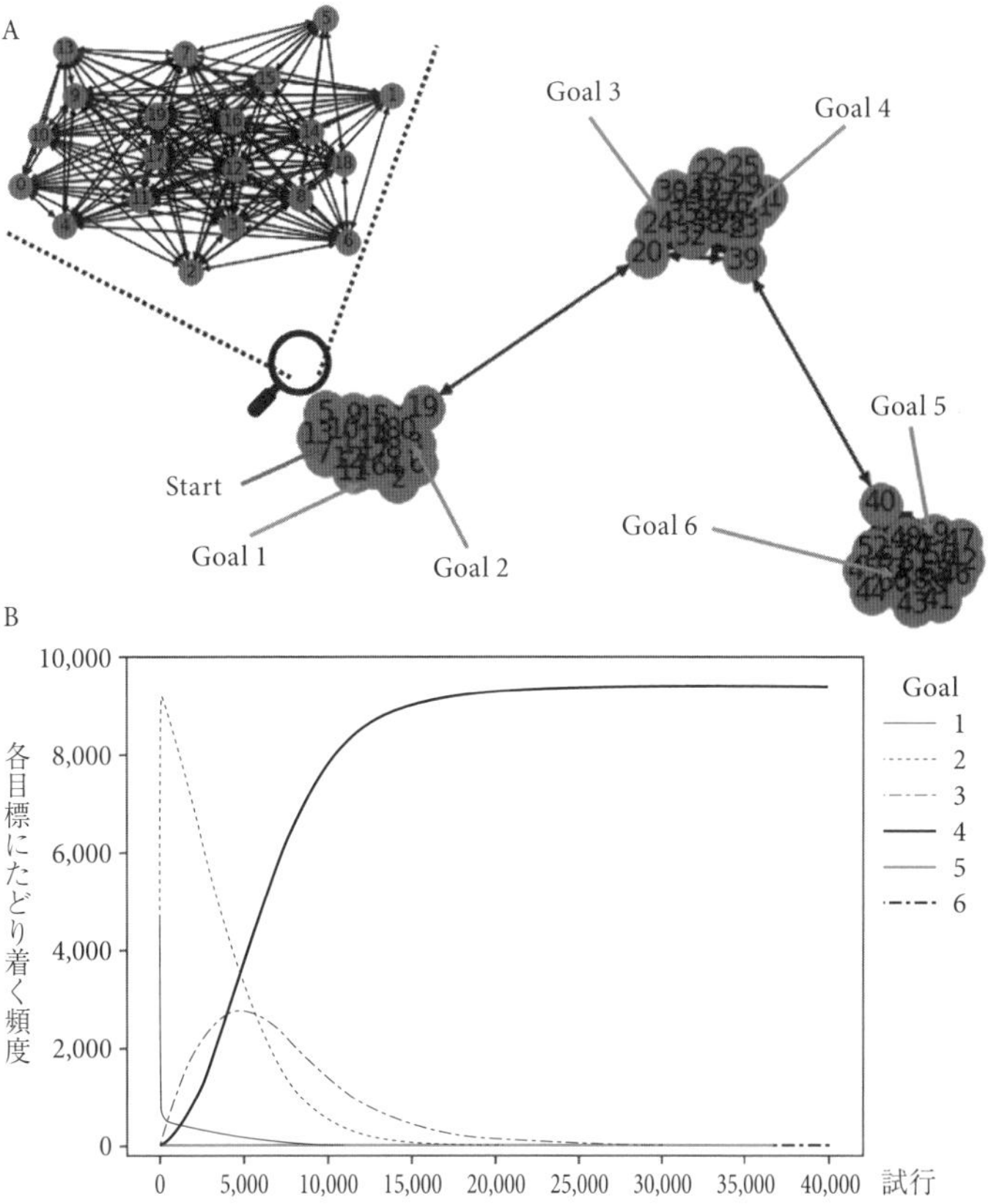

図 7-2　探索を繰り返すほど，得点が高い目標に到達できる

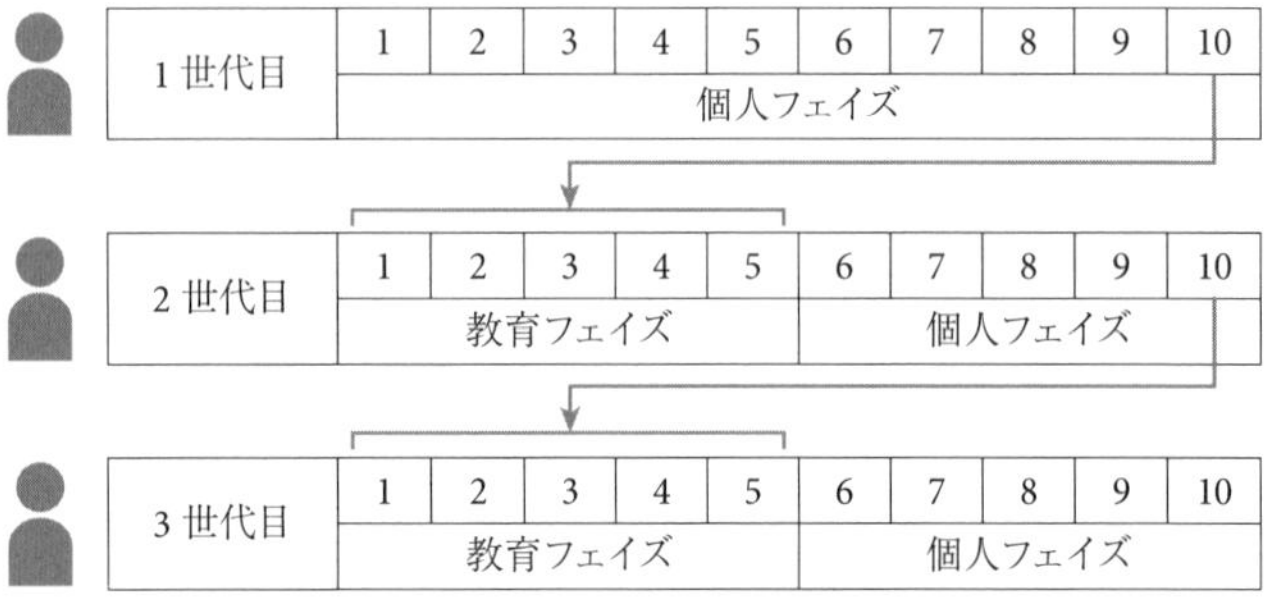

図7-3　総試行数 $N = 10$，教育を受ける試行数 $T = 5$ の場合の世代交代

状態にたどり着く直前の行動についてははっきりと記憶しているが、それ以前の行動については、時間が遡るほど記憶が不確かになっていくことだろう。そのため、ある目標状態に安定してたどり着けるようになるためには、繰り返し何度も同じ経路を辿るという経験（学習）が必要となる。我々は、強化学習がもつこうした特徴を利用して、教育というプロセスを表現することにした。何も知らない初心者が、すでにある目標状態への経路を知っている教師から、手取り足取り「初期状態からどこへ動けばよいか、次にどこへ動けばよいか」を教わるとしよう。はじめて目標状態にたどり着くと、その直前の状態からどこへ動けば目標にたどり着けるかを確実に記憶できるが、それ以前の行動はぼんやりとしか覚えていない。そのため、教師が知っている技術（目標状態までの経路）を正確に学習するには、何度も繰り返し、初期状態から目標状態までの経路を教えてもらう必要がある。このように、教育による正確な技術の伝達には長い時間がかかることを、このモデルによって表現できるのである。

図7−3は、このシミュレーションにおける世代構造を示したものである。（第二世代以降の）個人は、生まれるとまず T 試行の教育を受ける。教育とは、前世代の個人が最終試行でたどり着いた目標までの経路を、繰り返し教えてもらうことである。したがって、T

の数が大きくなるほど、前世代の個人が獲得した技術（目標までの経路）が正確に伝達されやすくなる。そして教育を終えると、個人は残りの時間を個人学習に費やす。つまり自分で自由にネットワークを探索し、より優れた技術（得点の高い目標）を見つけて試行錯誤した。だが、個人の一生は有限であるため（総試行数N）、教育を受ける時間（T）が長くなるほど、試行錯誤してより良い技術を見つけるための時間（$N-T$）は減少する。はたして、教育に長い時間をかけて正確に技術を伝達することによって、累積的文化進化は起きやすくなるのだろうか？　そもそも教育によって、単独個人が一生をかけてもたどり着けない目標へたどり着く経路を、社会は見出すことができるのだろうか？

【3】　教育による忠実な技術の伝達と累積的文化進化

図7－4は技術が教育によって世代を超えて伝達された場合のシミュレーションの結果である。ここでは一世代あたりの総試行数はN＝10で、教育にかける試行数（T）を変化させて、比較している。点線は一〇試行の個人学習を行った場合の平均的な成績である。このシミュレーションでは、最も簡単な方からx番目の目標にたどり着くとx^2点の得点が得られた。個人学習だけを一〇試行行った場合の平均得点は四点以下であり、これは簡単な方から一～二番目の目標にしかたどり着けないことを意味する。つまり総試行数N＝10のシミュレーションは、個人が一生をかけても複雑な技術を獲得することができない状況を模したものといってよい。

図7－4・Aはシミュレーションを七〇〇〇世代行った場合の成績の推移を示したものである。教育試行数（T）ごとに一万回シミュレーションを繰り返し、その平均をグラフにした。図7－4・Bは五〇〇世代経過した時点での成績を切り出して示したものである。横軸は総試行数に占める教育試

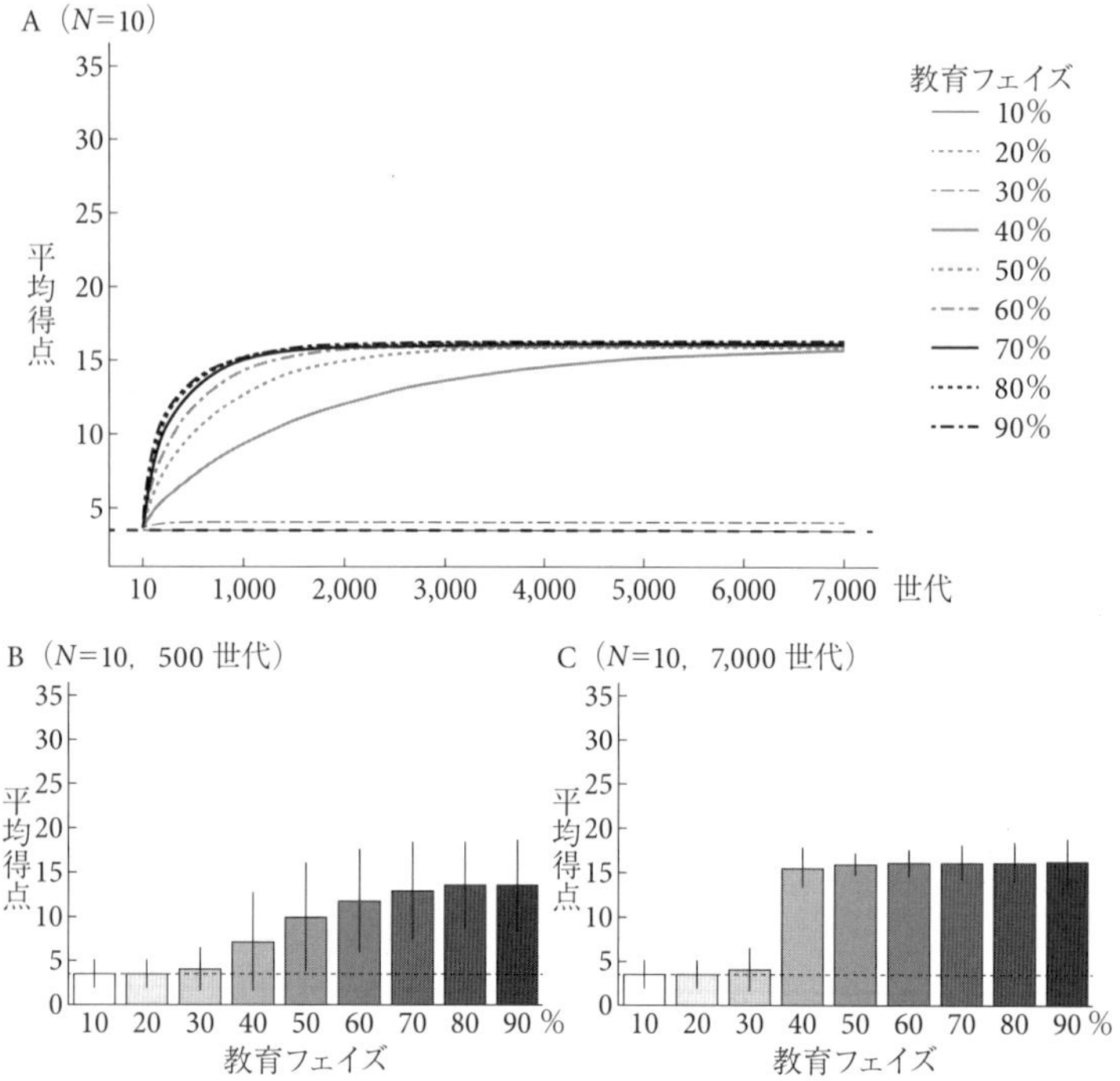

図 7-4　技術が教育によって世代を超えて伝達された場合の平均得点（N = 10）

行数の割合だが、一〇試行のうち教育に費やされた試行が一〇〜三〇パーセントの場合（つまり一〇試行中一〜三試行の教育を受けた場合）には、五〇〇世代かけても個人学習の成績を上回ることはなく、累積的文化進化は生じなかった。だが教育に費やす割合が増加するほど、五〇〇世代経過後の成績は個人学習の成績を上まわることがわかる。図7‐4・Cは七〇〇〇世代経過した後の成績だが、教育に費やす割合が四〇パーセントを超えたときにのみ、累積的文化進化が生じていることがわかる。

　次に一世代あたりの総試行数をN＝400に増やして同様のシミュレーションを行った（図

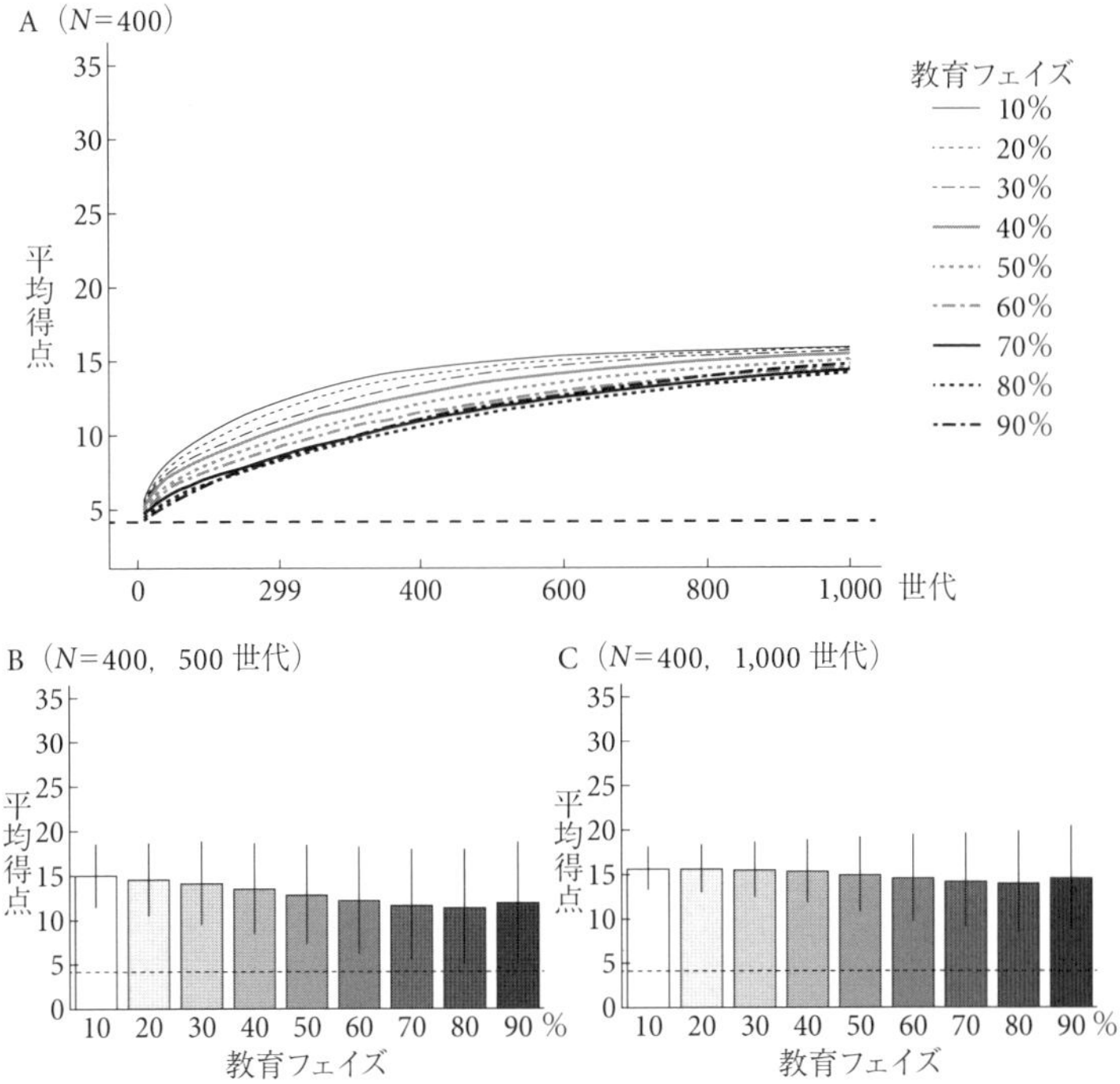

図 7-5　技術が教育によって世代を超えて伝達された場合の平均得点（N = 400）

7−5）。四〇〇試行の個人学習を行った場合の平均成績（点線）は、一〇試行の個人学習の場合とほとんど変わらないように見える。だがくわしく調べるとN＝10の場合と違い、三〜四パーセントの個人は三つ目の目標にたどり着くことができるようになっていた。つまり総試行数N＝10のシミュレーションと比較して、N＝400のシミュレーションは単独個人が複雑な技術をわずかながらも見つけやすい状況である。図7−5・Bは五〇〇世代経過した後の成績であるが、N＝10の場合とは違い、総試行数に占める教育の割合が三〇パーセント以下でも、個人学習を上まわる成績が得られており、累積的文化進化が生じていることがわかる。一〇〇〇世代経過した後の成績（図7-5・C）を見ても、教育が占める割合にかかわらず累積的文化進化が生じていることがわかる。またN＝10の場合には、教育に長い時間が費やされるほど、成績が向上する傾向が見られたのに対し、N＝400の場合にはむしろ成績が悪化する傾向が見られた。つまり、個人の一生内で成績を向上させるのが非常に困難な場合（N＝10）は、教育に長い時間を費やすほど累積的文化進化が促進されるが、そうでない場合（N＝400）は、教育に長い時間を費やすことの恩恵があまり得られない可能性が示唆される。

以上の結果は、実験では検討することが困難な状況において、教育による忠実な文化伝達が累積的文化進化に与える影響について、一定の示唆を与えてくれる。このシミュレーションでは、個人が二万試行以上の学習を繰り返しても、得点が低い方から四つ目の技術を獲得することしかできないような困難な課題が用いられた。だが、個人が一世代あたり一〇〜四〇〇試行の学習しかできず、ほとんどの個人は低い方から二つ目の技術しか獲得できないとしても、教育によって世代を超えて技術が伝達されるならば、累積的文化進化が生じることが見出された。ここで紹介したいずれのシミュレーションにおいても、世代が進むにつれて、個人は得点が低い方から四つ目の目標を安定して獲得できるようになったのである。ただし、個人の生涯に占める教育の割合（T）が少ない場合には、累積的文化進化が生じないこともあった（一世代あたりの総試行数が一〇の場合）。これは、従来指摘されてきたように、教育による知識の伝達が、累積的文化進化において重要な役割を果たしていることを明確に物語っている。

5 最後に

現代社会における教育の重要性は、あらためて指摘するまでもない。親子間のインフォーマルな教育から、学校という制度化された公教育に至るまで、人間は他者から教えられることで多くを学ぶ。現代社会においては、教育によって得られた知識や技能が、個人が社会的・経済的に成功するうえで、重要な役割を果たす。だが、教育は個人に対して利益をもたらすだけではなく、社会全体が経済的に発展するうえでも、大きな効果をもっている。本章では、教育という仕組みが、個人の認知や技能に影響を与え、それが社会全体における技術の発展へとつながるプロセスを、累積的文化進化という枠組みから概観してきた。

人間の大人がもつ知識や技能は複雑で洗練されており、個人が誰からの助けを借りずとも生み出せるようなものではない。大人から教えられることではじめて、人間の子どもは複雑で高度な知識を獲得できる。知識や技能が世代間で伝達されるなかで、さらに少しずつ改良が加えられ変化していくことによって、知識や技能はより高度で有益なものへと進化していく。こうして長い時間をかけて進化した科学や技術が、社会経済の発展に大きく貢献しているのである。この累積的文化進化と呼ばれるプロセスにおいて、とくに重要だと指摘されてきたのが、知識や技術の忠実な伝達だった。前世代において生み出された優れた技術や知識が正確に次世代に伝達されないならば、時間とともに技術は劣化していく。たとえ技術を継承した次世代の人々が改良を図っても、長期的には技術は衰退していくだろう。そのため親や大人による教育は、技術や知識の忠実な継承を可能とすることで、累積的文化進化に貢献するものと議論されてきた。こうした主張は、累積的文化進化を再現した実験室実験によって検証されることが多かった。だが現実の累積的文化進化で生じているような、単独個人が生涯をかけて挑んでも獲得困難な、高度で複雑な技術の進化というものは、実験室実験では再現が困難である。そのため累積的文化進化における教育の必要性を、実証的に検証することは困難であった。こうした問題を扱うために本章で紹介したのが、教育という認知プロセスについて計算論モデルを用いた理論研究である。

第2節で紹介したヘンリックの数理モデルのように、進化という直接観察することができない現象を探究するうえで、数理的な理論モデルは必要不可欠なツールである。社会的学習の研究[*34]においても、学習バイアスが累積的文化進化に与える影響の研究においても[*35]、数理モデルを用いた検討が行われてきた。また教育と累積的文化進化についての関係を検討したモデルとして、ロリアノ・カストロとミゲル・トロのモデル[*36]がある。カストロとトロのモデルでは、教育による完全な文化伝達が保証されたうえで、教育にコストを投資する親の戦略がいかなる条件下で進化し、その結果として累積的文化進化が生じるのかが検討された。だが本章で紹介したモデルと、カストロとトロのモデルの最大の違いは、前者では教育による技術の獲得を認知プロセスとして明示的にモデル化した点にある。個人による技術の獲得を強化学習という認知プロセスで表現し、教育が強化学習のプロセスに与える影響をモデル化したのである。つまり教育すれば確実に技術が伝達されるという前提を置くのではなく、現実の人間や生物の学習プロセスをモデル化することで、累積的文化進化が生じるためにどれだけ教育に時間をかけるべきであるのか、あるいは教育と探索のトレードオフ（すなわち教育に時間をかけるほど忠実に伝達されるとしても、個人による試行錯誤の時間が減少し、技術の革新が起きにくくなる）が存在しても、累積的文化進化が起きるのかといった問題を検討することが可能となる。

教育という営みは、それを受けた個人の経済的・社会的成功を高める。だが教育は、個人に対する影響を超えて、科学や技術を発展させることによって、社会全体の繁栄をもたらす。個人の学習というマイクロなプロセスから、社会の発展というマクロな現象が生じるまでには長い時間がかかる。考古学的な遺物を見れば、技術や科学がどのように変遷し、発展してきたのかをつぶさに検討することはできる。だが教育や学習という認知プロセスが、その中でどのような役割を果たすのか、直接検討することは困難である。同様に、心理学で用いられる実験室実験だけでは、教育や伝達のマイクロなプロセスを観察できても、累積的文化進化という進化的な時間スケールの動態を理解することは困難である。人類の文化や社会の歴史的な変化というものは、過去に遡って直接検証することができないものであるが、そうした現象を検討するうえで、数理的な理論モデルの重要性を、読者に理解してもらえれば幸いである。

本章で紹介してきた研究は、近年、文化進化論（cultural evolution）という領域で展開されている。人間の文化の歴史的変化を自然科学的な立場から解明することが試みられており、考古学、人類学、心理学から生物学にわたる多様な領域の研究者が集い、多様な手法を組み合わせた研究が行われている。本章を読んで関心をもたれた方は、日本語で読むことのできる入門書がいくつかあるので、一読を勧めたい。[*37]

第8章

脳と心の発達と教育

母子関係から見るヒトの教育の本質とその生物学的基盤

明和 政子

筆者は、「比較認知発達科学」（comparative cognitive developmental science）というアプローチを開拓し、生物学を基盤としてヒトという生物（*Homo sapiens*）がもつ脳や心の働き、行動といった表現型が創発、発達する動的プロセスの解明を目指す研究者である。本稿では、本アプローチを中心にヒトの「教育」に焦点を当てた議論を行っていくが、その本質を考えるうえで重要となる問いが二つある。一つ目は、「なぜヒトは他者（養育者）からこれほど学ぼうとする存在なのか？」、もう一つは、「なぜヒトは未熟な存在に対し、これほど教えたがる存在なのか？」という問いである。ヒトの教育は、これらの特性が互いにかみ合うことで実現されている。

本稿では、出生直後あるいは出生前から始まる養育者との経験（社会的相互作用）がヒト特有の教育の基盤となっているという仮説のもと、それが創発、発達する道筋について考察する。

1　〈問い1〉なぜヒトは他者（養育者）から、これほど学ぼうとする存在なのか？

【1】生後直後から他者に注意を向ける

〈問い1〉について考えるための前提として、理解しておくべきことがある。それは、ヒトは「生来的に」きわめて社会的な生物であるということだ。ヒトは、「他者（他個体）」という存在に含まれる情報を反射的・自動的に検出、処理する能力をもって生まれてくる。生後すぐに、他者の顔や目（らしい図形）をそうでないものと区別し、前者を好んで注視する。[*1] 生後三日目には、閉じている目と開いている目をもつ顔を区別し、後者に注意を向ける。[*2] ただ他者らしい刺激を区別し、見つめるにとどまらない。新生児は、他者からの働きかけに対してみずからの身体を使って応答しようとする。新生児に舌を出したり、口を開けたりして見せると、自分では確認できないはずの表情を区別し、模倣する。[*3] 最近の研究では、すでに胎児期から母親の声に選択的に注意を向け、口唇部を活発に動かして応答していると報告されている。[*4]

ただし、周産期（胎児～新生児期）に見られるこうした社会的特性は、ヒト特有のものではない。ヒトに最も近縁な現生種であるチンパンジー（*Pan troglodytes*）も、発達初期にはヒトと類似した社会的特性をもっていることがわかっている。チンパンジーも、生後一カ月には自分を見つめる目をもつ顔を区別し、好んで見る。[*5] また、新生児期には舌出しと口開けの二種類の表情を区別し、模倣する。[*6] この新生児模倣は、旧世界ザルの一種であるカニクイザルでも報告されている。[*7]

チンパンジーの胎児を対象に、社会的特性の生物学的起源を探ろうとする研究も始まっている。胎

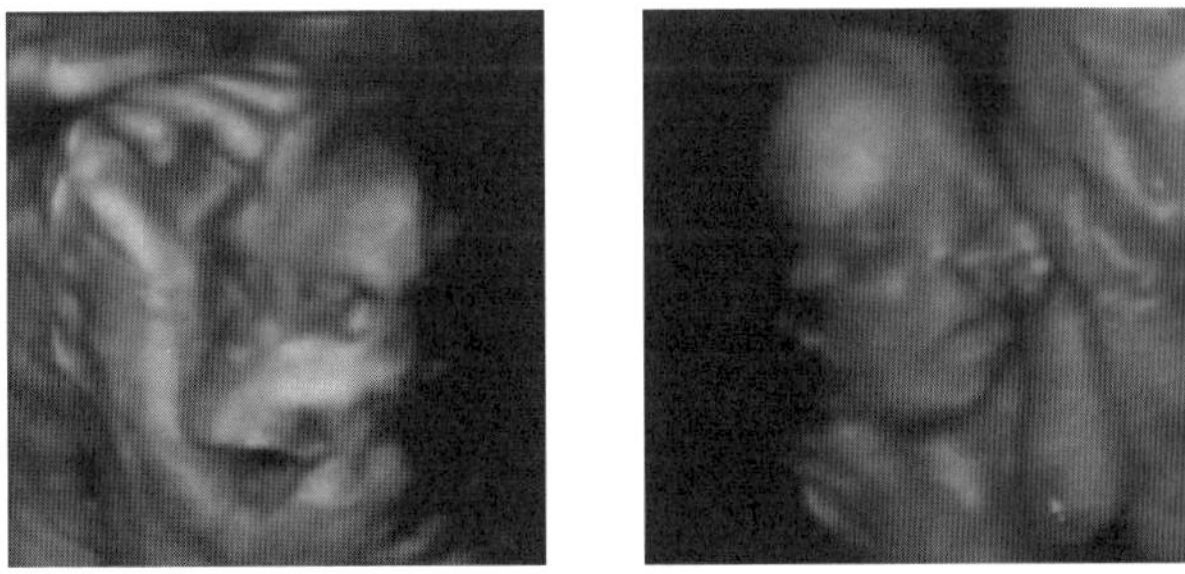

図 8-1　チンパンジーの胎児（胎齢 21 週・左）とヒトの胎児（胎齢 23 週・右）
（出典）　明和（2006）。

児の行動を四次元超音波画像診断装置（4Dエコー）で観察する試みである。この研究の対象となったチンパンジーの母親たちは、幼少の頃から研究施設のスタッフと信頼関係を築いてきたので、無麻酔の状態でエコーによる観察が可能であった。[*8] それにより、チンパンジーの胎児が子宮の中でどのように運動機能を発達させていくかが明らかとなった（図8－1）。しかし、チンパンジー胎児の社会的特性の面については、検証が困難である。たとえば、あらかじめ録音したチンパンジーの母親や他の個体の声をスピーカーから胎児に聞かせ、その反応を観察する実験を行おうとしても、母親がその音に驚き、興奮して動いてしまうのである。チンパンジーの胎児は、いつからどのように他個体に選択的に注意を向けるのかについては、今後の研究の展開を待たねばならない。

[2]　ヒト特有の社会的特性

では、ヒトが種独自の社会的特性を見せ始めるのはいつ頃なのだろうか。

ヒトを対象とした発達研究は、生後九カ月頃、他者とのやりとりが劇的に変化することを指摘している。[*9] 生後直後から見られれる反射的・自動的な他者への応答のレベルを超えて、相手が注意を払う物や出来事を目で追い始める（視線追従）。見知らぬ物に出くわすと、養育者と物とを交互に見比べて何かしらの情報を得ようとする（社会的参照）。自分が興味ある物や出来事を指差すことで、相手の関心を引き寄せようとする（共同注意）。つまり、相手の心の状態と自分のそれとを関連づけ、相手の視点を通して外的環境を探索しようとする社会的行動が顕著に起こり始めるのである。

チンパンジーをはじめとする大型類人猿や他の霊長類でも、視線追従や社会的参照を行うといった報告はないわけではない[*10]。しかし、それらはいずれも逸話的な報告にとどまっている。筆者は、京都大学霊長類研究所（現：京都大学ヒト行動進化研究センター）で生活するチンパンジーの母子、そして、ギニア共和国の森で生きるチンパンジーの母子を数年にわたり観察してきた。その経験を踏まえて明確にいえるのは、ヒトの母子間で頻出する共同注意、社会的参照といった行動は、チンパンジーでは飼育下、自然環境下を問わずほとんど見られないことである。母親が珍しい物を操作しているときに乳児が近づいていき、手や口を使って自分でもそれに触れてみようとする場面はよく見られる。しかし、ヒトのように、物を母親の方にわざわざ持っていって意図的に見せたり、指差しなどで母親の注意を引こうとしたりすることは一切ない。チンパンジーの乳児は、他個体と行為やその背後にある心の状態を共有する機会、そうしたいという動機がヒトと比べて圧倒的に乏しいのである[*11]。

【3】 他者と共有したがるヒト

では、なぜヒトはこれほどまでに他者と行為や心の状態を共有したがる存在なのだろうか。そうした欲求はなぜ生まれ、そこにはどのような生物学的理由があるのだろうか。これらの謎に迫るために、

表 8-1　3 つの身体感覚

外受容感覚	視覚，聴覚，触覚，嗅覚，味覚
自己受容感覚	筋・骨格，関節から生じる運動感覚 前庭器官により生じる平衡感覚
内受容感覚	自律神経の反応を含めた身体内部（内臓）状態の感覚

ここからは生後すぐから始まる養育者と乳児の「身体を介した」社会的相互作用、その経験が創発、発達させるヒト特有の他者理解に着目する。以下、その理由について説明していこう。

①　三つの身体感覚

まずは、身体に関する知識について整理しておきたい。他者を含む環境と相互作用する過程で、私たちの身体にはある感覚経験が生じる。それを「身体感覚」という。身体感覚は、「外受容感覚」「自己受容（固有）感覚」「内受容感覚」の三つに分類される（表８－１）。

「外受容感覚」（exteroception）とは、いわゆる五感（視覚、聴覚、触覚、嗅覚、味覚）のことである。環境からの情報を、それぞれに対応する感覚器が処理する。「自己受容感覚」（proprioception）も、身体と環境の相互作用によって生じるものであるが、こちらは筋・骨格、関節の運動感覚と前庭器官（耳の最も奥に位置する内耳）を通じて感じられる平衡感覚を指す。最後の「内受容感覚」（interoception）は、身体内部に生じる感覚であり、たとえば、胃が痛い、お腹がすいた、おしっこがしたい、といった感覚のことである。こうした感覚は、内臓から自律神経を介して脳に信号が伝わるため、内臓感覚とも呼ばれる。

中でも、外受容感覚からの情報と、内受容感覚に由来する情報が統合される過程はきわめて重要とされる。この統合こそが、ヒトだけがもつ「感情の主観的な気づき」に深く関わっていると見られるからである。

② 身体を介して感情が生まれる

感情という心の働きが立ち現れる仕組みについても説明しておきたい。

一般に、感情と呼ばれるものは大きく二つに分けられる。一つは、身体の生理状態の変化がもたらす無意識レベルの「情動」(emotion)、もう一つは、意識可能な「感情」(feeling)である。前者の情動は、自律神経系の反応とともに生じる。たとえば、恐怖を感じるときには心拍数が上昇し、瞳孔が大きくなる。これらは意識的に制御できない。それに対し、感情は、そうした生理反応が生じた原因を主観的に推定する、意識レベルの体験である。恥ずかしい、緊張する、怖い、などといった感情が意識に上るということは、身体生理反応が生じた前後の文脈から、脳がその原因を解釈した結果である。

これに関連した、面白い言いまわしがある。「怖いから逃げるのではなく、逃げるから怖い」というウィリアム・ジェームズの名言である。危機的な場面においては、まずは自律神経系を中心とする瞬時の身体反応が立ち現れ、逃げるという行動を引き起こす。怖いと主観的に感じるのは、実際には逃げた後なのである。こうした感情への気づきは、言語を獲得し始める生後一歳半〜二歳あたりから見られるという。[*12]

感情に主観的に気づく仕組みをたどると、内受容感覚の情報は脳の島(insula)という部位に送られる。それは、さらに島の前方(前島)へと送られるが、ここで外受容感覚からの情報との統合が起こる(図8－2)。[*13] この前島の働きにより、ヒトは自分の感情を意識できると考えられている。ヒト以外の霊長類の脳では、そうした機能は確認されていない。[*14]

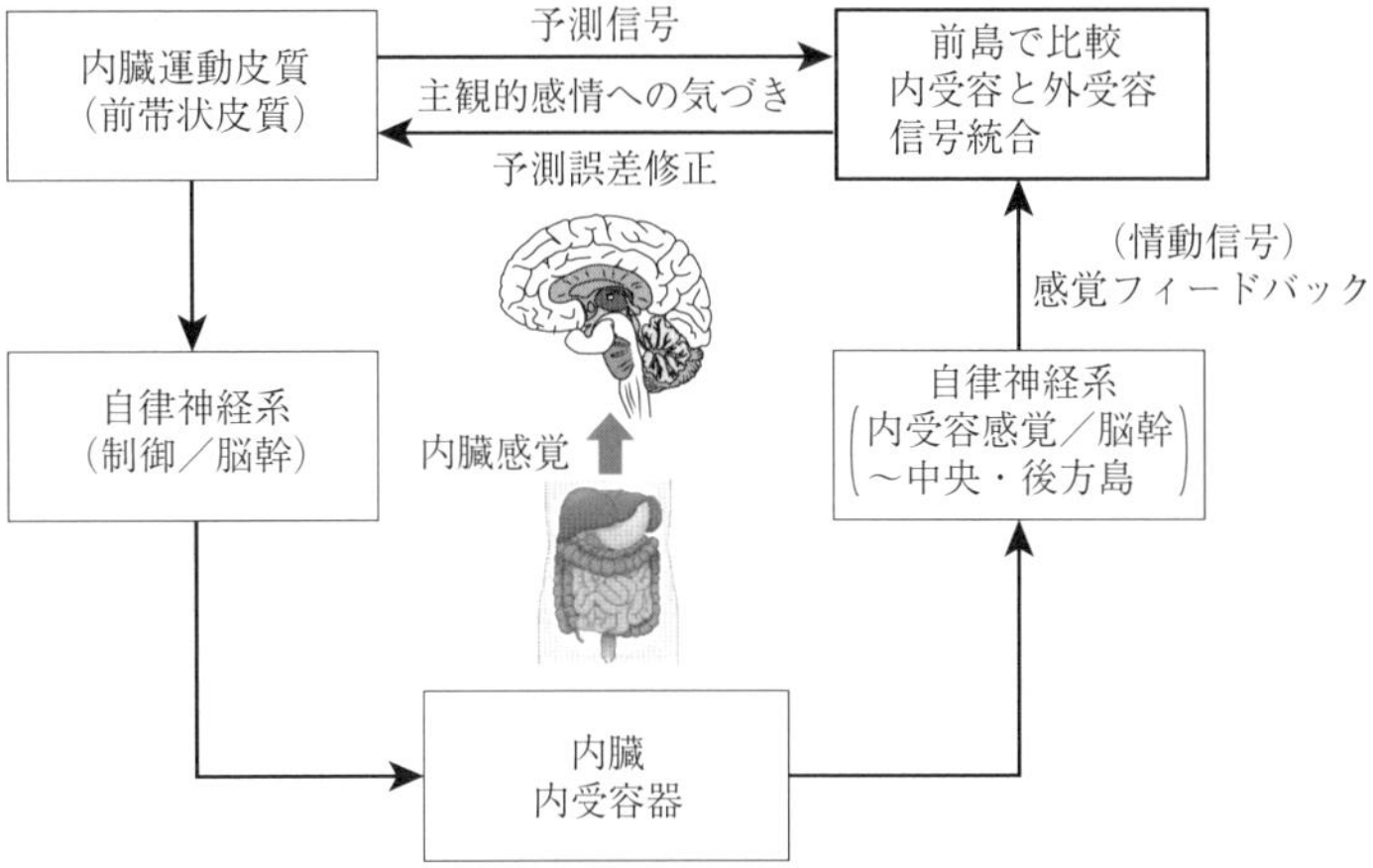

図 8-2　前島で内受容感覚と外受容感覚の統合が起こり，感情が主観として意識に上る

(出典)　明和(2019)。

外受容、自己受容、内受容からなる三つの身体感覚を、環境と相互作用する過程で同期的・連続的に経験していくことで、自分の身体が「自分のもの」であるという統一的な実感、そして自己というものの認識が形成されるのである。

③　ヒトは養育者から報酬を受けながら学習動機を高める

ここで〈問い1〉に戻ろう。ヒトは、なぜこれほど他者と行為や心の状態を共有したがる存在へと発達していくのだろうか。そうした欲求はなぜ生じるのだろうか。

生物は、身体に起こる急激な生理的変化を一定の範囲内に保とうとする性質をもっている。これを「ホメオスタシス」(homeostasis)という。そして、何かしらの大きな変化が起こりそうなときには、その変動状態を安定した基準値に戻そうとする、能動的・予測的な制御システムである「アロスタシス」(allostasis)が働く。

ヒトを含む哺乳類動物や鳥類の一部は、出生後しばらくはアロスタシス制御をみずからの力で行うことができない。生存するには、養育者によってアロスタシスを調整される必要がある。養育者は乳児を抱き、授乳し、保護するという身体接触によって、乳児の身体内部に起こる変動(体温や血圧、覚醒、睡眠、血糖値など)を外側から制御する。不安や恐怖といった強い情動が喚起されれば(泣きやぐずり)、乳児は養育者の身体を介して、自分の身体内部の状態を一定の水準に回復させる、また、抱き、授乳されることによって、血液中のグルコース(ブドウ糖)が上昇したり、神経活動を落ち着かせる神経伝達物質が放出されることで、乳児は身体内部にいわゆる心地よい感覚を得る。

ただし、養育者が乳児の身体生理状態を調整する役割を担っているのは、ヒトだけではない。哺乳類動物や一部の鳥類にもすべて当てはまるものである。しかし、ヒトの場合、養育者が乳児にもたらすものはそのレベルにとどまらない。チンパンジーやサルの母子を見なれた立場からヒトの養育者と乳児の相互作用を見ていると、面白いことに気づく。ヒトの養育者は乳児を抱きながら、あるいは手をとりながら同時に目を見つめ、表情を変化させ、声かけを積極的に行うのである。養育者によるこうした積極的な働きかけは、他の霊長類、哺乳類動物では見られない。言い換えると、ヒトは生後直後から、視覚や聴覚、触覚といった多感覚情報(マルチモーダル)を養育者から積極的に提供されるという、大変ユニークな環境の中で育ち始める生物なのである。*15

養育者からのこうしたユニークな働きかけは、ヒトの脳や心の発達に大きく影響する。ヒトの乳児は、抱かれ、授乳され、撫でられたりすることで内受容感覚の心地よさを得るが、同時に、外界情報(外受容感覚)を積極的に提供される経験も日々積み重ねていくことになる。すると、乳児の脳に

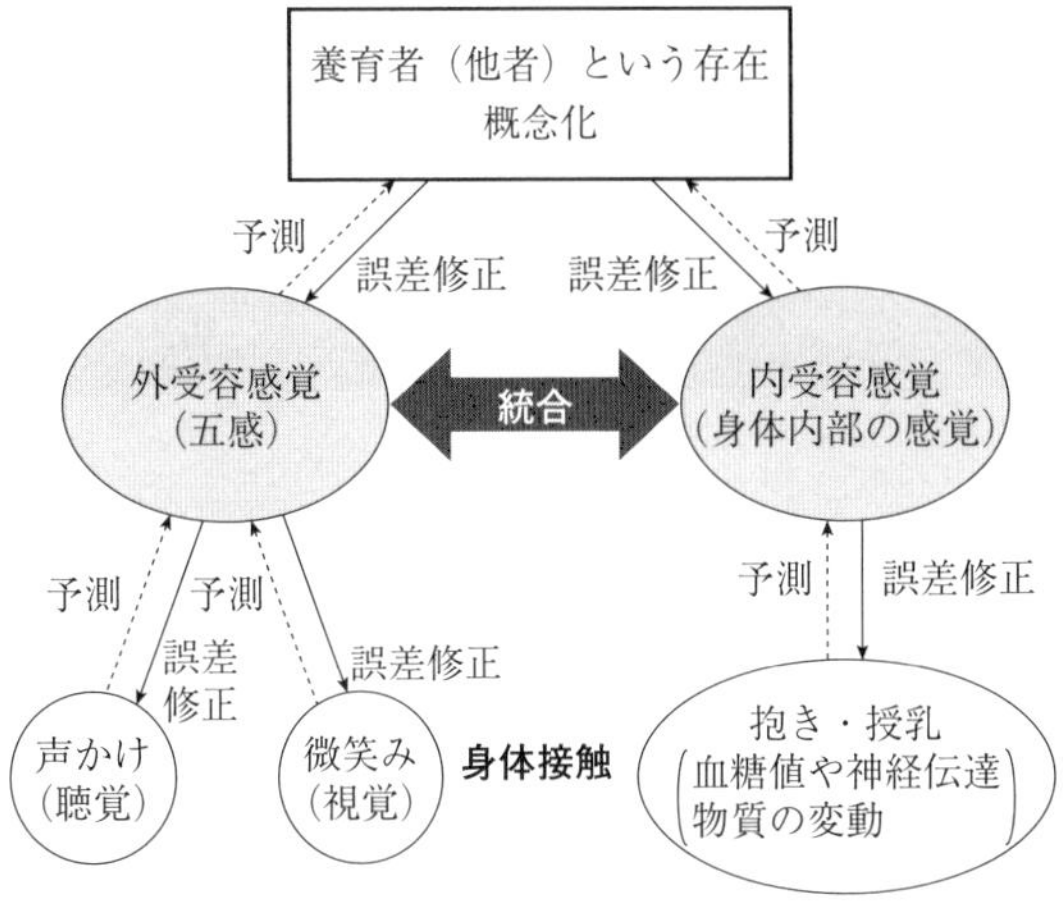

図 8-3　ヒトは養育者から報酬を受けながら学習動機を高める

（出典）　明和（2019）; Atzil et al.（2018）をもとに作成。

はある記憶の結びつきが生じ始める。養育者の顔や声といった情報が、身体内部に生じる心地よさと関連づけられて記憶されるのである（連合学習）。さらには、養育者の顔（視覚）や声（聴覚）、匂い（嗅覚）、肌ざわり（触覚）のいずれかを経験するだけで、記憶として結びついている他の外受容感覚や内受容感覚が同時に喚起され、養育者という存在が概念化されていく。それを土台として、ヒトは物理的・身体的レベルの理解を超えた、記憶表象レベルの他者理解を独自に獲得していくと考えられる（図８－３）[*16]。

ヒトは、内受容感覚で得る心地よさだけでなく、その感覚を外受容感覚と統合する経験を生後直後から豊かに提供される。その心地よさは報酬として機能し、養育者と結びつきたいという欲求、養育者の視点を通して外的環境を学びたいという動機を格段に高めていく。他の霊長類では見られない、他者と行動や心の状態を共有しようとする特性（共同注意や社会的参照）の背後には、このよう

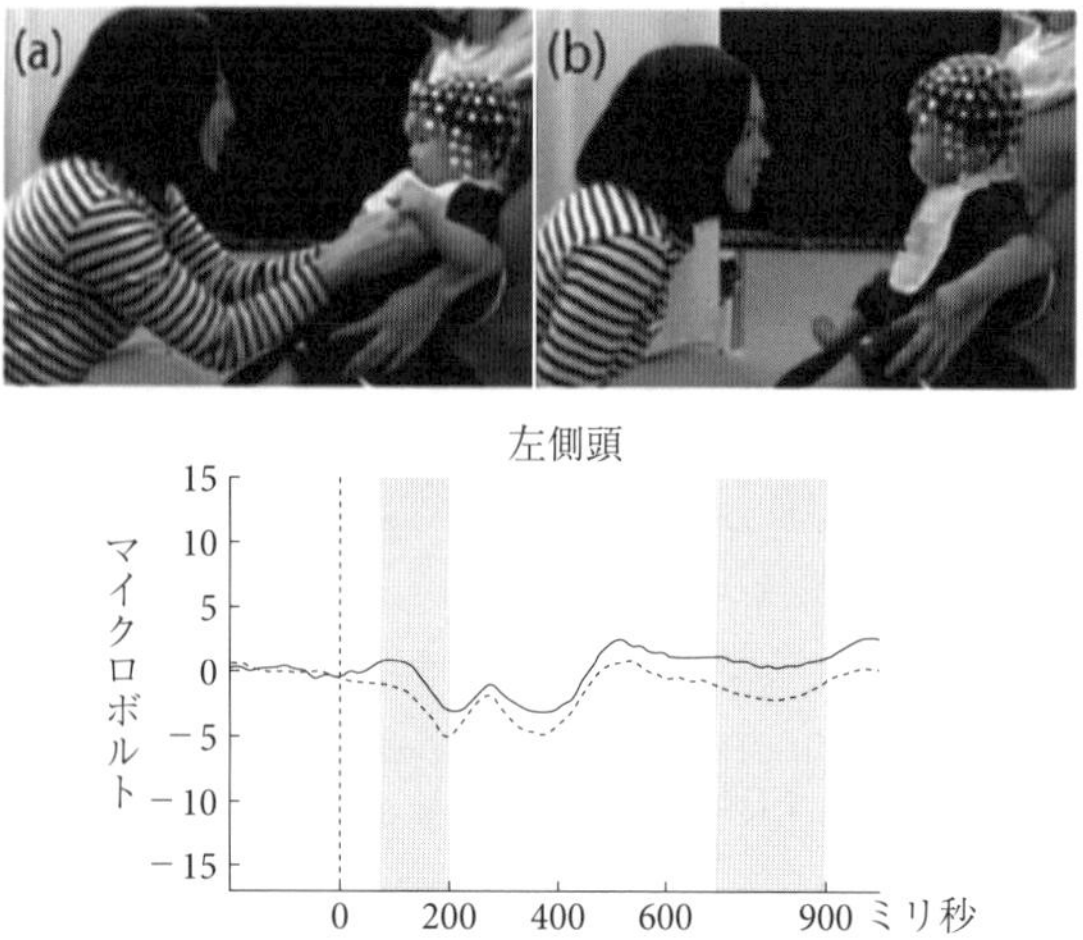

図 8-4　上：調査者は乳児の「身体に触れながら」(a) あるいは「身体に触れずに」(b) ある単語を乳児に発した。その後，乳児が経験した 2 種類の単語をスピーカーから聞かせ，そのときの脳活動が計測された。下：左側頭領域の脳活動（事象関連電位 ERP）の平均値。身体に触れた条件（実線），身体に触れない条件（点線）で経験した単語に対して生じた ERP

な生物学的メカニズムが存在していると考えられる。

【4】 他者との身体接触が学習を促進する

前項の見方について、筆者らはそれを間接的に支持するデータを得た。他者と身体を触れ合わせる経験が、乳児の学習を促進することを明らかにしたのである。[*17] この事実は、他者との身体接触が、ヒトの教育を成立させる基盤の一つであることを示唆している。

生後半年過ぎの乳児を対象に、その母親と年齢の近い成人女性（実験者）が対面し、「身体に触れながら語りかける」あるいは「身体に触れずに語りかける」条件下で相互作用を行った。前者では、実験者が乳児の身体に触れながら、ある新奇な単語Aを発した。後者では、実験者は乳児の身体に直接触れることなく、別の新奇単語Bを発した（図8－4・上）。乳児は、これら両方の条件での相互作用を経験した（経験順序はランダムに割り振られた）。その後、実験者が発した単語（AあるいはB）を乳児にスピーカーから聞かせ、その間の脳の活動を記録した。

分析の結果、「身体に触れられずに」聞いた単語に比べて、「身体に触れられながら」聞いた単語に対して、乳児の脳は大きく活動した。とくに、言語処理に関わる左側の側頭葉、そして思考に関わる前頭葉の活動が高まっていた（図8－4・下）。さらに、身体に触れられたときによく笑顔を見せた乳児ほど、その単語を聞いたときに高い脳波活動を示すこともわかった。

この結果に関連する、海外の有名な研究も紹介しておきたい。アメリカで生まれ育った六～九カ月の乳児に、週に数回三〇分ずつ、中国語を母国語とする成人と遊んでもらった。乳児は、中国語と接するのははじめてであった。計五時間くらい経つと、乳児は中国語を母語とする人たちと同じように、中国語に特有の発音を聞き分けることができるようになった。ところが、その成人が話すところを録画したビデオを同じ時間だけ視聴させた乳児では、そうした結果は得られなかったのである。[18]バイリンガル教育を目的としてビデオを視聴させるだけでは効果は期待できないことを示すこの結果は、大きな注目を集めた。

2 〈問い2〉なぜヒトは未熟な存在に対し、これほど教えたがる存在なのか？

【1】 ヒトの社会的特性と教育

続いて、〈問い2〉について考えてみよう。こちらは、教える側に見られるヒトの不可解な特性についての問いである。

未熟な個体に対して教育的配慮や援助を行うといった利他行動を見せるのはヒトだけではない。野生のチータや飼いネコなどの母親は、子どもに餌をやるだけでなく、子どもの餌捕獲の上達にあわせて獲物を適度に弱らせ、学習の機会を与える。しかし、ヒト以外の動物の教育は、食物を得る場面に限られており、さまざまな文脈や目的に柔軟に対応して行われる教育とはずいぶん異なっている。ヒトは、未熟な個体の置かれた立場に立って適切な方法を選択し、教育する。

ヒトが行うような教育は、チンパンジーでもほとんど見られない。[*19] 先に、チンパンジーの子どもは、物を母親の方にわざわざ持っていって見せたり、指差しなどで母親の注意を引こうとしたりする行動は観察されないと述べた。同様のことは、チンパンジーの母親にも当てはまる。彼らも、子どもに対して物をわざわざ見せたり、持たせてみたりすることはない。いざというときには体を張って子どもを守ろうとするので、子どもの振る舞いに無関心なわけではない。ただ、子どもの行動をほめもせず、叱りもせず、導きもせず、ただじっとそばで見守っている。

では、チンパンジーの子どもはどのように他個体から学習するのかというと、みずからの関心や動機に基づいて自由に振る舞える機会を、母親や集団内の仲間から提供されている。母親や仲間が持っている物、行っていることに関心を抱き、時には彼らの邪魔をするほど近くに寄って観察する。しかし、オトナのチンパンジーは、子どもたちを叱ることもなければ、教え導くこともない。ひとしきり観察を終えると、子どもたちはオトナと同じ物を使って、自分でもやってみようと試行錯誤を繰り返す。こうした経験を積み重ねながら、子どもたちは長い時間をかけて学習していく（図8－5）。[*20]

これを踏まえて、今度は私たちヒトの養育場面をイメージしてほしい。ヒトの養育者は、きわめて

図 8-5　チンパンジーの子どもは母親の行為を観察し，自身で試行錯誤を繰り返しながら学習する。母親が子どもの手をとって教えることはない（左：野生環境，右：飼育環境）

（出典）　明和（2006）。

不可解な振る舞いを乳児に見せていることに気づくはずである。ヒトは無意識的に、乳児を（おそらく胎児にも）「一人前の心をもつ存在・意思疎通ができる存在」として扱うことが多い。乳児の表情やしぐさを勝手に解釈し、「おなかがすいたね」「おむつが気持ち悪いね」など、誤解を恐れることなく乳児の心を推測し、応答する。身体面の未熟さを認識しながらも、心の方は十分成熟しているかのような接し方である。[*21]

面白いことに、こうした養育者の勝手な解釈は、結果的には誤解で終わらない。養育者との相互作用経験を日々積み重ねていくと、乳児は、こういう反応をしたときにはこう対応されるといった規則性をしだいに学習していく。養育者との典型的な相互作用のパターンが脳内に記憶、予測されることで、乳児は、ヒト特有の社会的環境に適応する存在となっていくのである。生後九カ月頃に顕著に現れるヒト特有の社会的行動は、そのマイルストーンの一つである。ヒトは、未熟な者を積極的に教え、導くという種独自の向社会的行動を次世代に提供しながら、また、自身も親からそれを提供されて、連綿と命を継いできた生物といえる。

[2] ヒトの教育を可能にする脳と心の働き

未熟な者の立場に立って向社会的行動を行おうとするヒトの行動特性は、ヒト特有の脳と心の働きに支えられている。

私たちは、相手が笑っていたり、痛がっている様子を見たりすると、その人の心の状態がまるで我がことのように感じられる。しかし、それだけでは社会関係を円滑に築くことはできない。自身にとても嬉しいことがあっても、目の前にいる友人が悲しんでいるときには笑顔を抑制しようとする。痛そうにしている相手がいたら、ただ痛みに共感するだけでなく、いま何をすべきかを考える。こうした心の働きには、自分の心は相手のそれと独立したものであることを理解し、さらに、相手の立場から相手の物の見方や心の状態をイメージ、推論する能力が必要となる（図8-6）。

これまでの研究で、他者の心の状態を理解する際に関与する脳内ネットワークが明らかとなってきた。大きく分けて二つあり、一つは、「ミラーニューロン・システム」、もう一つは「メンタライジング」と呼ばれるネットワークである。

① ミラーニューロン・システム

前者「ミラーニューロン」（mirror neuron）とは、その名のとおり、他者の心の状態が自分のものとして無意識的、反射的に理解することに関与する神経細胞である。レモンをかじって酸っぱそうな表情をしている人が目の前にいたとする。同じ経験をしたことがある人であれば、自分自身はレモンをかじっていないのに、思わず唾液が溢れてくる。誰かが包丁で指を切って血を流している光景を目撃すると、自分の身体にも痛みが感じられる気がする。

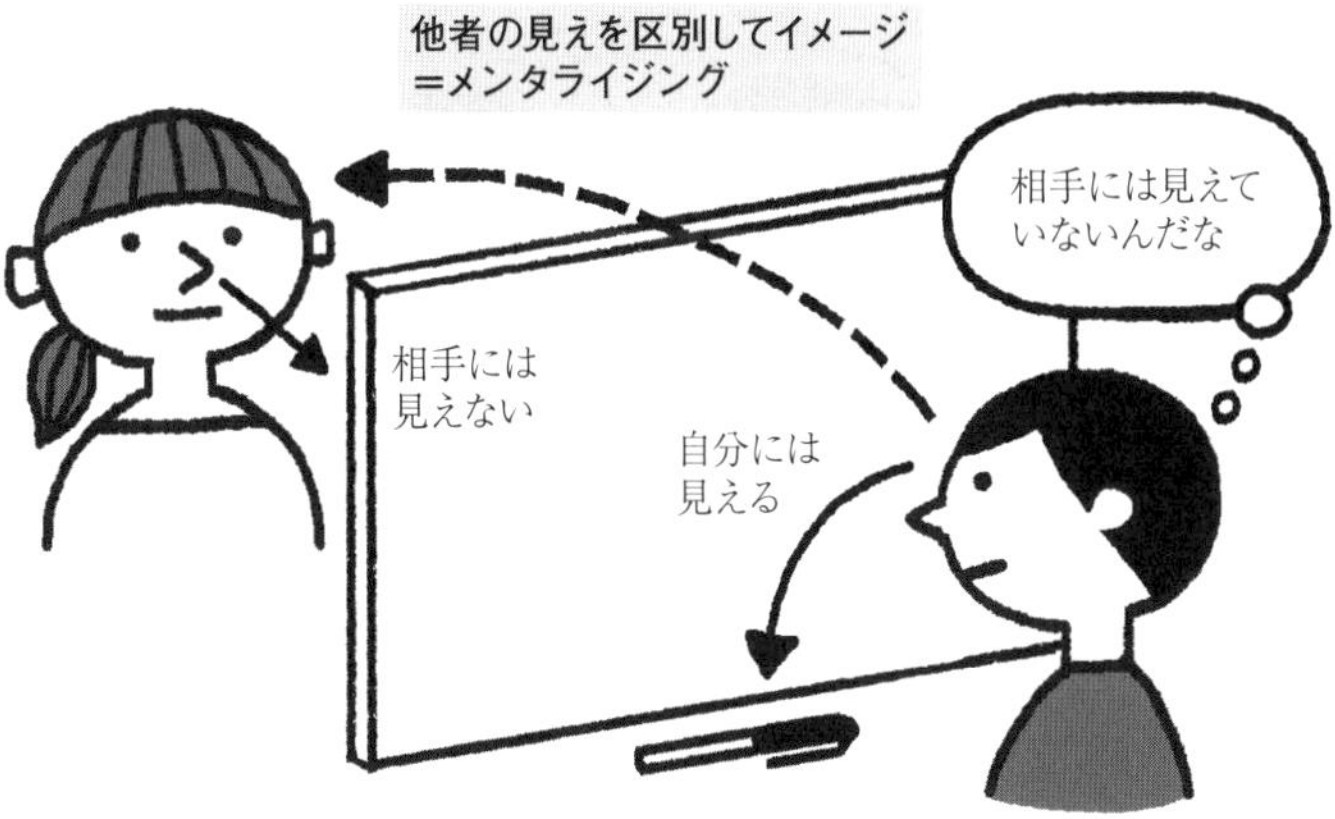

図 8-6　他者の心を理解するには，自分と相手の心はそれぞれが独立したものであり，相手の視点や心の状態をイメージ，推論する能力が必要である

（出典）　明和（2018）をもとに作成。

ミラーニューロンの活動は、イタリアの神経科学者ジャコモ・リゾラッティらがサルの下前頭回の単一ニューロンの活動として記録したのが最初である。[*22] ヒトではｆＭＲＩ（機能的核磁気共鳴画像法）をはじめとする非侵襲的脳イメージングによって、サルで発見されたミラーニューロンに相当する神経回路（ミラーニューロン・システム）が調べられてきた（図８－７）。前頭葉では、言語の産出に関わるブローカ野を含む下前頭回（ＩＦＧ）の後部や腹側の運動前野、頭頂葉では、頭頂間溝（ＩＰＳ）とその下に広がる縁上回の前部、上側頭溝（ＳＴＳ）などがそれにあたる。観察された行為は、まず視覚野、ＳＴＳで処理され、その後頭頂葉下部に位置する下頭頂小葉（ＩＰＬ）で行為に含まれる物体やそれを操作する手の運動に関する情報が抽出される。さらに、ＩＦＧで視点や行為の抽象的表象（目標など）が処理される。[*23]

ミラーニューロンは、観察した行為をみずからが実行できる行為と照合する機能をもつ。自分が経験

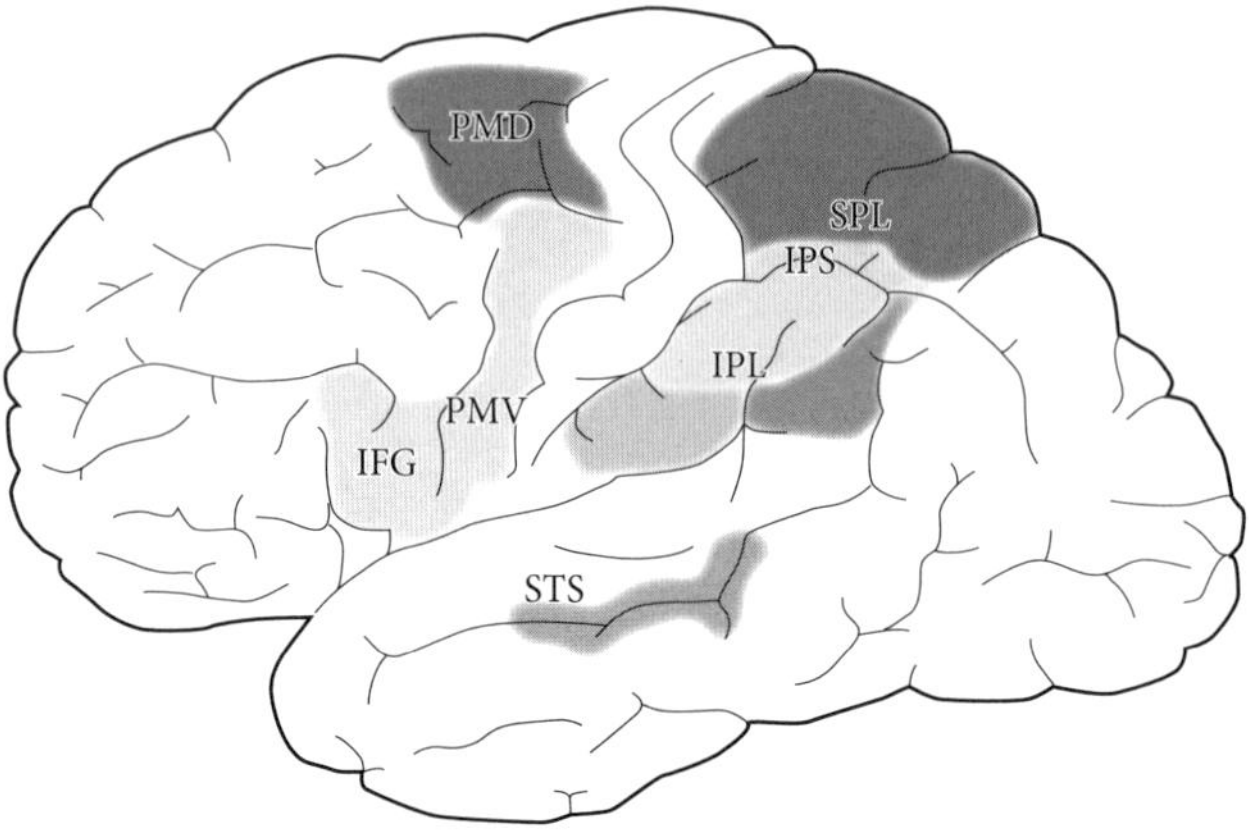

図8-7　ヒトのミラーニューロン・システム

（注） IFG：下前頭回，IPL：下頭頂小葉，IPS：頭頂間溝，PMV：腹側運動前野，PMD：背側運動前野，STS：上側頭溝，SPL：上頭頂小葉。

したことのある行為であれば、それを他個体が行っているのを観察しただけで、その行為の結果や意図を自動的に予測、理解できる。他個体の行為を予測できれば、我が身に危険が迫る前に逃げることができるし、社会的場面では、他個体へのスムースな対応が可能となるので生存上有利である。ヒトを含む霊長類が進化の過程でミラーニューロンを獲得してきた背景には、こうした適応的意義があったと考えられる[*24]。

サルのミラーニューロンは、ヒトのミラーニューロン・システムの生物学的基盤であることは間違いないと思われるが、両者がまったく同じ機能を果たしているかについては議論の余地がある。ヒトのミラーニューロン・システムは、他の脳内ネットワークと相互に連結、作用し合うことで、さまざまなタイプの心の状態を引き起こすことが知られている。たとえば、ヒトが他者の表情を模倣するときには、ミラーニューロン・システムだけでなく、快の情動、報酬系に関与する大脳辺縁系（the limbic system）や帯状皮質（anterior cingulate cortex）、それらをつなぐ島皮質（insula）も賦活する。[*25] こうしたネットワークとしての活動により、ヒトは、他者の行為を観察しただけで（ただし観察者自身がその行為を経験したことがある場合に限り）、他者の情動に思わず身体が同調する〔情動的共感（emotional empathy）〕。詳細は後述する）のである。興味深いことに、サルで確認されているミラーニューロンは、行為に含まれる目的や意図の予測、理解に関するものに限定されており、情動的共感との関連を示す決定的な証拠はまだ見つかっていない（例外もある[*26]）。ヒトのミラーニューロン・システムは、危険や不安といった他者の不快な情動だけでなく、快の情動にまで共感する働きをもつ。ヒトのミラーニューロン・システムは、ヒトの系統がサルの系統と分岐した後、種特有の環境に適応しながら獲得されてきた産物である可能性が高い。

② メンタライジング

ミラーニューロン・システムは、他個体の行為の目的や意図を予測的に理解したり、他個体の情動に共感したりすることを可能にする。ただし、このレベルの行為理解は、自動的・反射的な情報処理に基づくものであり、自分と他個体を意識的に独立させた理解とは異なるものである。ミラーニューロン・システムによる他者の行為理解のレベルを超え、自分の心を他者のそれと分離して理解する認知能力、先に触れた「メンタライジング」（mentalizing）の獲得こそが、ヒト特有の他者理解を可能にしたという見方がある。

メンタライジング・ネットワークは、ミラーニューロン・システムの活動をトップダウンに抑制する。それにより、自分とは異なる他人の心の状態を推論、解釈すること、文脈に応じて柔軟に行為を

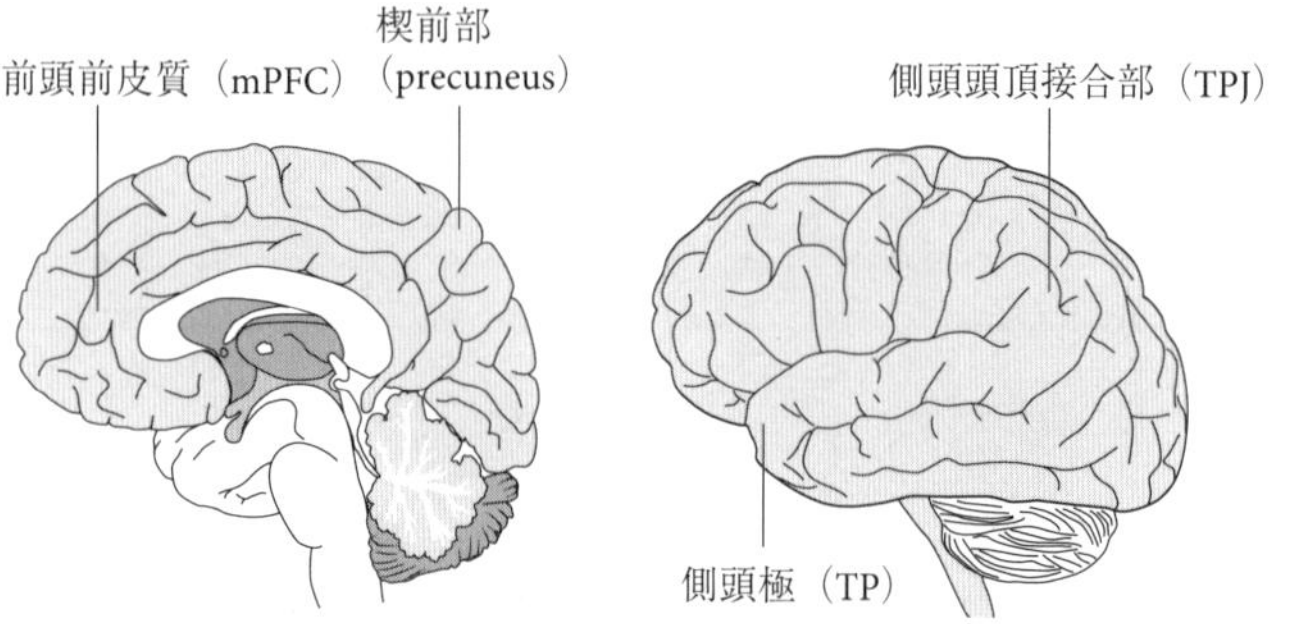

図 8-8　メンタライジングに関与する脳部位。内側前頭前皮質（mPFC），側頭頭頂接合部（TPJ），側頭極（TP），楔前部（precuneus）

理解することが可能となる。メンタライジングの中枢は、前頭前野である。前頭前野は進化的に最も新しい脳部位であり、ヒトでは大脳皮質全体の約三分の一を占めている。前頭前野の内側部（ｍＰＦＣ）は、状況の推測や適切な行為選択に関与する部位である。[*27]また、側頭頭頂接合部（ＴＰＪ）や側頭極（ＴＰ）、楔前部（precuneus）の関与も知られている（図８－８）。[*28]ＴＰＪは、図８－６に示した視点変換に関わる領域で、左ＴＰＪが自己視点、右ＴＰＪが他者視点でのイメージ生成に関与する。[*29]

［3］　前頭前野の成熟には時間がかかる

ヒトが顕著に獲得してきたメンタライジングの中枢である前頭前野について、特筆すべき点がある。ヒトの前頭前野の成熟にはきわめて長い時間がかかるのである。

前頭前野の発達を概説する前に、まずはその構造的特徴をおおまかに説明しておきたい。脳と脊髄からなる中枢神経系は、白質（white matter）と灰白質（gray matter）に分けられる。白質には神経細胞（ニューロン）の細胞体は少なく、おもに神経線維が集まり、走行している。白質は白っぽい色をしているが、それはミエリン（髄鞘）と呼ばれる脂質のためである。ミエリ

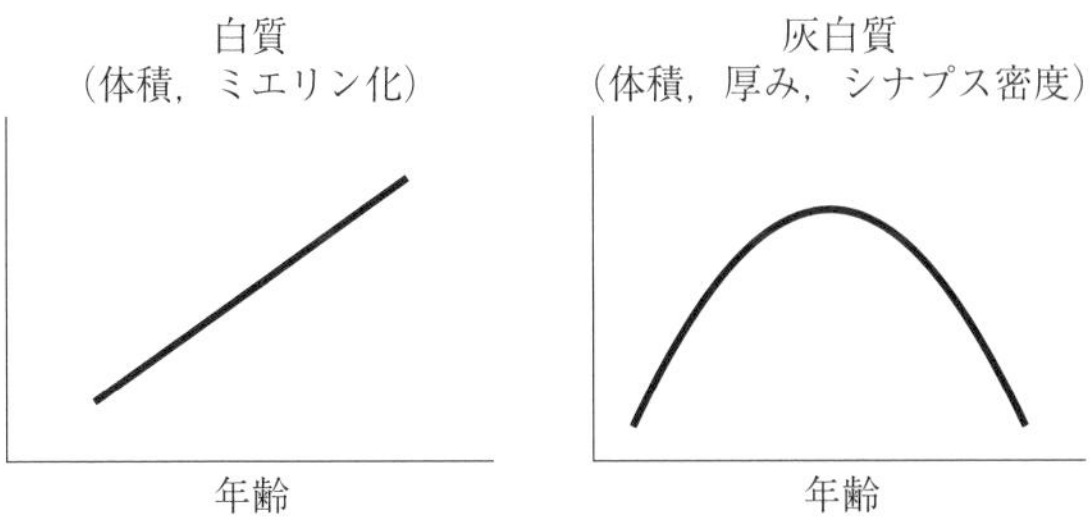

図 8-9　大脳構造発達のイメージ図。白質は加齢に伴って連続的・線形的に変化する（左）が，灰白質は逆U字型の非線形変化（右）を示す

（出典）　明和（2019）; Morita et al.（2016）より作成。

ンは、ニューロンの細胞体から伸びる長いワイヤー（軸索）を覆って絶縁する。絶縁が起こると、軸索は発火後に素早くもとの状態に回復し、次の情報を伝達する準備が整う。それにより、脳の情報処理速度は飛躍的に向上する。

白質の体積とミエリン化は、生後より線形的な発達を遂げ、思春期を経て二〇歳くらいまでには成人のレベルに達する。成人の脳の情報処理能力は乳児期のそれに比べて三〇〇〇倍も高まるとされ、脳の領域間での大規模で複雑なネットワーク通信が可能となる。また、それは前頭前皮質を含むどの脳部位でも同様の発達が起こる点も重要である（図8-9・左）。

灰白質は、ニューロンの細胞体が集まっており、大脳の表面層を占めている。ニューロンは、情報処理装置としての特徴を備えており、情報を受け取る突起（樹状突起）と、情報を送り出す突起（軸索）がある。樹状突起は、細胞体から複数出てさらに枝分かれしている。一方、軸索は細胞体から出るときは一本で、細胞から出た後で側枝（軸索側枝）を出す。軸索の末端付近では、さらに多くの枝分かれ（終末側枝）が見られる。軸索の末端は膨らんだ形をしており、シナプス（synapse）と呼ばれる。シナプスは次の神経細胞と接触しておらず、数万分の一ミリほどの隙間がある。軸索からの電気信号は、シナプスの間の隙間を飛び越えられない。では、どうやって情報を伝達するのだろうか。それは、電気信号を化学物質の信号に変えるのである。電気信号が伝わってくると、シナプスにある小胞から神経伝達物質という化学物質が、シナプスの隙間に分泌される。神経伝達物質が次の神経細胞の細胞膜にある受容体に結合すると、電気信号が生じて情報伝達が可能となる。神経伝達物質およびそれが脳全体にゆっくりと作用する神経修飾物質には、アセチルコリン、ノルアドレナリン、ドーパミンなどがある。

灰白質は、白質とは異なる発達のプロセスをたどる。灰白質の体積や厚み、シナプスの密度はある時期を境に増加し始め、その後減少する。つまり、逆U字型を描くような発達を遂げる（図8-9・右）。

これらの知識を踏まえて、前頭前野の発達を見ていこう。前頭前野の灰白質の厚みは一一～一三歳頃に最大となり、それ以降は減少する。その理由として考えられるのは、シナプスの「刈り込み」（pruning）と呼ばれる現象である。[30] シナプスが形成され始めると、脳の体積や厚みが増す。その後、生後の環境の影響を強く受けながら、必要なシナプス結合は強められ、不要な結合は除去されることで、生存上より機能的な神経回路が形成される。シナプスの刈り込みによって、非効率だった脳がよりエネルギー効率よく高速の情報処理ができる脳へと変化していくからである。

ところで、シナプスの刈り込みが起こる年齢は脳部位によって異なっている。[31] 第一次感覚野の一つである視覚野のシナプス密度は、生後二～三カ月頃から急激に高まり、四～一二カ月頃にピークを迎える。その頃より刈り込みが始まり、就学前までに成人レベルに達する。他方、前頭前野のシナプスは生後ゆっくりと形成され、四歳あたりでピークに達する。その後、一〇年以上かけて刈り込みがゆっくりと進み（急激に進み始めるのは一四〜一六歳頃から）、それが二五〜三〇歳まで続くのである（図8-10[*32]〔口絵〕）。

先述のように、自分の心と分離させて他者の心をイメージ、推論できる脳を、ヒトは進化の過程で顕著に獲得してきた。これは、ヒト独自の教育という向社会的行動にも関与している。メンタライジングを働かせて、未熟な者がおかれている状態を自分のそれと切り離して理解できるヒトは、他者が何を求めているのか、何を必要としているかを推論できるからである。ただし、そうした心の働きの中枢である前頭前野の成熟には、二五年以上もの年月がかかるのである。

【4】 なぜこれほど教えたがるのか？

ここまで、ヒト特有の積極的教育に関与する脳と心の働き、その発達のプロセスについて説明してきた。それらを踏まえ、いよいよ〈問い2〉について考えを深めたい。なぜヒトは未熟な存在に対し、これほど教えたがる生物なのだろうか。

謎解きの鍵は、ヒトがもつ二つのタイプの共感性（empathetic system）にあると見られる。一つは、他者と身体の反応が無意識に同期、共有してしまう「情動的共感」（emotional empathy）、もう一つは、身体反応を前提とせずに、他者の置かれた状況や心の状態を脳内で意識的にイメージし、自分は他個体に何をなすべきかを推論、思考しようとする「認知的共感」（cognitive empathy）である。[*33]

先述のように、ミラーニューロン・システムとそれに連結する扁桃体、島、帯状皮質の働きによって、ヒトは他者の情動を自分自身の身体反応として無意識のうちに共有する。こうした情動的共感は、ヒトだけでなく、サルやチンパンジー、イルカやラットなどでも見られる。[*34] ただし、ヒト以外の生物が見せる情動的共感の大半は、他個体の不快情動、恐れや怒り、威嚇などに限定されている。他個体の不快な状態を素早く察知できれば、危険な事態を察知し、事前に避けることができる。多くの動物種が他個体の不快な状態に情動的共感を示す背景には、こうした生存上の意義があったと考えられる。

他方、ヒトは、他者と不快情動を共有するにとどまらない。他者の喜びや心地よさといった快情動までをも身体的に共有してしまうのである。オリンピックやパラリンピックでメダルをとった選手のインタビューを見て心打たれ、涙された経験がある方は多いだろう。しかし、私たちはその選手と血縁関係にあるわけでも、知り合いでもない。他者が見せる快情動にまで思わず身体を反応させてしまうのが、ヒトの情動的共感の特徴である。そもそも、快情動を表情として表出する生物は、ヒトと一部の大型類人猿だけである。快の表情を表出する大型類人猿も、ヒトのように他個体の喜びに情動的共感を生じさせている可能性はあるが、それを明確に支持する研究結果はいまだ得られていない。

ヒトが見せる快情動への情動的共感は、認知的共感にも影響を与える。ヒトは視点変換やメンタライジングを働かせることで、未熟な者が置かれている状況やそのときの心の状態を考慮し、適切な方法を柔軟に選択して相手に関わろうとする。こうした認知的共感を動機づけ、利他行動を促進する役割を果たすもの、それがヒトが独自に見せる情動的共感であると考えられる。

〈問い2〉の謎解きの鍵は、この点にある。ヒトが他者を積極的に教育しようとするのは、メンタライジングをはじめとするヒト特有の認知能力による認知的共感が基盤となっているのは間違いないが、おそらくそれだけではない。ヒト特有のミラーニューロン・システムやそれと連結する脳内ネットワークがもたらす情動的共感、とくに快情動への共感が、認知的共感を促進し、教えたいという動機を高めているらしい。

「教え－教えられる」相互作用の過程で、教える側が提供する行為によって、教えられる側は達成感を得て、快の情動を表出する。教える側にはその情動が身体的に共有され（快の情動的共感の喚起）、ドーパミン等の報酬系に関連する神経伝達物質が活性化する。つまり、教えられる者ともっと心地よさを共有したいという身体内部の欲求が、教える側にも高まっていくと考えられるのである。未熟な者への教育という行為は、一見利他的に映る。しかし、実際には、教育する側にも報酬系の高まりが起こっているはずである。そうでなければ、なぜヒトはこれほど他者に対して教えたがる、助けたがる特性をもつ生物なのか、説明がつかない。ヒト特有の教育とそれが動機づけられる背景には、こうした認知、神経系メカニズムが存在すると考えられる。

ここで、図８－３をもう一度見ていただきたい。いま述べた見方に基づくと、ヒトの養育者が乳児を抱きながら、あるいは手をとりながら、なぜこれほど積極的に目を見つめ、表情を変化させ、声かけを行おうとするのか、その理由が見えてくる気がする。他の哺乳類動物でも見られるような、不快情動によって崩れたホメオスタシスの安定調整（マイナスの状態をゼロに回復させる）にとどまらず、ヒトは乳児の笑顔を引き出そうと積極的に関わる（プラスの状態に引き上げる）。こうしたヒト特有の養育行動の背後には、乳児の側だけでなく、養育する側の身体内部にも報酬の高まりが起こっている。

［5］ 教えたがる欲求を高める物質

他者を導き教えたい、世話したいという欲求の高まりに関与する物質の一部も特定され始めている。その一つが、「オキシトシン・ホルモン」と呼ばれる内分泌物質の働きである。オキシトシンは、脳

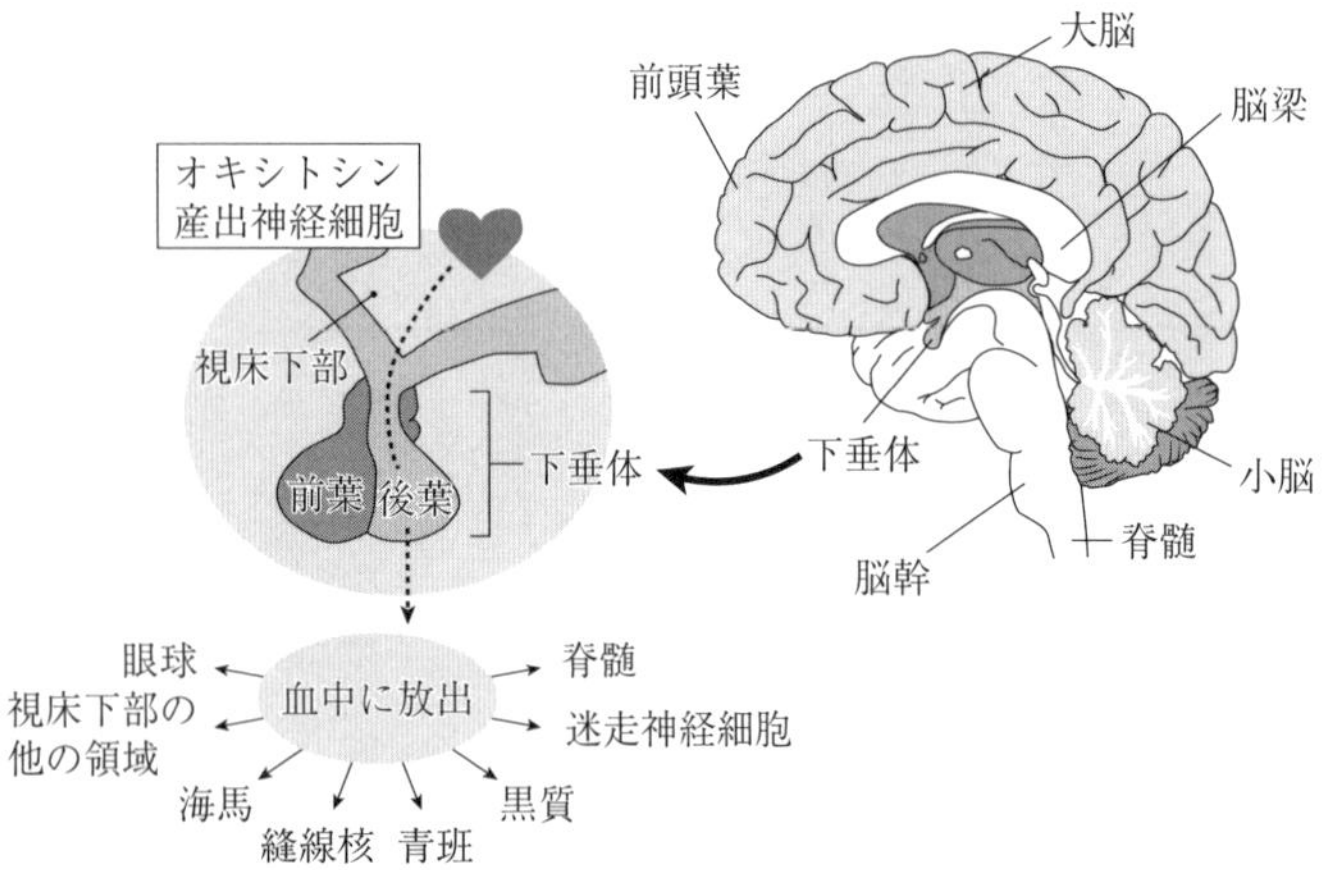

図 8-11　オキシトシンは脳の視床下部から下垂体後葉にかけて合成され，血中に放出される

（出典）明和（2019）より作成。

の視床下部から下垂体後葉にかけて合成され、血中へと放出される（図8－11）。母親が子どもを出産するときに大量に分泌され、子宮を収縮させて分娩を促す機能を果たす。オキシトシンには母乳を放出させる働きもあり、ヒトだけでなく、哺乳類動物全般に広く見られるものである。

近年、オキシトシンの働きに関する興味深い事実が二つ明らかになってきた。一つ目は、オキシトシンの働きは、妊娠、出産時の母親の身体機能に変化をもたらすにとどまらないこと、もう一つは、妊娠、出産を担う当事者である母親だけでなく、養育経験によって男性にも同様に分泌されることである。たとえば、オキシトシンは性差を問わず、相手への信頼や愛情を高める[*35]、記憶や学習能力を高める[*36]などの働きを促すことが示されている。近年、野生チンパンジーのオキシトシン濃度を測定した研究成果が発表され、血縁以外の個体への利他行動（毛づくろい）と関連するという[*37]。

オキシトシンの分泌は、身体接触によって高まることがわかっている。分娩後、母親のオキシトシン濃度は低下する。その後も養育に対する動機を維持していくためには、オキシトシンの分泌を継続的に促していくことが不可欠だが、それを可能にするのが乳児に授乳する、抱っこする、優しく撫でる、キスするなどの身体接触である。図８－３をもう一度見ていただきたい。内受容感覚と外受容感覚を経験する機会を豊かに提供するヒト特有の養育行動は、未熟な乳児の脳と心の発達を促進するだけでなく、養育する側のオキシトシンの分泌をも促進する。それにより、養育者は乳児に関わりたいという動機がいっそう高められる。

実際、ヒトを対象とした研究では、オキシトシン濃度が高い父親、母親ほど、乳児の目を長く見つめる、身体接触の頻度が多い、育児に積極的に関わろうとするという。[*38] また、育児中の父親のオキシトシン濃度を調べてみると、オキシトシンの分泌が多い方ほど育児に積極的に関わろうとする。面白いことに、育児中の夫婦の間ではオキシトシン濃度の変化が類似していて、母親のオキシトシン濃度が高く維持されている母親では、そのパートナーである父親、さらには乳児自身のオキシトシンの濃度も高くなっているらしい。[*39]

乳児の身体に接触する経験を豊かにもつことで、教え導かれる側と教え導く側の双方が快の情動を共有する。それによってもたらされる養育者の報酬系活動の高まりは、未熟な者を世話し、導きたいという動機を高め、認知的共感を基盤とするヒト独自の教育をいっそう促進すると考えられる。

3　ヒトの教育の進化と「共同養育」

ヒトの脳と心が創発、発達する背景には、養育者との身体接触を含む種特有の対人相互作用がある。発達初期のヒトの脳は、他者に抱かれ、授乳されたときに身体内部に生じる心地よさ（血糖値や神経伝達物質の上昇）と同時に、目を見つめ、声を聞き、匂いを感じる経験を同時に受ける環境の中で発達する。養育者から得る心地よさは報酬として機能し、他者に対する関心、欲求を高める。また、養育者の側にも、積極的に教え導こうとする経験によって、オキシトシンをはじめとする物質が放出され、乳児への関わりが動機づけられている。冒頭で記したように、生後すぐから養育者から学びたがる未熟な者と、未熟な者を世話し教えたがる養育者、両者が同時に機能することでヒトの教育は成り立っている。こうした生態学的制約のもと、ヒトは進化の過程で独自の子育て、教育を獲得してきたと考えられる。

ところで、第2節［3］で説明した脳発達の観点からヒトの養育行動について考えてみると、ある矛盾が存在することに気づく。ヒトが出産を開始する時期（第二次性徴から数年後）にあたる個体の前頭前野は、いまだ発展途上の段階にある。前頭前野の働きによるメンタライジングは、成人のそれと比べると未成熟なはずである。身体生理の面では生殖機能を成熟させていても、前頭前野についてはいまだ未成熟な発達段階にある個体が、乳児が置かれている状態を推論しながら適切な養育を行うことができたのだろうか。

ここで、興味深い仮説が浮かび上がる。ヒトは進化の過程で、前頭前野がいまだ成熟していない母親に代わり、成熟した脳をもつ所属集団のメンバーが共同で子どもの養育に関わってきたとは考えられないだろうか。「共同養育」（alloparenting）と呼ばれる生存戦略である。

ヒト以外の霊長類では、長子が母親から離れて自立し始める時期が、次子を出産するタイミングとなる。子どもが完全に離乳するまで、ニホンザルは生後一年、チンパンジーは四～五年ほどかかる。この時期を過ぎる頃から、子どもは母親以外の集団内の仲間と時間を長くすごすようになる。よって、ニホンザルの出産間隔は二年、チンパンジーの場合にはおおよそ五～八年である。[*40] しかし、ヒトの場合には、ニホンザルやチンパンジーのように「離乳＝自立の始まり」というわけにはいかない。ヒトの子どもが心身ともに自立するまでには、さらに長い年月を必要とする。脳の成熟にいたっては二五年以上もかかる。子どもが自立するまでにかかる養育負担は、ヒトでは他の生物に比べて圧倒的に大きい。にもかかわらず、ヒトは、子どもがまだ小さい段階で次子を出産することができる。では、自立していない子どもを複数、同時に養育することがなぜ可能だったのだろうか。

身体、脳と心の成熟にきわめて長い時間を要するヒトは、その成熟を待たずに出産を開始することで、できるだけ多くの遺伝子を残そうとしてきた。それを可能にしたのが、共同養育という形質であったと考えられる。しかし、高い血縁度にない個体に対して、なぜ内集団のメンバーが利他的に共同養育に関わることになったのだろうか。私は、ここにもヒト特有のメンタライジングと共感、とくに他個体と快の情動を身体的に共有するという特性が関与していると見ている。ヒトは、養育対象である子どもとの相互作用により快情動を共有するが、それだけではない。おそらく、養育に関与する者同士が協力し合い、養育経験を共有することによっても快情動の共感が起こり、それが血縁関係を超えたヒトの共同養育を成立させた一因であったと考えられる。

もちろん、この仮説は現時点ではお話の域を出ない。ただし確実にいえることは、長い時間をかけて発達するヒト特有の脳と心の働きという表現型は、ヒト特有の養育環境なしには獲得されなかったということだ。いまほど、ヒトは他者からの関わりによって支えられ、生かされている生物であることを再認識すべき時代はない。現代社会が抱えるさまざまな課題を客観的に分析し、解決への道筋を模索するための視座は、「生物としてのヒトとは何か」「ヒトらしさはどのように創発、発達するのか」という本質的な問いに向き合うこと、そして、次世代の脳と心の発達にとって真に適切な環境とは何かを科学的エビデンスに基づき議論することでしか得られないはずである。[*41]

第9章 教育・学習の基盤としての進化と文化

高田　明

二〇一八年九月、日本教育心理学会第六〇回総会において「教育の生物学的基盤——進化か文化か」と題するシンポジウムが行われた。タイトルの通り、このシンポジウムでは、教育の進化的、生物学的、文化的な基盤をめぐって、活発な議論が行われた。そこでの筆者の役割は、一一人目（最後）の指定討論者であった。筆者の順番がまわってくるまでにはすでに、本書の他の章の著者でもあるすばらしい論客たちが、深く、幅広い学識に基づいた話題提供と指定討論を行っていた。筆者はそれらと関連づけながら、教育の根幹について以前から考えていたことを、短い時間ではあったが、かなり率直かつ自由に述べさせていただいた。本稿は、そうした考えをさらに具体的に展開するものである。

1　ナチュラル・ペダゴジー

本シンポジウムの呼び水となったのは、近年の「ナチュラル・ペダゴジー」の主張とそれをめぐる論争である。そこで以下ではまず、ナチュラル・ペダゴジーに関する研究史をごく簡単に紹介する。[*1]

学習や教育に関する研究は、長い歴史と豊富な蓄積をもっている。一九九〇年代頃からは、こうした研究に新たな動きが表れ、周辺領域を巻き込んだ大きなうねりとなってきている。こうした動向を主導してきたのは、おもに心理学者たちである。ライプチヒにあるマックス・プランク進化人類学研究所のマイケル・トマセロはその代表格であろう。トマセロ[*2]は、ヒトは模倣（imitation）を基礎として生じる「文化学習」（cultural learning）を通して新しい発見・発明を共有し、それを歴史的に積み重ねることで他の動物種には見られない豊かで多様な文化を創り出してきた、と主張する。トマセロは、模倣を「提示者が外部の対象に向けて行った意図的な行為を再現すること」と定義し、子どもは生後九～一二カ月頃から意図的な行為とその結果の関係を理解できるようになると論じている。その後、徐々に表れてくる模倣学習をはじめとする重要な社会的認知スキルは、こうした意図の理解を基礎としているとされる。やはりこの分野を主導するジョルジ・ゲルゲリーらが提唱した、以下の「理性的模倣」（rational imitation）という概念にも、意図に関する上記のトマセロによる議論[*3]の影響が色濃く表れている。ゲルゲリーら[*4]は、一四カ月児を対象とした以下のような心理学実験を行った。まず、モデルとなる行為を提示する実験協力者が、①両手が使えない状態、および②両手が使える状態という二つの条件を設定し、それぞれの状態で、実験協力者がテーブルの上に置かれたスイッチを額で押すという行為を子どもたちに見せた。これはおそらく子どもたちがそれまで見たことのない奇異な行為であろう。ただし、一つ目の条件では、実験協力者が通常のように両手を使えないために額でスイッチを押したという推論が可能である。一方、二つ目の条件では、そうしたやむをえない理由は見当たらない。そして一週間後、同じ子どもたちを実験室に呼び、その前にスイッチを置いた。すると、①の条件を与えられた子どもたちの大半は、スイッチを手で押した。それに対して、②の条件を与えられた子どもたちの大半は、スイッチを額で押した。この結果は、子どもたちが、①の条件では実験協力者は両手が使えないので仕方なく額でスイッチを押したと考え、自分自身はより合理的な方法、すなわち手を使ってスイッチを押すという方法を選んだことを示唆する。ゲルゲリーらはこうした、モデルとなる行為の手段よりも意図を優先させた模倣を理性的模倣と呼んでいる。

さらにゲルゲリーらはその後、ヒトは明示的な意図を介して文化的知識を伝達する性向を普遍的に備えており、他の動物種には見られないこの「ナチュラル・ペダゴジー」が、ヒトの繁栄を可能にしたと論じるようになった。[*5] 彼らによれば、教育は、①教師にあたる個人による一般化しうる知識の明示的な表明、および②生徒にあたる個人による知識の内容についてのその表明の解釈、の双方を伴うものと定義される。[*6] この主張は、多くの人々がもっていた素朴な教育のイメージに合致するものだったようである。さらに、おもに学習者の側に焦点が当たっていた模倣の研究に、モデルとなる行為の提示者についての議論も導入・展開することで、それまでの研究の枠組みを大きく広げるものであった。トマセロらのグループも、その重要性を早くから認め、これに関する研究を展開するようになった。そしてトマセロやゲルゲリーの研究グループは、*Science* や *Nature*、*PRONAS* といった権威ある科学雑誌に毎年のように数多くの論文を発表し、隣接する研究領域に大きな影響を与えるようになった。こうした研究は、教育や学習に関する古くからの問題を最新の遺伝学[*7]、脳科学や神経科学[*8]、霊長類学[*9]、ロボット工学[*10]などの成果と結びつけて活発な議論を展開してきた[*11]。

2 教育に関する人類学的研究

そうした動向の中で、人類学者の動きは当初鈍かった。人類学者は、人間性についての包括的な意見を求められることが多く、教育に関する研究史にもかなりの貢献を行ってきた。それにもかかわらず、ナチュラル・ペダゴジーについては発言を控えているようであった[*12]。こうした沈黙はおそらく、人類学者がそうした研究動向に関連するような知見をもっていなかったからではなく、これまで人類学が長い時間をかけて繰り広げてきた主張とあまりにもかけ離れていたことから生じたものであった。

人類学の中でも最も積極的に教育にまつわる問題を論じてきたのは教育人類学である。教育人類学は、文化人類学の下位分野として二〇世紀のはじめにおもにアメリカで誕生した。こうした出自を反映して、教育人類学は教育を文化の一部として捉え、それが文化の他の諸側面ないし諸要素とどのように関わっているかを明らかにしようとする傾向が強かった[*13]。言い換えれば、社会の諸要素が統合され、機能的にリンクしているという仮定のもとにさまざまな社会を比較し、社会化がどのように達成されるのかをモデル化しようとした[*14]。教育人類学は、他の文化人類学の下位分野と同様に民族誌的手法とフィールドワークを主たる方法論としている。そして、学校で生じる出来事に限定せず、教育にまつわる事柄を幅広く研究の対象としてきた。初期の教育人類学は、学校と地域社会の連続性・非連続性や、教育の場における少数民族問題などを扱うことにより、西欧的な学校システムに収まりきらない文化伝達の過程について分析・考察を展開していった。さらに一九八〇年代以降は、西欧における「学校文化」にも研究対象を広げ、そこでの相互行為がどのように組織化されているか、またそうした学校文化が社会のニーズとどのように関係しているかなどについて分析・考察するような研究も現れるようになった。[*15] 教育人類学は、研究対象や理論的・方法論なアプローチを部分的に共有する「子どもの人類学」[*16]などと連動しながら、さらに発展してきている。

このように西欧的な学校システムを相対化するところから始まった教育人類学にとって、上記のナチュラル・ペダゴジーの主張は、西欧的な学校システムを本質化するものであり、教育人類学の研究成果を無視するもののように映ったことは想像に難くない。

一方、種間の比較から人の学習や社会的な再生産を論じようとする人類学者は、上記とはいくぶん異なる見解を示している。ミシェル・クライン[*17]は、動物行動学の観点から、教育を（教師にあたる）ある個人が（生徒にあたる）他者の学習を促進するためにみずからの行動を修正することと定義している。ここでは先に見たゲルゲリーらのもの[*18]よりも教育の規準は緩められ、教師にあたる個人が一般化しうる知識が明示的に表明されることも、生徒にあたる個人がその知識についての解釈を表明することも必要ではないことに注意しよう。この定義を採用すれば、少なからぬ研究者が、小規模な狩猟採集社会や農耕社会でも、教育にあたる活動や行為が認められることを示している。[*19]

3　制度、活動、行為

つまるところ、ナチュラル・ペダゴジーの主張をめぐる論争は、教育とは何かについての研究分野

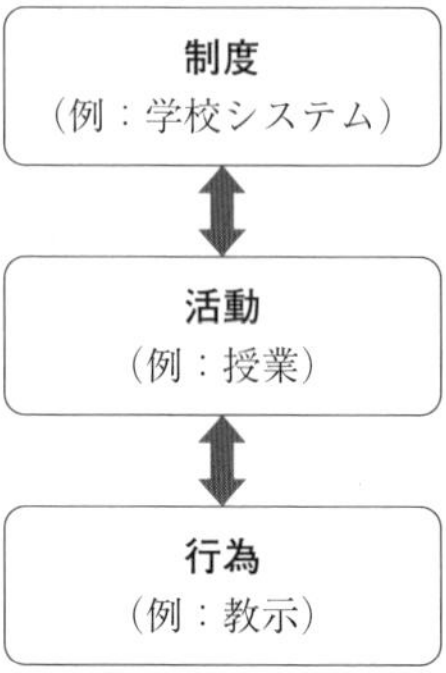

図 9-1　教育・学習の 3 つのレベル

間、研究者間の合意がないままに進行してきたのである。

そこから生じた（生じる）混乱を解きほぐすため、筆者は教育と学習をめぐる人類学の膨大な研究蓄積[*20]を、「制度」「活動」「行為」という三つのレベルに分けて整理することを勧めてきた（図9－1）[*21]。このうち「制度」という用語は、相互行為の参与者が共有する法律、規範、慣習のセットのことを指す[*22]。たとえば、学校システムはさまざまな法律、規範、慣習がセットになって、近代的な産業社会において確立された一つの制度だと考えられる。相互作用の参加者は、制度的な状況において行為を実行するとき、それに従う（例：手をあげて発言する）にせよ、抗う（例：教師の質問を無視する）にせよ、その制度を参照している[*23]。次に、「行為」という用語は、行為理論[*24]や会話分析[*25]、相互行為の人類学[*26]での用法に従って、相互行為の連鎖において一つひとつの発話が行っている働き（例：教示、質問、回答）を指している。私たちの日常生活ではしばしば、呼応する二つの行為のペアが認められ、用いられている。こうした行為のペアは、隣接対と呼ばれる。隣接対の例としては、挨拶－挨拶、質問－回答、要求－受諾・拒否、教示－受諾・拒否などがある[*27]。教師による教示とそれに対する生徒による受諾や拒否は、学校システムにおいてしばしば実践されている隣接対の例である。さらに「活動」は、制度と行為の間に位置する概念として特徴づけられ、その内にいくつかの相互行為の連鎖を含むことができる。学校システムにおいて設けられている授業は活動の例であり、その中に挨拶－挨拶連鎖や、複数の教示－受諾・拒否連鎖や質問－回答連鎖を含みうる。

初期の教育人類学や子どもの人類学は、これらのうちおもに「制度」のレベルでの考察にその強みを発揮してきた。もともと人類学者の多くは、近代社会における「コミュニティの成人の活動とは別に、子どもたちを指導する目的で創り出された特別な場所で、大人が熟練した技能を子どもたちに教える[*28]」という仕組み、すなわち学校システムのような制度が存在しない伝統的社会を研究対象としてきた。そこで人類学的な教育論は、学校システムのような制度なしにどのように社会の再生産が可能になっているのかを論じてきた。たとえば一九六〇年代頃から盛んになった狩猟採集社会の研究によれば、南部アフリカに住む、現代の狩猟採集社会として知られるサンでは、母親が長期間密着して乳幼児を養育し、両者の間には強い愛着が形成される。その後、子どもは多年齢からなる子ども集団に愛着の対象を移し、そこで長い時間を自律的・創造的な遊びに費やす。その過程で狩猟や採集といった生業活動に必要な技術や知識が身につく。したがって社会化という観点に立てば、法制化された教育のための機関がなかった狩猟採集社会において、密着した母子関係や子ども集団での遊びは、西欧の学校システムに比肩するような働きを担ってきた制度だと考えられる。[*29]

こうした主張を行った研究者の多くは、現代の狩猟採集社会の特徴は人類社会の始原的な姿を復元する鍵になると考えていたので、その含意は大きい。[*30]また、こうした視点をとれば、西欧社会の近代化や産業化に伴って成立した現代の学校システムは、とうてい普遍的な教育制度とは考え難い。[*31]

メンバーの社会化を通じてその社会の再生産を促す制度レベルでの仕組みとして広く教育を捉えるならば、伝統的社会か近代社会かを問わず、たいていの社会が何らかのそうした仕組みを備えているといえよう[*32]。いま必要なのは、そうしたそれぞれの仕組みが人々の生活実践の過程にどのように埋め込まれており、社会全体が急速に変化するなかでどのように再編されつつあるのかを明らかにすることであろう。たとえば現代では、世界中の大半の地域において学校教育が導入されてきている。しかしながら、その結果はさまざまである。ナンシー・モディアーノ[*33]は、メキシコのチアパス高原にあるマヤの村では、生徒はしばしば教師にひどくぶたれるため、両親が何とかして学校から子どもを助け出そうとすることにも不思議はない、と述べている。同様の関係は、しばしばサンの生徒とバントゥ系の教師の間にも認められる[*34]。近代社会にはさまざまな「国家のイデオロギー装置」が存在し、その中でも学校は最も支配的な国家のイデオロギー装置だといわれる[*35]。上記のマヤやサンのように教師から生徒に身体的な暴力が行使される場合に限らず、近代社会において学校は、既存の体制やそれを支える権力関係を維持、強化し、それに合致しないものを用心深く閉じ込めるために、さまざまな手管を用いて子どもに文化的恣意の体系を教え込み、子どもをその内面から変えていく装置としての働きを担っていると考えられている[*36]。

さらに近年では、上記のナチュラル・ペダゴジーの主張をめぐる論争を受けて、行為、活動レベルでは、狩猟採集社会においても教示（行為）や教授（活動）が見られることが指摘されている[*37]。デイヴィッド・ランシー[*38]のまとめによれば、近代以前の社会においては、教育は教室や教科書のあるところに限らず、子どもがそのコミュニティのより熟達したメンバーを観察し、見習う（emulate）ことができるところならどこでも生じていた。そして今日でも、大半の伝統的な村落では同じようなことが起こっている。こうした社会においては、たいてい遊びと労働ははっきりと分かれていない。これはとくに、狩猟のまねごとなどの生業に関連する遊びにあてはまる。たとえば、遊動時代のジュホアンでは、男の子たちは一二歳ぐらいになるまでほとんど大人から狩猟に関する正式な教示を受けることはなかった。しかしながら、その間に男の子たちは、生業に関連する遊びや焚き火を囲んで行われるおしゃべりから狩猟に必要な知識や技術の基本、すなわちさまざまな動物についての豊富な逸話やそうした動物を仕留める方法などについて、学んでいた。[*39] したがって、初期の研究が「遊び」として考えようとした事例にも、行為、活動レベルでの教示や教授は含まれている。[*40]

4　人における社会性のルーツと教育

明和政子の第8章では、私たちが他個体の心的状態を理解するとき、おもに「ミラーニューロン・システム」と「メンタライジング・ネットワーク（以下、メンタライジング）」という二つの脳神経ネットワークが関与すると論じている。ミラーニューロン・システムは、観察した他者の行為と自分の行為経験を照合し、その他者の行為を予測的に理解する仕組みで、上側頭溝、下頭頂葉、腹側運動前野の活動と深く関わっている。一方メンタライジングは、前頭前皮質を中心的な活動部位としており、ミラーニューロンの活動をトップダウンに抑制する。具体的には、文脈に応じて他者の心と自分の心を分離して表象し、認知的な推論を行う働きを担っている。これらの仕組みや働きについては、脳科学、神経科学、心理学などの研究分野において日進月歩で知識が積み上げられてきており、これからもさらに新たな知見や争点が展開されていくであろう。

本章での議論にとってとくに重要なことは、これらが種としてのヒトに特徴的な教育・学習と深く関わっていると考えられることである。ミラーニューロン・システムは、マカクでも確認されている。したがって、霊長類に広く見られる学習の基盤となっているのであろう。一方メンタライジングは、ヒトに特異的に備わっている認知機能だとされている。ヒトは、ミラーニューロン・システムをメンタライジングによって抑制することで、他の種には見られない「積極的教育」(active teaching)や「協力」(cooperation)を進化的に発達させてきたと考えられる。[*41] ただし、メンタライジングの中心を担う前頭前皮質は生後二〇年以上かけてゆっくりと成熟する。メンタライジングの仕方は、そうした個体発達の過程で、ゆっくりと習得されていくのである。明和[*42]はさらに、前頭前皮質がまだ発達の途上にある一〇代の母親は、メンタライジングが必要となる子育てにあたって、より成熟した他者(例：所属集団の複数のメンバー)の協力を必要とすると論じている。

こうした見方は、人における間主観性の発達に関する知見と整合的である。子どもの発達研究では、確固たる自己が現れる前に、自己と他者がはっきりと分化していない状態を想定し、これを現象学に由来する間主観性(intersubjectivity)という概念を使って論じている。コールウィン・トレバーセン[*43]によれば、情動的共感をもたらすような原初的な間主観性は誕生まで遡って観察できる。生後二カ月頃になると、母子が視線や音楽的な発声を交流させて達成する渾然一体とした関係性、すなわち第一次間主観性が見られるようになる。諸感覚がシンクロすることによって達成されるシンパシーは、この時期の子どもの行動を特徴づけている。その後、未分化だった諸感覚は、しだいに分化していく。生後九カ月頃になると、他者の行為にその意図を読み込み、モノを介して繰り広げられる関係性、すなわち第二次間主観性が観察できるようになる。乳児が他者の行為に読み取った意図をみずからの行為を通して再現する模倣は、この頃から可能になってくる。上述のように、メンタライジングの働きは長い時間をかけて発達していくと考えられる。その初期の重要な里程標の一つは、この時期に求められるだろう。第二次間主観性は、子どもが文化的に蓄積されてきた言語をはじめとする知識を獲得する基礎となる。言語の使用はまた、諸感覚を抑制したり、統御したりする働きと深く関わっている。エンパシー、すなわちみずからを他者の視点に置くことで、その情動的な状態を理解するという認知的な働きは、この頃から見られ始める。

また人類学においては、お互いに顔見知りで親族関係にある居住集団の構成員の間で重要な食料を平等に分配したり、道具などを共有したりすることが、狩猟採集社会を統御する中核的な規範となっていると考えられてきた。[*44] こうしたすぐに見返りを求めない利他的な交換は、一般的互酬性と呼ばれる。[*45] 一般的互酬性は、メンタライジングの働きによって可能になっており、集団間でのさまざまな互酬的なやりとりの基盤となっていると考えられる。[*46] 教育にまつわる行為、活動、制度もまた、そうした互酬的なやりとりから発展してきたと考えられる。ただし、極度に複雑化し、利害関係が入り組んでいる現代社会において観察される教育にまつわる制度、活動、行為を利他的な行動と見なすことができるかどうかは、自己と他者の定義によるだろう。そして、これについての議論を深めていくためには、そうした教育・学習にまつわる制度、活動、行為が誰（例：母親、教師、親族・民族集団、国家、市民社会）にとって利得をもたらすのかに関して、さらに民族誌的・人類学的な検討を進めていくことが必要であろう。

橋彌和秀の第4章では、「自我の成立／自他の峻別」を達成したうえで「自他の認識論的状態を均衡化しようとする傾向性」は、ヒトの本性であると示唆している。教育・学習にまつわる制度、活動、行為はこうした本性に根ざしている可能性があり、また「他者を内集団化する」機能をもっていると考えられる。これは内集団に属する他者との相互理解や協力を促進し、それらに立脚して文化・社会を成立させることで、ヒトの適応価を高めてきたのであろう。その一方で、内集団でも配偶者の獲得をめぐって同性間の競争は生じうるし、内集団における絆の維持は内集団に属さない他者に対する暴力性（例：外集団に対する偏見、食料などの資源獲得をめぐる外集団との争い）を内包している。これらは社会性動物の桎梏であり、そのヒトにおける特徴的な形を明らかにすることは今後の重要な課題である。豊富な民族誌的・人類学的事例は、「遊び」が内集団内での相互理解や協力、配偶者の獲得をめぐる競争、および内集団と外集団との間の競争のいずれをも促すことを示している。この点で、さまざまな遊びについての民族誌的・人類学的事例の検討を進めることは、ヒトの社会性の根源に関する議論の経験論的な基盤を強化するだろう。*47

5　社会的学習再考

相互行為を精緻に分析すると、遊びと教育や学習の間には、しばしば共通する特徴や連続的な変異が見られること、また教育と学習はしばしば同じ行為、活動の二側面であることがわかる。たとえば高田明*48は、グイ／ガナの多年齢からなる子ども集団で頻繁に行われる歌・踊り活動について、以下のような分析・考察を行っている。多年齢子ども集団で行われる歌・踊り活動は、グイ／ガナの女性たちが長い間継承してきた歌・踊り活動と共通の構造をもっている。そして、子どもたちが歌・踊り活動を展開する過程では、三歳の幼児も適切な役割を果たしていた。すなわち、年長の子どもたちは

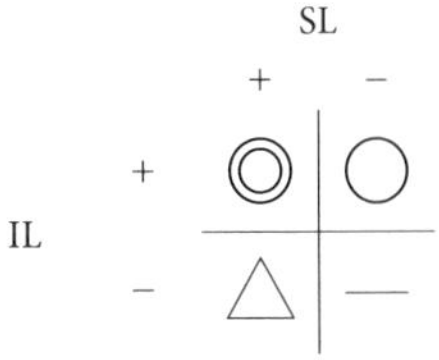

図 9-2　社会的学習（SL）と個人的学習（IL）

（注）IL：それぞれの個人内で生じる学習のプロセス，SL：社会的な状況で生じる学習。

その幼児にごく簡単に踊るように指示しただけだったにもかかわらず、その幼児は、歌・踊り活動の展開に沿って、適切かつ創造的な踊りのステップを披露できていた。このように、子どもたちは歌・踊り活動に参加することを通じて、文化的に形成された歌・踊り活動の構造を参照しつつ、主体的に相互行為を展開することができる。そして、そうした相互行為においては、教えることと教わること、学ばせることと学ぶことは切り離せない。

　こうした観点から高田[*49]はさらに、社会的状況において生じる「社会的学習」（図9－2ではSLと表記されている）の有無とそれぞれの個人内で生じるプロセスとしての「個人的学習」（図9－2ではILと表記されている）の有無を組み合わせることにより、学習を以下の四象限に分類することを提案している（図9－2）。アーヴィング・ゴッフマン[*50]の定義によれば、社会的状況とは、「お互いにモニターが可能な環境、すなわちどこであれ、ある人がそこに『いる』すべての他者のナマの感覚に接近でき、他者たちもその人に接近できることがわかる環境[*51]」のことを指す。また個人的学習は、行動、認知、および神経構造の変化として観察できると考えられる。図9－2は、個人的学習と社会的学習がしばしば同時に発生することを示している。つまり、日常生活においては、個人的学習が起こっているときはたいてい社会的学習も起こっている。ただし、個人的学習は非社会的状況、つまり、行為者が相互に接近可能な相手を見つけることができない環境でも発生する。誰も見ていないところで試行錯誤を繰り返して、学習が進んでいくような場合である。個人的学習も社会的学習も発生しない場合には、定義上、学習は起こっていない。例外的なケースとしては、個人的学習が起こっていない、つまり、個人内で学習プロセスが生じていないのに社会的学習が起こったと見なされる場合がある。これは、ある人が相手の特定の行為や状態をその人の学習によるものと帰属し、それをその人が認めるような場合である。たとえば、野球の解説者があるプレイヤーのバッティングを（そのプレイヤーが実際には行わなかった）練習の成果だと述べ、それをそのプレイヤーが認めるようなケースが考えられる。

私たちの集合的な行為パターンの多くは、社会的学習、すなわち社会的状況において協力的で適切な行為を行うことを促す教育・学習を介して形成され、それが積み重なることによって制度化されていく。したがって社会的学習は、そうした社会的状況をつくり出し、さらにはその社会を維持する働きも担っているのである。[*52] また、種としてのヒトが進化的に成功した（＝多くの子孫を残してきた）理由の一つは、現生人類（*Homo sapiens sapiens*）が社会的学習を促進するシステムを発展させたためだと考えられている。すなわち、現生人類は社会的状況で生じる学習を促進し、支援する仕組みをもっているが、それ以外の種は、進化的に現生人類と最も近い隣人であったネアンデルタール人（*Homo sapiens neanderthalensis*）でさえ、そうした仕組みを発展させてこなかったというのである。[*53] たとえば、さまざまな狩猟採集社会に見られる多年齢からなる子ども集団は、社会的状況での学習を促進する仕組みとして非常に優れている。また学校システムは、産業化後の社会でも同様の機能を、ただし、狩猟採集社会とはかなり異なる方法で提供している。[*54]

今後は、さまざまな社会的学習のあり方を可能にしている進化的、社会制度的、相互行為的なシステムをさらに明らかにしていくことが求められるだろう。たとえば、ある制度への（一回とは限らない）参加やその制度からの（一回とは限らない）退出は、その個人と集団にどのような利得構造をもたらすのだろうか？　また、教える側と教わる側の利得のずれを縮減し、両者の均衡点を探るプロセスとして各種の教育制度と実践の事例を再考できないだろうか？　こうした試みは、人間の社会性についての理解を刷新することにつながるだろう。

第10章 教育の進化を考える

長谷川眞理子

1 はじめに

本書のもとになったシンポジウムが開かれたのは、二〇一八年だった。筆者はそのときに少し話をしたので、本書にも執筆することになったのだが、学習や教育の進化という大問題について、とても実証的に論じることのできる立場にはない。実証的な研究に基づく論考は、本書の他の執筆者の章を参照していただきたい。ここでは、筆者がどうしてそんなことを問題にするようになったのか、その背景を説明することで、全体像がより把握しやすいようになり、次の世代のより多くの研究者が、この問題に取り組んでくれることを願いたいと思う。

2 日本人間行動進化学会の設立

筆者は、もともと自然人類学の出身である。自然人類学とは、ヒトという生物がどのように進化したのかを探る学問領域である。文化人類学という学問領域があるが、こちらは、ヒトのさまざまな集団がもっている文化を記述し、分析する学問であり、自然人類学とは異なる。自然人類学が理系の生物学の中に収まっているのに対し、文化人類学は人文社会系の学問である。筆者は、この二つの領域は、そろそろ同じ土台の上に融合したらよいだろうと思っている。

一方、筆者の夫の長谷川壽一は、もともと心理学の出身である。心理学は、人間や動物の心と行動がどのような仕組みで動いているのかを探る学問だ。しかし、日本では伝統的に、心理学は文学部の中に位置づけられている。

筆者ら二人は、学部時代以来、一緒に研究を進めてきたのだが、ずっと双方の研究に関する会話を続けているうちに、人間の心理や行動も、進化の産物であると考えるならば、心理学はもっと進化的な考えを取り入れなければならないし、自然人類学は、人間の心理や行動についても論じるべきである、と考えるようになった。その点で、理系と文系の分断などは無用なのである。

そんなふうに考えるようになった頃、いろいろなきっかけがあり、一九九六年に、こんな考え方に賛同してくださりそうな、さまざまな分野の研究者を招待して研究会を行った。当時は、たとえば経済学の中にも、従来の経済学とは違って、実際のヒトの行動を実験的に観察することによって経済的な意思決定に関して研究しようとする新しい分野（実験経済学、行動経済学）が創設されつつあった。

そんな分野の方も、学習心理学、哲学、言語学、社会心理学、法学などの方々もお呼びして行った研究会は大変に面白いものだった。

その経験をもとに、一九九九年に人間行動進化学研究会を設立した。人間の行動と心理を進化の視点で考えるということになると、自然人類学、進化生物学などの理系の学者はもとより、多くの、いわゆる人文社会系の研究分野の人々を巻き込むことになる。毎年、そんな研究会を開催していくうちに、これを学会にしようということになり、二〇〇八年から、日本人間行動進化学会が発足した。本書の編者であり、著者でもある安藤寿康先生は、その当初から主要メンバーとして活躍していただいている。

しかし、安藤先生との初期の頃の会話をよく覚えているのだが、「人間における教育、学習というのは、なかなか進化では論じられませんよね」という話題が多かった。ヒトを含む動物一般の学習過程については、学習心理学がさまざまな研究結果を得ている。また、教授学習過程については、教育心理学において研究されてきている。しかし、それらを進化的観点から論じた研究者はいなかった。一方、子どもや大人のIQ測定や、知能の遺伝に関する研究も膨大な数の蓄積があるのに対して、それらを進化的な観点から論じたものは皆無であった。

とくに安藤先生が専門とされている行動遺伝学は、IQなどの人間のさまざまな能力を測定し、それらの測定結果に対する遺伝的寄与について分析しているので、そのことが進化とどのように結びつくのか、かなり難しい問題であった。そんな大きな障壁を乗り越えて、どのようにして学習や教育の問題を進化的に解析するか、安藤先生はその問題にずっと取り組んでこられて、現在がある。そのご努力に感謝したい。

筆者らが続けてきた試みは、現在は、進化心理学、人間行動進化学として開花している。本稿は、そのような枠組みでの、教育の進化に関する考察である。

3　あらためて「ティンバーゲンの四つのなぜ」

一九七三年のノーベル医学・生理学賞が、フォン・フリッシュ、コンラート・ローレンツ、ニコ・ティンバーゲンの三人に贈られたことから、動物行動学が脚光を浴びるようになった。動物がどのように行動し、その行動が引き起こされるもとには、どんな神経機構があるのか、ということを探る研究領域である。フリッシュはミツバチが蜜のありかをどのようにして仲間に伝えるかの研究、ローレンツは、水鳥のヒナが、孵化後に最初に見たものに対して愛着を形成する「刷り込み」という現象についての研究、ティンバーゲンは、カモメのヒナが、親の嘴にある赤い小さな点を目がけてつついて餌ねだりの行動をするといった、特定の行動を解発する刺激があることに関する研究などで有名だ。

その後、動物の行動に関する研究はおおいに発展したが、行動の研究といってもさまざまなアプローチがある。それらを整理したのが、「ティンバーゲンの四つのなぜ」と呼ばれるものだ。動物がある行動を見せるのに対し、それは「なぜ」なのだろう、という疑問をもったとき、その「なぜ」に答えるアプローチは四つある、というのだ。

一つは、動物にそのような行動を起こさせている神経、内分泌などのメカニズムの研究である。これを、至近要因の研究という。もう一つは、動物が育つ過程で、どのような経路を経てその行動が完成されるのか、その発達の研究である。これを発達要因という。三つ目は、そんな仕組み自体がなぜ進化してきたのか、進化上の機能を問う研究である。これを、究極要因の研究という。そして最後に、その行動は、もともとどのような行動から派生して進化してきたのかという、系統的な研究もありうる。それを、系統進化要因と呼ぶ。

このようにして見ると、分子生物学、神経科学、内分泌学、学習心理学など、生物の行動や心理に関するじつに多くの領域は、至近要因の探究を行ってきたのだということがわかる。また、発生学、発達心理学などの領域は、発達要因の研究をしてきた。そして、第三の究極要因の研究というのは、チャールズ・ダーウィンの進化理論の提出の後、長きにわたって、あまり進展してこなかった。それが花開いたのが、フリッシュらのノーベル賞受賞の後に発展した行動生態学という分野である。

行動生態学は、動物の行動を、ある状況下でとりうるいくつかの行動「戦略」の中での選択の結果であると捉え、なぜそのような状況下でそのような戦略が選択されるのかを分析する。選択される理由は、そのような状況下で、その個体の生存と繁殖に最も有利だからである。行動生態学のアプローチは、研究の歴史からいえば最近のものであり、神経科学や内分泌学などの歴史よりもずっと浅い。このアプローチがあまり浸透していないとしても、不思議はないと思える。

四番目の系統進化の問題は、あまりなじみがないのではないだろうか。当初、ティンバーゲンが挙げていた例には、ニワトリのオスがメスに対して求愛するとき、頭を下げて地面を足で引っ掻くような動作をするが、その起源は何か、というのがある。この行動の起源は、足で地面を引っ掻いて餌を探し出し、それを相手（ヒナ）に差し出して食べさせる、という行動であった、という分析だ。現在見られるある行動が、進化的にはどのようなオリジンをもっているのか、という研究である。現在の状況で広まっている形質が、それ以前の状況では異なる機能をもって使われていたという、前適応の考えに近いものである。

進化心理学や人間行動進化学では、第三のアプローチに基づき、人間がある行動をとるとき、それがなぜ選択されるのか、なぜそれを選択するように心理が働くのか、その機能と効用を研究する。そのときに大事なことの一つは、進化的基盤があるとして分析するのは、行動のどのレベルであるかを見極めることである。

食べ物の嗜好を例にとると、人間は甘いものも、塩辛いものが好きである。そこで、採食行動の進化を考える場合、ある特定の食品や料理を取り上げて、なぜ人間はそれが好きなのか、と問うのは間違いである。ハンバーガーが好きな人もいれば、フライドチキンが好きな人もいる。しかし、そんな料理など存在しない文化もある。それでも、人類として見たときに普遍的に抽出される好みは何なのか？　それは、甘いもの、塩辛いもの、脂肪である。そうである進化的理由は、甘いものはいますぐに役立つカロリー源であり、塩辛いものは筋肉を動かすナトリウム・イオンのもとであり、脂肪は、いますぐに使えるカロリー源であるとともに、蓄えておけるカロリー源であるからではないか。このような食品に対する好みは、人類進化史で非常に貴重でありながら、それほど手に入ることのなかったものに対する好みとして進化したのだと考えられる。

それと同じように、たとえば、仏教など、ある特定の宗教の神を信仰することはなぜなのか、という問題設定は、進化的には間違っている。そうではなくて、問題設定はもっと一般的に、「人間はなぜ神を信仰するのか」「なぜ宗教というものが存在するのか」といった大きなものであるはずだ。仏教の文化で育った人は、たいていはそのまま仏教徒になるが、大人になってキリスト教に変更する人もいる。それでも、普遍的に見られるのは「神に対する信仰」ということだろう。ヒトはなぜ、自分の力の及ばない事象を解決してくれる「何者か」、という存在を信じたいと思うのだろうか？　進化的基盤としては、そのような大きな枠組みを問題にするべきであろう。

4　学習と教育を進化的に考える枠組み

そうしたことを考えて、学習と教育の進化的基盤は、どのように探求したらよいだろうか？　ここで興味深いのは、「学習」についてはいろいろな神経基盤や動機づけやＩＱなどの結果の測定についてて膨大な研究があるものの、「教育」については、教育学以外に、理学的な研究がほとんど見当たらないことである。このこと自体が、学習が動物一般に見られる行動であるのに対し、教育が人間行動の、しかも狭い特定の行動にすぎないことを物語っている。

学習とは、みずから動くことのできる動物という存在が、一生の間に遭遇するさまざまな不確かな状況にどのように対処し、みずからの生存と繁殖に役立つように行動を変容させるのか、ということであろう。だから、学習は、動物という分類群には属さないが、みずから動くことのできる原生生物などにも見られるのである。目まぐるしく変化する環境では、刺激に対して固定的・定型的に反応しているだけで、うまく生存・繁殖が可能になることは、まずない。そして、学習に関わる神経メカニズムやその作動原理は、鳥類でも哺乳類でも共通なところが多い。だから、ハトやラットで行われる実験が、ヒトの学習機構の解明に役立つのである。そういう意味で、学習の進化的基盤については、比較的容易に研究がなされうるはずである。

一方、教育はどうか？　教育とは、広義にいえば、個体から個体への情報伝達である。ある新規な情報をもっている個体から、それをもっていない個体への情報伝達という意味では、ヒト以外の動物でも、それは多く見られる。サルなどの社会性の動物が、捕食者のような危険な存在の接近を仲間に教える警戒音もそうであるし、ハチなどが餌のありかを仲間に教える行動もそうである。

しかし、教育といった場合、このようなたんなる情報伝達以上の何かがあると、誰もが思うに違いない。それは、ある事柄を熟知し、多くの経験を積んだ個体、ほとんどは年長の個体が、いまだそのような経験や知識をもっていない幼生個体に対して、その対処の術を伝授する、ということだろうか。そのような観点で見ると、ほとんどの動物に教育は見られない。それは、第一に、各種動物の大人の個体が、それほど複雑な知識と経験のもとで行動しているわけではないので、未経験個体は、自分自身の個別学習だけで十分に対処していけるからであろう。

それでも、生存に密着した重要な行動の習得が比較的困難であり、それを習得した年長の個体が教育を行うことで、次世代の生存確率が有意に上昇する、という事態はありうるだろう。その点、食肉目のネコやミーアキャット（スリカーター）における、捕食行動の「教育」と思われる行動は貴重な事例である。

教育には、教育する側に時間的・エネルギー的コストがかかる。行動生態学的に考えれば、そのコストを費やしても「教育」という行動が進化するには、教育される側にとっては、された場合の学習効率が、されない場合の個別学習による学習効率を有意に上まわり、する側にとっては、教育した方が自分自身の包括適応度が上昇する、という条件が必要である。そのような条件が満たされる場合は、動物界一般ではかなりまれなのではないだろうか。それが、動物の社会で「教育」と思われる行動がほとんど見られない理由なのだと考えている。

5　ヒトにおける教育の進化的基盤——創発的性質としての「教育」

ヒトは、かなり奇妙な動物である。体重の二パーセントにも達する脳をもち、内部でかなり複雑な関係性を有する集団を形成し、その集団内で共同繁殖を行うが、子育てには非常に長い時間と多くのエネルギーを要する。

現代のヒトのほとんどは、義務教育が必須であるような国民国家の法制度のもとに暮らしている。このような現代社会では、教育は当然の行動であり、教育に特化した職業も多々存在する。しかし、このような事態は、ヒトの進化史でいえばごく最近のことにすぎない。

ヒトは、人類進化の過程でどのような「教育」を行ってきたのだろうか？　文化人類学による、さまざまな文化の研究によれば、大人から子どもへの教育があまり見られない社会は、かなり多い。ヒトの進化史のほとんどを担ってきた生計活動である狩猟採集を主とする社会を見ると、あまり体系だった教育は見られないことが多いのである。そのような社会が現代社会への急速な変革を経験し、たとえば自動車の運転などが当たり前に行われるようになったとしても、これも誰も積極的に教えない、習いたいと思う個人が見様見真似で習熟していく、という社会もあるのである。

義務教育という制度がつくられたのは、ごく最近の一九世紀後半である。国民国家が形成され、富国強兵の思想が行きわたるとともに、国民全体の教育レベルを上げる政策が働いて、義務教育制度がつくられた。その後の社会で義務教育から高等教育へと広がり、いまや先進国の社会では、教育は当然のことである。しかし、この状況を大前提として、広範囲で大規模にわたる教育が人類の特徴だと考えてはいけないだろう。

筆者は、「教育」という行為は、ヒトが備えているいくつかの認知機能が組み合わさった結果、創発的に生じる行為であり、それがどのように発現するのかは、文化的・社会的環境によるのだと考えている。教育という行為に直接的に関わっている遺伝子は存在しないだろう。

つまり、筆者がいいたいのは、ヒトにおいて、「教育」という行為自体に進化的圧力がかかり、それが進化してきたのではないだろう、ということだ。教育という行為を可能にさせている、いくつかに分解される社会的能力があり、そのそれぞれに進化的圧力がかかり、それらが進化した。それらが進化した結果として、最終的に、創発的行動として、「教育」という行為が可能になったのではないか。それは、先に挙げた食肉目などにおける「教育」行動の進化とは、本質的に異なる筋道を辿ってできたものではないのか、と思うのである。

ヒトにおいて、教育という行動が創発するために、第一に重要なのは、「心」の共有である。ヒトは、相手が何を知っていて、何を欲しているのかを推測することができる。そこまでは、ヒトに最も近縁な動物であるチンパンジーにも可能だ。しかし、ヒトはさらに、「あなたが〇〇をしたいのだということを私は知っている、ということをあなたは知っている」というように、心の理解が入れ子構造になっている。それが大前提であるので、教育者の側は、相手が何をしようとしているのかがわかり、それを伝えようとする。同時に、教えられる側も、相手が何を自分に伝えようとしているのかをおのずと理解する。このような「心」の状態の共有がなければ、ある特定の状況を超えて、広くさまざまな状況下で教育という行為が起こることはないだろうと思うのである。

次に、そうして、無知・未経験な個体に対して、知識をもつ個体が知識を伝授することが「快」と感じられねばならない。それと同時に、知識を授けられた側も、それを快と感じねばならない。そうでなければ、知識を伝授するのは苦痛であり、知識を教えられるのは迷惑となるだろう。実際、現代の社会においても、そういった状況は起こりうるのである。

先のシンポジウムでは、そのような観点から見て、ヒトという生物の社会的・発達的認知の構造はどうなっているのか、それを解明してほしいと提言した。その結果の一端が、本書の各章に表れている。教育の進化的基盤についての研究が、次世代の研究者たちによってさらに進展し開花することを期待したい。

おわりに

本書は学校教育や学校的な形での教育を教育のプロトタイプと誰もが認識する現代社会において、教育のそもそもの由来を科学的に問うことを目的とした。その手がかりとなる論考を提供してくれたのが、学校教育を前提としないで成り立ってきたヒトの圧倒的長さの文化史において存在してきた、まさにヒトのプロトタイプとでも呼ぶべき狩猟採集社会の学び方のあり方を知る文化人類学をフィールドにもつ研究者（亀井、園田、高田）と、そのヒトが地球上に存在する前の祖先を共有する霊長類をはじめ動物の進化からヒトの行動・認知と発達に関心をもつ研究者（小田、橋彌、明和、中田・竹澤、長谷川）、そしてそうした諸分野の知見を踏まえながら人間の文化伝達や教育について考察を続けてきた研究者（中尾、安藤：各氏敬称略）の、それぞれの独自の視点からの考察であった。

こうして全体を眺めると、もともと進化か文化かという二項対立の問題設定を出発点として、一見対立するかと思われた視点が、じつは基本的には同じ土俵の上で、教育の本質を見極めようという共通の関心をもっていたことに気づく。亀井氏が本書の冒頭の章で示唆してくれたように、教育を生物学的基盤や文化史的原点が示す何か一つの原理に還元して理解したつもりになってはならないという教訓を踏まえつつ、進化と文化の両視点から生まれるいわば弁証法的止揚を試みてみたい。

本書を通じて明らかになったことは、教育とは、それが学校的であろうがなかろうが、ヒトを特徴づけるユニークな学習の様式であるということであろう。それはヒトに進化的・遺伝的に最も近い霊長類であるチンパンジーや、おそらくネアンデルタールにも見出すことのできない学習様式であり、その進化的基盤や認知的、神経科学的根拠も示しうる現象である。同時にそれが「教育」という言葉や概念をもつ以前の、人類史的起源にまで遡って見届けることのできる事象でもあることが明らかにされた。

教育についての学術的な議論は、もっぱら思想や文化、制度、社会という視点から人文社会科学の領域でなされ、ともすればどうすればよい教育たりうるかという価値をめぐる議論に陥りがちであるが、このヒト特有の営みである教育について生物学や人類学の視点から科学的に考えることを通して、そもそもヒトとは何か、人間とは何かという根源的な問いに、新しい視点が与えられることに、読者はお気づきになられたのではないだろうか。

本書が全体を通していみじくも明らかにしたことは、教育が個人を超えた営みとして生物学的にも文化的にも機能しているということであろう。それが橋彌氏では「認識論的共通基盤」あるいは「認識論的均衡化仮説」、中田・竹澤氏では「累積的文化進化」という捉え方で、それぞれ異なる切り口から明らかにされている。教育という営みは、そもそも自と他の対立を越えた地平で成立している営みなのではなかろうか。

今日の教育談義が、学習者中心主義を重視するようになったのはけっこうだが、そうした議論が陥りがちなのが、教える側が学習者の上に立って強制的に何かを教え込むエージェントとして悪者扱いされて語られるようになっていることである。そして教育者がそのような「強制」を廃し、学習者が自律的にアクティブに学習できるよい教育環境を設計するかという観点からしか論じられなくなっている。教育のもつ暴力性への危惧は橋彌氏も指摘していることで、忘れてはならない。しかし教育の発生は、園田氏も指摘しているように、上から教えるなどという積極的働きかけのない教育的無関心の中で立ち現れ、そうした場で学習者が手放しの自律と異なる大人との共同作業への参画の中に見出される。そしてその進化的な機能としては、小田氏が指摘するようにニッチ構築がある。さらにそこにおいて、中田・竹澤氏が描写した累積的文化進化が、集団サイズや課題の困難さの一定の条件下において起こりうる。

こうした形で立ち現れた教育行動の生物学的な特徴は、小田氏がくわしく説明するように互恵性であり利他行動である。それは橋彌氏と安藤が拠って立つカロとハウザーの教育の定義の第二条件（教師には直接的利益がなく、コストを払う必要すらある）に明記されている。

このような利他行動としての「教える」行動の究極要因としてニッチ構築があるとしたら、その至近要因としてその脳神経基盤の特質がいくつか指摘できる。第6章では安藤がワーキングメモリの発達を指摘したが、とくに注目されているのが、第8章、第9章で明和氏や高田氏が触れたミラーニューロンとメンタライジングの機能である。これらに支えられ、ヒトという動物は他者から学びたがり、他者に教えたいという欲求を自然にもつのである。

本書の中で橋彌、安藤、中田・竹澤、高田の各氏がヒトの教育による学習の基盤として繰り返し取り上げたのがナチュラル・ペダゴジーである。それほどまでにこの主張はインパクトがあり、いまや拡大解釈されて一人歩きすらする傾向にすらある。だからこそ中尾氏のナチュラル・ペダゴジー批判は傾聴に値する。チブラとゲルゲリーが実験的に示したこの現象は、年齢も文脈も限定的であり、また多様な解釈の余地を残したまま、その後の研究の進展は必ずしも見られていない。心理学の再現性問題はここにも存在し、この理論の普遍性に期待しつつも、その一般化可能性には慎重であるべきであろう。

教育は常に時間的にも場所的にもローカルな日常空間の中でなされており、それに関わる営みは近視眼的になりがちである。細部が見えなければ全体は意味を成さないということはある。しかし全体が見えなければ細部の意味が読み解けないという逆の教訓もある。学校はおろか教育という概念そのものがない社会、したがって教育的な関心を明示的に認められない（だから教育はないと言われてきた）狩猟採集社会からの、それでも教育の夜明けともいうべき大人と子どもとの相互作用を描いた園田氏の報告は、その意味できわめて意義深い。この報告事例をヒントに、生態的状況が明らかにかけ離れたいま学校教育に導入されつつある教授方法としてのアクティブ・ラーニングへの応用を考えようとするのは、短絡的にすぎるだろうが、その本質を考えるうえで、この考察は避けることはできないだろう。

「教育」というビッグワードに単一のものはなく、その発生を何か一つの究極要因や至近要因に還元できるものではない。高田氏が教育を「行為、活動、制度」の三レベルに概念を区別してくれたことは、教育という複雑な営みを科学的に整理して議論するうえで示唆的である。そもそも中尾氏が教育の進化的・発達的起源をナチュラル・ペダゴジーへ還元させることに強く警戒するのも、教育が示す文化伝達の学習様式が多様性に富むことを忘れてはならないというメッセージが込められている。それは社会的機能としてもそうであるし、それを成り立たせている認知的、神経学的基盤も、多様なものが合わさったものから成り立っている。その意味で、長谷川氏が指摘するように教育に進化的起源を見出すよりは、多様な社会的能力の創発と見る見方の方が主流であることは認めざるをえない。

とはいえ教育という営みは本書でも繰り返し指摘されるように、歴史的にも文化的には普遍性をもち、しかもヒトのもつさまざまな認知機能が同時多発的にあまりにも都合よく教育を可能にさせ、重要な適応的、創造的機能を果たしていることを見ると、むしろ教育という言葉でくくられる営みの総合物が、一つの機能をもった生物学的器官のように思えてくる。それはあたかも角膜、虹彩、瞳孔、水晶体、硝子体、網膜などがそれぞれ独立に進化したのでは目という組織は形成されず、光刺激を情報処理する機能に集約した創発だったのと似たものと考えたくなる。この問題は読者に委ねる。

教育はともすれば現代社会において聖域と見なされがちで、他の社会的活動（経済、法律、政治など）と切り離され、独自の閉鎖空間の中の営みとなっている。その壁に窓を開け、風を通し、外の景色を眺め、扉を開けて出入りできるようにする、同じ空気を吸う、部屋の空気を外に放つことが必要なのではないだろうか。本書で論じられた教育の切り口は、まさにそのような役割を果たすものであると思われる。

編者の怠慢から、シンポジウムと原稿の執筆からとりまとめまでにかなりの時間が経過してしまった。執筆者の方々は最先端の研究に従事されている方ばかりで、その内容には執筆後に更新された部分もあると思われる。しかしこの内容でもすでに十分に問題提起の意味があると判断し、この形で刊行することにした。

ちとせプレス社長の櫻井堂雄氏は、一〇年ほど前に企画者がこのテーマを学会で発表したときから関心を寄せ続けてくださり、そのおかげで出版にたどり着くことができた。心よりお礼を申し上げるしだいである。

本書が今日の教育をめぐる議論の海に、新たな一石を投じることができれば幸いである。

information: From nosy neighbors to cultural evolution. *Science*, *305*(5683), 487-491.

第 8 章

図 8-1，8-5　明和政子 (2006).『心が芽ばえるとき ── コミュニケーションの誕生と進化』NTT 出版

図 8-2，8-11　明和政子 (2019).『ヒトの発達の謎を解く ── 胎児期から人類の未来まで』筑摩書房

図 8-3　明和 (2019).

Atzil, S., Gao, W., Fradkin, I. & Barrett, L. F. (2018). Growing a social brain. *Nature Human Behaviour*, *2*(9), 624-636.

図 8-6　明和政子 (2018). インタビュー記事「ヒトの学びは，他者からの承認や喜びの共有が土台」『Learning Design』11-12 月号，日本能率協会マネジメントセンター

イラスト：オカダケイコ

図 8-9　明和 (2019).

Morita, T., Asada, M., & Naito, E. (2016). Contribution of neuroimaging studies for understanding development of human cognitive brain functions. *Frontiers in Human Neuroscience*, *10*, Article 464.

図 8-10　Gogtay, N., Giedd, J. N., Lusk, L., Hayashi, K. M., Greenstein, D., Vaituzis, A. C., Nugent, T. F., 3rd, Herman, D. H., Clasen, L. S., Toga, A. W., Rapoport, J. L., & Thompson, P. M. (2004). Dynamic mapping of human cortical development during childhood through early adulthood. *Proceedings of the National Academy of Sciences of the United States of America*, *101*(21), 8174-8179.

図表の出典

記載していない図表は筆者作成。

第3章

図 3-1　Seaborne, M. (1971). *The English school: Its architecture and organization 1370-1870*. Routledge & Kegan Paul.

図 3-3　写真：萩野泉氏。

図 3-6　Mehan, H. (1979). *Leaning lessons: Social organization in the classroom*. Harvard University Press.

図 3-8　Lancy, D. F., & Grove, M. A. (2010). The role of adults in children's learning. In D. F. Lancy, J. Bock, & S. Gaskins (Eds.), *The anthropology of learning in childhood* (pp. 145-179). AltaMira Press.

第4章

図 4-1　Meng, X., & Hashiya, K. (2014). Pointing behavior in infants reflects the communication partner's attentional and knowledge states: A possible case of spontaneous informing. *PLoS ONE*, *9*(9), Article e107579.

図 4-3　Meng, X., Uto, Y., & Hashiya, K. (2017). Observing third-party attentional relationships affects infants' gaze following: An eye-tracking study. *Frontiers in Psychology*, *7*, Article 2065.

第5章

図 5-1　オルドワン石器：Wikimedia; アシュール石器：筆者撮影，南山大学人類学博物館蔵。

図 5-2，5-3，5-4　イラスト：オカダケイコ。

第6章

図 6-1　Danchin, É., Giraldeau, L.-A. Valone, T. J., & Wagner, R. H. (2004) Public

明和政子 (2019).「心の発達と教育の進化的基盤」『教育心理学年報』*58*, 284-285.

42 明和 (2019).

43 Trevarthen, C. (1990). Signs before speech. In T. A. Sebeok & J. Umiker-Sebeok (Eds.), *The Semiotic web 1989* (pp. 689-755). Mouton de Gruyter.

44 Lee (1979).

Tanaka, J. (1980). *The san: Hunter-gatherers of the Kalahari, a study in ecological anthropology*. University of Tokyo Press.

45 Sahlins, M. D. (1972). *Stone age economics*. Aldine.

46 狩猟採集社会よりも大規模で複雑に制度化された社会において見られる均衡的互酬性（1 回きりの互酬で等価な交換を行う。物々交換や貨幣の使用など）や否定的互酬性（自分の損失なしに利益を得る交換。横領や詐欺など）もまた，一般的互酬性との関連で理解されるべき概念であろう。均衡的互酬性は，より限定した時間的な範囲でより多様な相手と互酬的なやりとりを行う方略，否定的互酬性は相手が一般的互酬性や均衡的互酬性を期待することを前提として，その相手を欺く方略として理解できる。

47 Takada (2020).

48 Takada (2016).

49 Takada (2016).

50 Goffman, E. (1964). The neglected situation. *American Anthropologist*, *66*(6), 133-136.

51 Goffman (1964), p. 135.

52 Takada (2016).

53 Terashima & Hewlett (2016).

54 Takada (2020).

30　こうした主張の是非については，現在も活発な議論が行われている（Terashima & Hewlett, 2016）。その後の研究によって，狩猟採集社会の間でさえ，母子関係を含む養育者－子ども間関係や子どもの遊びには，かなりの多様性が見られることがわかってきている（Takada, 2020）。

Terashima, H., & Hewlett, B. S. (Eds.). (2016). *Social learning and innovation in contemporary hunter-gatherers: Evolutionary and ethnographic perspectives*. Springer.

31　中尾 (2019).

亀井伸孝 (2019).「『教育は進化か文化か』を問う際の基本認識── ヒトにおける能力の『転用』の歴史を見据えて」『教育心理学年報』*58*, 287-288.

長谷川眞理子 (2019).「教育の進化に関わるシンポジウム」『教育心理学年報』*58*, 290.

32　福島真人 (2010).『学習の生態学── リスク・実験・高信頼性』東京大学出版会

33　Modiano, N. (1973). *Indian education in the Chiapas Highlands*. Holt, Rinehart and Winston.

34　秋山裕之 (2004).「定住地における子どもの民族誌」田中二郎・佐藤俊・菅原和孝・太田至編『遊動民（ノマッド）── アフリカの原野に生きる』（pp. 206-227），昭和堂

35　アルチュセール，L.（西川長夫・伊吹浩一・大中一弥・今野晃・山家歩訳）(2005).『再生産について── イデオロギーと国家のイデオロギー諸装置』平凡社

36　ブルデュー，P.・パスロン，J. C.（宮島喬訳）(1991).『再生産── 教育・社会・文化』藤原書店

37　MacDonald, C. (2007). Cross-cultural comparison of learning in human hunting: Implications for life history evolution. *Human Nature*, *18*(4), 386-402.

Lancy (2015).

Takada (2016, 2020).

38　Lancy (2015).

39　Lee, R. B. (1979). *The !Kung San: Men, women and work in a foraging society*. Cambridge University Press.

40　Takada (2016, 2020).

41　「積極的教育」や「協力」は，チンパンジーですら見られないとされる（明和，2019）。

Kalahari San. In H. Terashima & B. S. Hewlett (Eds.), *Social learning and innovation in contemporary hunter-gatherers: Evolutionary and ethnographic perspectives* (pp. 97-111). Springer.

22 ここでの制度という用語は，明文化された法律のようなものだけではなく，より日常的に参照される慣習や規範を含むので，私たちが普段使用するときよりも幅広いものを指している。

23 Heritage, J. (2005). Conversation analysis and institutional talk. In K. L. Fitch & R. E. Sanders (Eds.), *Handbook of language and social interaction* (pp. 103-146). Lawrence Erlbaum Associates.

Schegloff, E. A. (2007). *Sequence organization in interaction: A primer in conversation analysis* (Vol. 1). Cambridge University Press.

24 Goodwin, C. (2000). Action and embodiment within situated human interaction. *Journal of Pragmatics, 32*(10), 1489-1522.

25 Schegloff (2007).

26 高田明 (2019).『相互行為の人類学――「心」と「文化」が出会う場所』新曜社

27 Schegloff (2007); 高田 (2019).

28 Rogoff, B. (2003). *The cultural nature of human development*. Oxford University Press.（當眞千賀子訳，2006『文化的営みとしての発達――個人，世代，コミュニティ』新曜社）

29 Draper, P. (1976). Social and economic constraints on child life among the !Kung. In R. B. Lee & I. DeVore (Eds.), *Kalahari hunter-gatherers: Studies of the !Kung San and their neighbors* (pp. 199-217). Harvard University Press.

Konner, M. J. (1976). Maternal care, infant behavior and development among the !Kung. In R. B. Lee & I. DeVore (Eds.), *Kalahari hunter-gatherers: Studies of the !Kung San and their neighbors* (pp. 218-245). Harvard University Press.

Konner (2005).

Blurton-Jones, N. G., Hawkes, K., & O'Connell, J. F. (1996). The global process and local ecology: How should we explain differences between the Hadza and the !Kung? In S. Kent (Ed.), *Cultural diversity among twentieth-century foragers: An African perspective* (pp. 159-187). Cambridge University Press.

Takada (2020).

スプリ別冊（pp. 133-230），至文堂
14　Whiting, B. B., & Whiting, J. W. M. (1975). *Children of six cultures: A psycho-cultural analysis*. Harvard University Press.
15　松澤員子・南出和余 (2002).「文化人類学における子ども研究」『子ども社会研究』*8*, 137-142.
　鵜野祐介 (2009).「教育人類学と子ども社会研究──課題と展望」『子ども社会研究』*15*, 12-20.
16　Lancy, D. F. (2015). *The anthropology of childhood: Cherubs, chattel, changelings* (2nd ed.). Cambridge University Press.
　Takada, A. (2020). *The ecology of playful childhood: The diversity and resilience of caregiver-child interactions among the San of Southern Africa*. Palgrave Macmillan..
17　Kline, M. A. (2015). How to learn about teaching: An evolutionary framework for the study of teaching behavior in humans and other animals. *Behavior and Brain Science*, *38*, Article e31.
18　Cisbra & Gergely (2011).
19　Boyette, A. H., & Hewlett, B. S. (2017). Autonomy, equality, and teaching among Aka foragers and Ngandu farmers of the Congo Basin. *Human Nature*, *28*(3), 289-322.
　Hewlett, B. S., & Roulette, C. J. (2016). Teaching in hunter-gatherer infancy. *Royal Society Open Science*, *3*(1), Article 150403.
　Hewlett, B. S., Fouts, H. N., Boyette, A. H., & Hewlett, B. L. (2011). Social learning among Congo Basin hunter-gatherers. *Philosophical Transaction Royal Society B: Biological Sciences*, *366*(1567), 1168-1178.
　Kline, M. A., Boyd, R., & Henrich, J. (2013). Teaching and the life history of cultural transmission in Fijian villages. *Human Nature*, *24*(4), 351-374.
20　Konner, M. J. (2005). Hunter-gatherer infancy and childhood: The !Kung and others. In B. S. Hewlett & M. E. Lamb (Eds.), *Hunter-gatherer childhoods: Evolutionary, developmental, and cultural perspectives* (pp. 19-64). Transaction Publishers.
　Konner, M. J. (2016). Hunter-gatherer infancy and childhood in the context of human evolution. In C. L. Meehan & A. N. Crittenden (Eds.), *Childhood: Origins, evolution, and implications* (pp. 123-154). University of New Mexico Press.
　Lancy (2015).
21　Takada, A. (2016). Education and learning during social situations among the Central

the STS region. *Trends in Cognitive Science*, *4*(7), 267-278.

9　Premack, D., & Premack, A. (2003). *Original intelligence: Unlocking the mystery of who we are*. McGraw-Hill.（鈴木光太郎訳，2005『心の発生と進化――チンパンジー，赤ちゃん，ヒト』新曜社）

Bard, K. A., Myowa-Yamakoshi, M., Tomonaga, M., Tanaka, M., Costall, A., & Matsuzawa, T. (2005). Group differences in the mutual gaze of chimpanzees (*Pan troglodytes*). *Developmental Psychology*, *41*(4), 616-624.

10　浅田稔・國吉康夫 (2005).『ロボットインテリジェンス』岩波講座ロボット学 4, 岩波書店

11　たとえばウォルフガング・エナードら（Enard et al., 2002）によれば，ヒトの文化が発展する条件となる言語を発達させる能力は，ヒトの第 7 染色体長腕 7q31 部にある FOXP2 という遺伝子と関連している。さらに，ヒトの FOXP2 とチンパンジー，ゴリラ，オランウータン，リスザル，マウスのそれのアミノ酸配列の比較，およびヒトにおける FOXP2 のバリエーションについての調査は，FOXP2 が哺乳類で広く保存されている一方で，ヒトに特徴的な FOXP2 蛋白のアミノ酸配列が進化の過程で形成されたことを示唆する。またトゥルエット・アリソンら（Allison et al., 2000）によれば，リスザルやマカクなどのサルおよびヒトでは，他者の目，口，手，身体の生物学的な動き，および顔や身体の静止像の双方に対して上側頭溝（superior temporal sulcus: STS）領域が活性化されていた。したがって，ヒトが他者の意図を正確に読み取るという情報処理の初期の段階では，STS 領域あるいはその付近の大脳皮質が重要な働きを担っていることが示唆される。

12　儀礼研究や認識人類学の発展に大きく寄与してきたモーリス・ブロックは，「人類学はどこへ行ったのか？あるいは「人間性（Human Nature）」の必要性」という挑発的なタイトルのついたエッセイの中で，心理学者やそれと関連する分野の研究者が文化と人間性の関係を追究するために協働できる文化人類学者が見つかり難く，そうした問いを立てることすら忌避されている現況について，皮肉を交えた批評を行っている。こうした状況をよしとしないブロックは，次のように主張する。人類学者は，「生命の生態学」の一部をなす人々の生活実践の過程に文化が埋め込まれているという視点，すなわち広義の機能主義に基づいた研究を推進することによって，そうした協働が可能になる（Bloch, 2005）。

Bloch, M. (2005). *Essays on cultural transmission*. Berg.

13　江渕一公 (1982).「教育人類学」祖父江孝男編『現代の文化人類学』現代のエ

salivary, and urinary oxytocin and parent-infant synchrony: Considering stress and affiliation components of human bonding. *Developmental Science*, *14*(4), 752-761.

39 Gordon, I., Zagoory-Sharon, O., Leckman, J. F., & Feldman, R. (2010). Oxytocin and the development of parenting in humans. *Biological Psychiatry*, *68*(4), 377-382.

Feldman, R., Gordon, I., & Zagoory-Sharon, O. (2010). The cross-generation transmission of oxytocin in humans. *Hormones and Behavior*, *58*(4), 669-676.

40 明和 (2006).

41 本稿は，文部科学省科学研究費補助金（21H04981，24119005，17H01016，19K21813），国立研究開発法人科学技術振興機構（JST）COI 拠点研究推進機構（JPMJCE1307），公益法人前川財団家庭教育研究助成（平成 30-31 年度），Japan-United States Brain Research Cooperation Program（290201）の助成を受けました。

第 9 章

1 中尾央 (2019).「人間進化における教育」『教育心理学年報』*58*, 288-289.

2 Tomasello, M. (1999). *The cultural origins of human cognition*. Harvard University Press.

3 Tomasello (1999).

Tomasello, M. (2003). *Constructing a language: A usage-based theory of language acquisition*. Harvard University Press.

Tomasello, M. (2008). *Origins of human communication*. The MIT Press.

4 Gergely, G., Bekkering, H., & Király, I. (2002). Rational imitation in preverbal infants. *Nature*, *415*(6873), 755.

5 Cisbra, G., & Gergely, G. (2011). Natural pedagogy as evolutionary adaptation. *Philosophical Transactions of the Royal Society B: Biological Sciences*, *366*(1567), 1149-1157.

6 Cisbra, G., & Gergely, G. (2006). Social learning and social cognition: The case for pedagogy. In Y. Munakata & M. H. Johnson (Eds.), *Processes of change in brain and cognitive development* (pp. 249-274). Oxford University Press.

7 Enard, W., Przeworski, M., Fisher, S. E., Lai, C. S., Wiebe, V., Kitano, T., Monaco, A. P., & Pääbo, S. (2002). Molecular evolution of FOXP2, a gene involved in speech and language. *Nature*, *418*(6900), 869-872.

8 Baron-Cohen, S. (1996). Is there a normal phase of synaesthesia in development? *Psyche*, *2*(27).

Allison, T., Puce, A., & McCarthy, G. (2000). Social perception from visual cues: Role of

30 Huttenlocher, P. R., & Dabholkar, A. S. (1997). Regional differences in synaptogenesis in human cerebral cortex. *Journal of Comparative Neurology, 387*(2), 167-178.

31 Huttenlocher & Dabholkar (1997).

32 Giedd, J. N. (2015). The amazing teen brain. *Scientific American*, June, *312*(6), 32-37.（ギード，J. N.，2016「10 代の脳の謎」『日経サイエンス（SCIENTIFIC AMERICAN 日本版）』*3*, 36-42.）

長谷川寿一 (2015).「共感性研究の意義と課題」『心理学評論』*58*(3), 411-420.

33 長谷川 (2015).

34 明和政子 (2014).「真似る・真似られる ── 模倣の発達的・進化的変遷」安西祐一郎・今井むつみ・入來篤史・梅田聡・片山容一・亀田達也・開一夫・山岸俊男編『母性と社会性の起源』岩波講座コミュニケーションの認知科学 3（pp. 51-82），岩波書店

35 Kosfeld, M., Heinrichs, M., Zak, P. J., Fischbacher, U., & Fehr, E. (2005). Oxytocin increases trust in humans. *Nature, 435*(7042), 673-676.

Scheele, D., Wille, A., Kendrick, K. M., Stoffel-Wagner, B., Becker, B., Güntürkün, O., Maier, W., & Hurlemann, R. (2013). Oxytocin enhances brain reward system responses in men viewing the face of their female partner. *Proceedings of the National Academy of Sciences of the United States of America, 110*(50), 20308-20313.

36 Rimmele, U., Hediger, K., Heinrichs, M., & Klaver, P. (2009). Oxytocin makes a face in memory familiar. *Journal of Neuroscience, 29*(1), 38-42.

Hurlemann, R., Patin, A., Onur, O. A., Cohen, M. X., Baumgartner, T., Metzler, S., Dziobek, I., Gallinat, J., Wagner, M., Maier, W., & Kendrick, K. M. (2010). Oxytocin enhances amygdala-dependent, socially reinforced learning and emotional empathy in humans. *Journal of Neuroscience, 30*(14), 4999-5007.

37 Crockford, C., Wittig, R. M., Langergraber, K., Ziegler, T. E., Zuberbühler, K., & Deschner, T. (2013). Urinary oxytocin and social bonding in related and unrelated wild chimpanzees. *Proceedings of the Royal Society B: Biological Sciences, 280*(1755), Article 20122765.

38 Feldman, R., Gordon, I., Schneiderman, I., Weisman, O., & Zagoory-Sharon, O. (2010). Natural variations in maternal and paternal care are associated with systematic changes in oxytocin following parent-infant contact. *Psychoneuroendocrinology, 35*(8), 1133-1141.

Feldman, R., Gordon, I., & Zagoory-Sharon, O. (2011). Maternal and paternal plasma,

Matsuzawa, T., Biro, D., Humle, T., Inoue-Nakamura, N., Tonooka, R., & Yamakoshi, G. (2001). Emergence of culture in wild chimpanzees: Education by master-apprenticeship. In T. Matsuzawa (Ed.), *Primate origins of human cognition and behavior* (pp. 557-574). Springer-Verlag Publishing.

20 Matsuzawa et al. (2001).

21 明和 (2012).

22 Di Pellegrino, G., Fadiga, L., Fogassi, L., Gallese, V., & Rizzolatti, G. (1992). Understanding motor events: A neurophysiological study. *Experimental Brain Research, 91*, 176-180.

23 Ogawa, K., & Inui, T. (2012). Multiple neural representations of object-directed action in an imitative context. *Experimental Brain Research, 216*(1), 61-69.

24 明和 (2012).

25 Carr, L., Iacoboni, M., Dubeau, M.-C., Mazziotta, J. C., & Lenzi, G. L. (2003). Neural mechanisms of empathy in humans: A relay from neural systems for imitation to limbic areas. *Proceedings of the National Academy of Sciences of the United States of America, 100*(9), 5497-5502.

Wicker, B., Keysers, C., Plailly, J., Royet, J.-P., Gallese, V., & Rizzolatti, G. (2003). Both of us disgusted in *My* insula: The common neural basis of seeing and feeling disgust. *Neuron, 40*(3), 655-664.

26 Ferrari, P. F., Gerbella, M., Coudé, G., & Rozzi, S. (2017). Two different mirror neuron networks: The sensorimotor (hand) and limbic (face) pathways. *Neuroscience, 358*, 300-315.

27 Amodio, D. M., & Frith, C. D. (2006). Meeting of minds: The medial frontal cortex & social cognition. *Nature Reviews Neuroscience, 7*(4), 268-277.

Brass, M., Ruby, P., & Spengler, S. (2009). Inhibition of imitative behaviour and social cognition. *Philosophical Transactions of the Royal Society B: Biological Sciences, 364*(1528), 2359-2367.

28 Amodio & Frith (2006).

Brass et al. (2009).

Frith, C. D., & Frith, U. (2006). The neural basis of mentalizing. *Neuron, 50*(4), 531-534.

29 乾敏郎 (2013).『脳科学からみる子どもの心の育ち ── 認知発達のルーツをさぐる』ミネルヴァ書房

8　明和政子 (2006).『心が芽ばえるとき――コミュニケーションの誕生と進化』NTT 出版
9　Rochat, P. (2001). *The infant's world*. Harvard University Press.（板倉昭二・開一夫監訳，2004『乳児の世界』ミネルヴァ書房）
Tomasello, M. (2000). *The cultural origins of human cognition*. Harvard University Press.（大堀壽夫・中澤恒子・西村義樹・本多啓訳，2006『心とことばの起源を探る――文化と認知』勁草書房）
10　Leavens, D. A., Hopkins, W. D., & Thomas, R. K. (2004). Referential communication by chimpanzees (*Pan troglodytes*). *Journal of Comparative Psychology, 118*(1), 48-57.
Russell, C. L., Bard, K. A., & Adamson, L. B. (1997). Social referencing by young chimpanzees (*Pan troglodytes*). *Journal of Comparative Psychology, 111*(2), 185-193.
11　明和政子 (2012).『まねが育むヒトの心』岩波書店
12　Lewis, M. (2000). The emergence of human emotions. In M. Lewis & J. M. Haviland-Jones (Eds.), *Handbook of emotions* (2nd ed., pp. 265-280). Guilford Press.
13　Gu, X., Hof, P. R., Friston, K. J., & Fan, J. (2013). Anterior insular cortex and emotional awareness. *The Journal of Comparative Neurology, 521*(15), 3371-3388.
14　Craig, A. D. (2009a). Emotional moments across time: A possible neural basis for time perception in the anterior insula. *Philosophical Transactions of the Royal Society B: Biological Sciences, 364*(1525), 1933-1942.
Craig, A. D. (2009b). How do you feel—now? The anterior insula and human awareness. *Nature Reviews Neuroscience, 10*(1), 59-70.
15　明和 (2006).
16　Atzil, S., Gao, W., Fradkin, I. & Barrett, L. F. (2018). Growing a social brain. *Nature Human Behaviour, 2*(9). 624-636.
17　Tanaka, Y., Kanakogi, Y., Kawasaki, M., & Myowa, M. (2018). The integration of audio-tactile information is modulated by multimodal social interaction with physical contact in infancy. *Developmental Cognitive Neuroscience, 30*, 31-40.
18　Kuhl, P. K., Tsao, F.-M., & Liu, H.-M. (2003). Foreign-language experience in infancy: Effects of short-term exposure and social interaction on phonetic learning. *Proceedings of the National Academy of Sciences of the United States of America, 100*(15), 9096-9101.
19　Boesch, C. (1991). Teaching among wild chimpanzees. *Animal Behaviour, 41*(3), 530-532.

processes: A computational theory. *Royal Society Open Science*, *6*(3), Article 181777.

35 Mesoudi, A. (2011). Variable cultural acquisition costs constrain cumulative cultural evolution. *PLoS ONE*, *6*(3), Article e18239.

36 Castro, L., & Toro, M. A. (2014). Cumulative cultural evolution: the role of teaching. *Journal of Theoretical Biology*, *347*, 74-83.

37 Mesoudi (2011).
Henrich (2016).
中尾央・松木武彦・三中信宏編 (2017).『文化進化の考古学』勁草書房
田村光平 (2020).『文化進化の数理』森北出版

第8章

1 Johnson, M. H., Dziurawiec, S., Ellis, H., & Morton, J. (1991). Newborns' preferential tracking of face-like stimuli and its subsequent decline. *Cognition*, *40*(1-2), 1-19.

2 Farroni, T., Csibra, G., Simion, F., & Johnson, M. H. (2002). Eye contact detection in humans from birth. *Proceedings of the National Academy of Sciences of the United States of America*, *99*(14), 9602-9605.

3 Meltzoff, A. N., & Moore, M. K. (1977). Imitation of facial & manual gestures by human neonates. *Science*, *198*(4312), 75-78.
Meltzoff, A. N., & Moore, M. K. (1983). The origins of imitation in infancy: Paradigm, phenomena, and theories. In L. P. Lipsitt (Ed.), *Advances in Infancy Research* (Vol. 2, pp. 265-301). Ablex.

4 Takeshita, H., Hirata, S., Sakai, T., & Myowa-Yamakoshi, M. (2016). Fetal behavioral development and brain growth in chimpanzees versus humans: A view from studies with 4D ultrasonography. In N. Reissland & B. S. Kisilevsky (Eds.), *Fetal development: Research on brain and behavior, environmental influences, and emerging technologies* (pp. 67-83). Springer International Publishing.

5 Myowa-Yamakoshi, M., Tomonaga, M., Tanaka, M., & Matsuzawa, T. (2003). Preference for human direct gaze in infant chimpanzees (*Pan troglodytes*). *Cognition*, *89*(2), B53-B64.

6 Myowa-Yamakoshi, M., Tomonaga, M., Tanaka, M., & Matsuzawa, T. (2004). Imitation in neonatal chimpanzees (*Pan troglodytes*). *Developmental Science*, *7*(4), 437-442.

7 Ferrari, P. F., Visalberghi, E., Paukner, A., Fogassi, L., Ruggiero, A., & Suomi, S. J. (2006). Neonatal imitation in rhesus macaques. *PLoS Biology*, *4*(9), Article e302.

(2015). Infant's action skill dynamically modulates parental action demonstration in the dyadic interaction. *Developmental Science*, *18*(6), 1006-1013.

Grieser, D. L., & Kuhl, P. K. (1988). Maternal speech to infants in a tonal language: Support for universal prosodic features in motherese. *Developmental Psychology*, *24*(1), 14-20.

22 Tomasello, M. (2008). *Origins of human communication*. The MIT Press.（松井智子・岩田彩志訳，2013『コミュニケーションの起源を探る』勁草書房）

23 Caldwell, C. A., & Millen, A. E. (2008). Experimental models for testing hypotheses about cumulative cultural evolution. *Evolution and Human Behavior*, *29*(3), 165-171.

24 Caldwell, C. A., & Millen, A. E. (2010). Human cumulative culture in the laboratory: Effects of (micro) population size. *Learning & Behavior*, *38*(3), 310-318.

25 Derex, M., Beugin, M. P., Godelle, B., & Raymond, M. (2013). Experimental evidence for the influence of group size on cultural complexity. *Nature*, *503*(7476), 389-391.

26 Muthukrishna, M., Shulman, B. W., Vasilescu, V., & Henrich, J. (2014). Sociality influences cultural complexity. *Proceedings of the Royal Society B: Biological Sciences*, *281*(1774), Article 20132511.

27 Caldwell, C. A., & Millen, A. E. (2009). Social learning mechanisms and cumulative cultural evolution: Is imitation necessary? *Psychological Science*, *20*(12), 1478-1483.

28 Zwirner, E., & Thornton, A. (2015). Cognitive requirements of cumulative culture: Teaching is useful but not essential. *Scientific Reports*, *5*, Article 16781.

29 Caldwell, C. A., Renner, E., & Atkinson, M. (2018). Human teaching and cumulative cultural evolution. *Review of Philosophy and Psychology*, *9*(4), 751-770.

30 Caldwell et al. (2018).

31 Morgan, T. J., Uomini, N. T., Rendell, L. E., Chouinard-Thuly, L., Street, S. E., Lewis, H. M., ... Laland, K. N. (2015). Experimental evidence for the co-evolution of hominin tool-making teaching and language. *Nature Communications*, *6*, Article 6029.

32 Enquist, M., Lind, J., & Ghirlanda, S. (2016). The power of associative learning and the ontogeny of optimal behaviour. *Royal Society Open Science*, *3*(11), Article 160734.

33 Whalen, A., Cownden, D., & Laland, K. (2015). The learning of action sequences through social transmission. *Animal cognition*, *18*(5), 1093-1103.

34 Whalen et al. (2015).

Lind, J., Ghirlanda, S., & Enquist, M. (2019). Social learning through associative

11 Henrich (2004).

12 Kobayashi, Y., & Aoki, K. (2012). Innovativeness, population size and cumulative cultural evolution. *Theoretical Population Biology*, *82*(1), 38-47.

13 Reader, S. M., Morand-Ferron, J., & Flynn, E. (2016). Animal and human innovation: Novel problems and novel solutions. *Philosophical Transactions of the Royal Society B: Biological Sciences*, *371*(1690), Article 20150182.

14 Marshall-Pescini, S., & Whiten, A. (2008). Chimpanzees (*Pan troglodytes*) and the question of cumulative culture: An experimental approach. *Animal cognition*, *11*(3), 449-456.

15 Yamamoto, S., Humle, T., & Tanaka, M. (2013). Basis for cumulative cultural evolution in chimpanzees: Social learning of a more efficient tool-use technique. *PLoS ONE*, *8*(1), Article e55768.

16 Hoppitt, W., & Laland, K. N. (2013). *Social learning: An introduction to mechanisms, methods, and models*. Princeton University Press.

17 Horner, V., & Whiten, A. (2005). Causal knowledge and imitation/emulation switching in chimpanzees (*Pan troglodytes*) and children (*Homo sapiens*). *Animal Cognition*, *8*(3), 164-181.

18 Henrich, J. (2016). *The secret of our success: How culture is driving human evolution, domesticating our species, and making us smarter*. Princeton University Press.（今西康子訳，2019『文化がヒトを進化させた――人類の繁栄と〈文化－遺伝子革命〉』白揚社）

19 Csibra, G., & Gergely, G. (2009). Natural pedagogy. *Trends in Cognitive Sciences*, *13*(4), 148-153.

Csibra, G., & Gergely, G. (2011). Natural pedagogy as evolutionary adaptation. *Philosophical Transactions of the Royal Society B: Biological Sciences*, *366*(1567), 1149-1157.

20 Csibra, G. (2010). Recognizing communicative intentions in infancy. *Mind & Language*, *25*(2), 141-168.

21 Brand, R. J., Baldwin, D. A., & Ashburn, L. A. (2002). Evidence for 'motionese': Modifications in mothers' infant-directed action. *Developmental Science*, *5*(1), 72-83.

Fernald, A., & Mazzie, C. (1991). Prosody and focus in speech to infants and adults. *Developmental Psychology*, *27*(2), 209-211.

Fukuyama, H., Qin, S., Kanakogi, Y., Nagai, Y., Asada, M., & Myowa-Yamakoshi, M.

第7章

1 Barro, R. J. (1991). Economic growth in a cross section of countries. *The Quarterly Journal of Economics, 106*(2), 407-443.

2 Glewwe, P., Jacoby, H. G., & King, E. M. (2001). Early childhood nutrition and academic achievement: A longitudinal analysis. *Journal of Public Economics, 81*(3), 345-368.

3 Delgado, M. S., Henderson, D. J., & Parmeter, C. F. (2014). Does education matter for economic growth? *Oxford Bulletin of Economics and Statistics, 76*(3), 334-359.

Glewwe, P., Maïga, E., & Zheng, H. (2014). The contribution of education to economic growth: A review of the evidence, with special attention and an application to Sub-Saharan Africa. *World Development, 59*, 379-393.

4 Kirby, S., Cornish, H., & Smith, K. (2008). Cumulative cultural evolution in the laboratory: An experimental approach to the origins of structure in human language. *Proceedings of the National Academy of Sciences, 105*(31), 10681-10686.

Laland, K. N. (2017). The origins of language in teaching. *Psychonomic Bulletin & Review, 24*(1), 225-231.

5 Whiten, A., Goodall, J., McGrew, W. C., Nishida, T., Reynolds, V., Sugiyama, Y., ... & Boesch, C. (1999). Cultures in chimpanzees. *Nature, 399*(6737), 682-685.

6 竹澤正哲 (2012).「進化的視点からみた社会生態学的アプローチの可能性――竹村・佐藤論文へのコメント」『心理学評論』*55*(1), 64-69.

7 Slater, P. J. B. (1986). The cultural transmission of bird song. *Trends in Ecology & Evolution, 1*(4), 94-97.

8 Schofield, D. P., McGrew, W. C., Takahashi, A., & Hirata, S. (2018). Cumulative culture in nonhumans: Overlooked findings from Japanese monkeys? *Primates, 59*(2), 113-122.

9 Mesoudi, A. (2011). *Cultural evolution: How Darwinian theory can explain human culture and synthesize the social sciences*. University of Chicago Press.（野中香方子訳，竹澤正哲解説，2016『文化進化論――ダーウィン進化論は文化を説明できるか』NTT出版）

Mesoudi, A., & Thornton, A. (2018). What is cumulative cultural evolution? *Proceedings of the Royal Society B, 285*(1880), Article 20180712.

10 Henrich, J. (2004). Demography and cultural evolution: How adaptive cultural processes can produce maladaptive losses: The Tasmanian case. *American Antiquity, 69*(2), 197-214.

psychology and social change (pp. 368-388). Cambridge University Press.

Strauss, S., & Ziv, M. (2011). What nonhuman animal teaching teaches us about teaching. In S. Watanabe (Ed.), *CARLS series of advanced studies of logic and sensibility* (Vol. 5, pp. 363-371). Keio University Press.

31 Warneken, F., & Tomasello, M. (2006). Altruistic helping in human infants and young chimpanzees. *Science*, *311*(5765), 1301-1303.

Warneken, F., & Tomasello, M. (2007). Helping and cooperation at 14 months of age. *Infancy*, *11*(3), 271-294.

Liszkowski, U., Carpenter, M., & Tomasello, M. (2008). Twelve-month-olds communicate helpfully and appropriately for knowledgeable and ignorant partners. *Cognition*, *108*(3), 732-739.

32 Lancy, D. (2020). *Child helpers: A multidisciplinary perspective*. Cambridge University Press.

33 赤木和重 (2004).「1歳児は教えることができるか――他者の問題解決困難場面における積極的教示行為の生起」『発達心理学研究』*15*(3), 366-375.

34 内藤淳 (2009).『進化倫理学入門――「利己的」なのが結局，正しい』光文社

内井惣七 (1996).『進化論と倫理』世界思想社

35 安藤寿康 (2014).『遺伝と環境の心理学――人間行動遺伝学入門』培風館

36 Meng, X., & Hashiya, K. (2014). Pointing behavior in infants reflects the communication partner's attentional and knowledge states: A possible case of spontaneous informing. *PLoS ONE*, *9*(9), Article e107579.

孟憲巍 (2021).『教える赤ちゃん・察する赤ちゃん――他者を理解し働きかけるこころの発達と起源』ナカニシヤ出版

37 Schultz, A. H. (1960). Age changes in primates and their modification in man. In J. M. Tanner (Ed.), *Human growth* (pp. 1-20). Pergamon.

38 Williams, G. C. (1957). Pleiotropy, natural selection, and the evolution of senescence. *Evolution*, *11*(4), 398-411.

39 Geary, D. C. (2002). Principles of evolutionary educational psychology. *Learning and Individual Differences*, *12*(4), 317-345.

40 安藤 (2014).

安藤寿康 (2018).『なぜヒトは学ぶのか――教育を生物学的に考える』講談社

21　桜井準也 (2004).『知覚と認知の考古学 ── 先史時代人のこころ』雄山閣

22　Coolidge, F. L., Wynn, T., & Overmann, K. A. (2013). The evolution of working memory. In T. P. Alloway & R. G. Alloway (Eds.), *Working memory: The connected intelligence* (pp. 37-60). Frontiers of Cognitive Psychology. Psychology Press.

23　Inoue, S., & Matsuzawa, T. (2007). Working memory of numerals in chimpanzees. *Current Biology, 17*(23), R1004-R1005.

24　Courchesne, E., Carper, R., & Akshoomoff, N. (2003). Evidence of brain overgrowth in the first year of line in autism. *JAMA, 290*(3), 337-344.

25　これは自閉症者に教育を施すことも，自閉症者が教育行動をすることもできないという意味ではない。自閉症者への教育的支援プログラムは枚挙に暇がなく，自閉症者が積極的教示行動を行うことも示されている（赤木，2008）。これはとりもなおさずヒトにおいて教育行動が生物学的に普遍的な行動であることを示す。とはいえ，それらはさまざまな認知的支援を要したり，発達の遅れを示すなど，健常者における教育とは異なる特徴をもつ。このことから類推して，心の理論やワーキングメモリの発達の次元でより制約があったであろうネアンデルタールでは，教育行動は起こりにくかったと予想される。

赤木和重 (2008).「知的障害のある青年期自閉症者における積極的教示行為の障害と発達 ── 行為主体としての自他分化に注目して」『三重大学教育学部研究紀要 教育科学』*59*, 163-176.

26　高橋章司 (2003).「翠鳥園遺跡における遺跡構造研究」『旧石器人たちの活動をさぐる ── 日本と韓国の旧石器研究から』（pp. 91-113），大阪市学芸員等共同研究「朝鮮半島総合学術調査団」旧石器シンポジウム実行委員会

27　Coolidge et al. (2013).

28　Skinner, B. F. (1959). *Verbal behavior.* Copley Publishing Group.

29　Csibra, G., & Gergely, G. (2006). Social learning and social cognition: The case of pedagogy. In Y. Munakata & M. H. Johnson (Eds.), *Progress of change in brain and cognitive development. Attention and performance* (Vol. 21, pp. 249-274). Oxford University Press.

Csibra, G., & Gergely, G. (2009). Natural pedagogy. *Trends in Cognitive Sciences, 13*(4), 148-253.

30　Strauss, S. (2005). Teaching as a natural cognitive ability: Implications for classroom practice and teacher education. In D. Pillemer & S. White (Eds.), *Developmental* (inadvertnetly) 発するもので，その個体の行動が情報源となる公的情報と，その個体のいる場所が情報源となる位置手がかり (location cue) に分類できる社会的手がかり (social cue)，そしてその個体が他個体に向けて意図的に発するシグナル (signal) とのコミュニケーションとからなるとする分類を示している（図6-1）。

Danchin, É., Giraldeau, L.-A. Valone, T. J., & Wagner, R. H. (2004). Public information: From nosy neighbors to cultural evolution. *Science, 305*(5683), 487-491.

10 Thornton, A., & Raihani, N. J. (2008). The evolution of teaching. *Animal Behaviour, 75*(6),1823-1836.

11 Henrich, J. (2015). *The secret of our success: How culture is driving human evolution, domesticating our species, and making us smarter*. Princeton University Press.（今西康子訳，2019『文化がヒトを進化させた――人類の繁栄と〈文化－遺伝子革命〉』白揚社）

12 Thornton, A., & McAuliffe, K. (2006). Teaching in wild meerkats. *Science, 313*(5784), 227-229.

13 Franks, N. R., & Richardson, T. (2006). Teaching in tandem-running ants. *Nature, 439*(7073), 153.

14 Raihani, N. J., & Ridley, A. R. (2008). Experimental evidence for teaching in wild pied babblers. *Animal Behaviour, 75*(1), 3-11.

15 Thornton & Raihani (2008).

16 Thornton & Raihani (2008).

Hoppitt, W. J. E., Brown, G. R., Kendal, R., Rendell, L., Thornton, A., Webster, M. M., & Laland, K. N. (2008). Lessons from animal teaching. *Trends in Ecology & Evolution, 23*(9), 486-493.

17 Thornton, A., & Raihani, N. J. (2010). Identifying teaching in wild animals. *Learning & Behavior, 38*(3), 297-309.

18 Caldwell, D., Renner, E., & Atkinson, M. (2018). Human teaching and cumulative cultural evolution. *Review of Philosophy and Psychology, 9*(4), 751-770.

19 松沢哲郎 (1995).「野生チンパンジーの石器使用にみる『教示』」『日本ロボット学会誌』*13*(5), 584-587.

20 Diamond, J. (1997). *Guns, germs, and steel: The fate of human societies*. W. W. Norton & Company.（倉骨彰訳，2000『銃・病原菌・鉄』上下，草思社）

5　Caro, T. M., & Hauser, M. D. (1992). Is there teaching in nonhuman animals? *The Quarterly Review of Biology*, *67*(2), 151-174.

6　Tinbergen, N. (1963). On the aims and methods of ethology. *Zeitschrift für Tierpsychologie*, *20*(4), 410-463.

7　中岡保夫 (2009).「ゾウリムシは本当に学習するのか？」日本比較生理生化学会編『動物は何を考えているのか？ ── 学習と記憶の比較生物学』動物の多様な生き方 4（pp. 16-31），共立出版

8　手老篤史 (2011).「単細胞生物の記憶メカニズムの考察 ── 多重リズムの有用性について」『数理解析研究所講究録』*1748*, 62-69.

9　エティエンヌ・ダンチン（Danchin, 2004）は動物も他個体が発する刺激が「公的情報」(public information) として存在するとし，物理的環境特性と個人的に相互作用することによって獲得される個体（人）的情報（personal information）に，他者からアプローチされることのない個体的情報と，他者と共有されうる非個体的情報があって，この非個体的情報が社会的情報（social information）を生むという図式を考えている。この社会的情報は他個体がとくに意図せずに

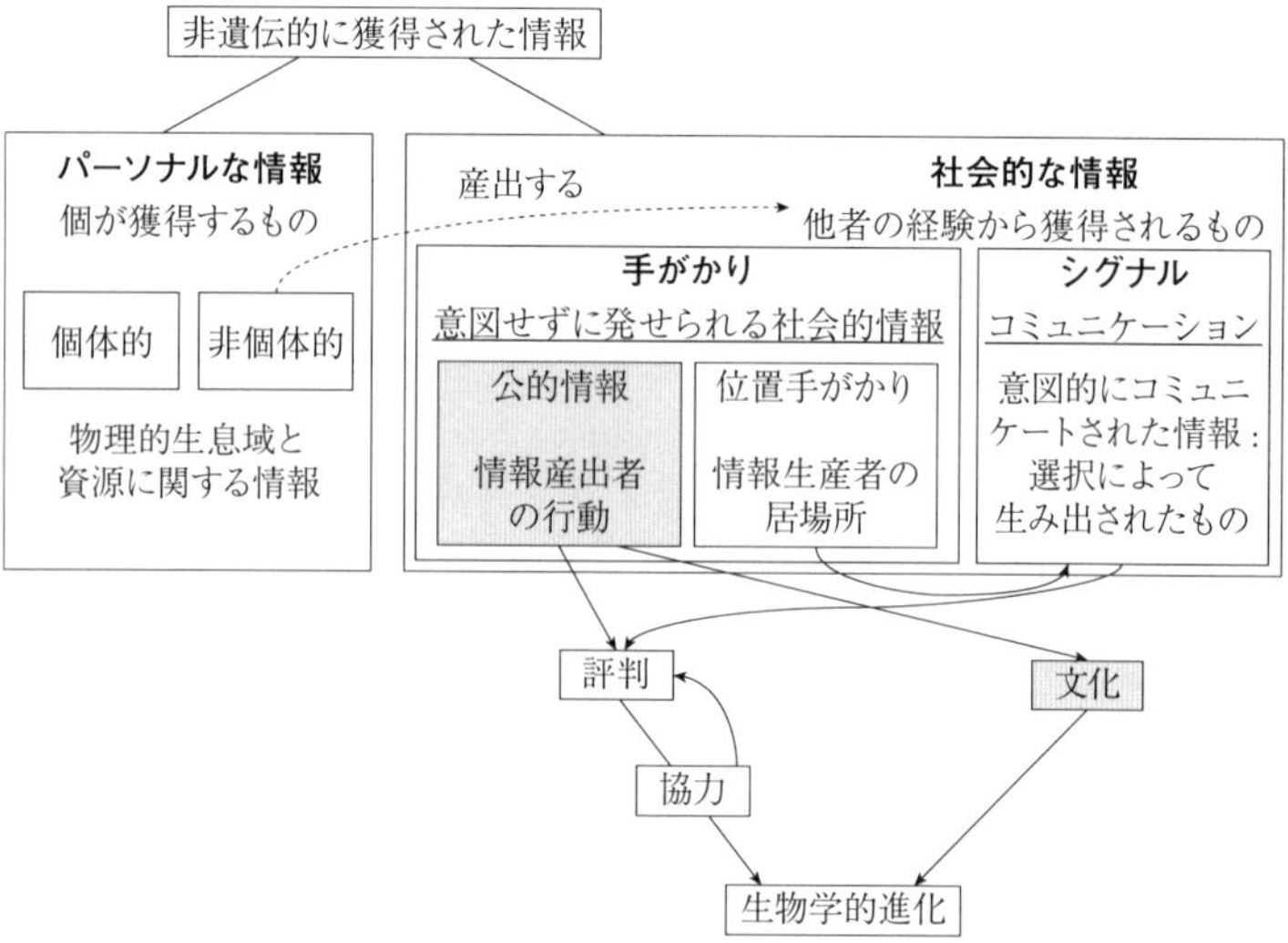

図 6-1　非遺伝的に獲得されたさまざまな種類の情報

（出典）　Danchin et al.（2004）。

央）。

第６章

1 Ando, J. (2009). Evolutionary and genetic bases of education: An adaptive perspective. *The Annual Report of Educational Psychology in Japan*, *48*, 235-246.

Ando, J. (2012). On “Homo Educans” hypothesis. In S. Watanabe (Ed.), *CARLS series of advanced study of logic and sensibility* (Vol. 3, pp.147-156). Keio University Press.

安藤寿康 (2016).「進化教育学とは何か――教育への生物学的アプローチ」『哲学』*136*, 195-236.

2 Ando, J., Nonaka, N., Ozaki, K., Sato, N., Fujisawa, K. K., Suzuki, K., ... Ooki, S. (2006). The Tokyo Twin Cohort Project: Overview and initial findings. *Twin Research and Human Genetics*, *9*(6), 817-826.

Ando, J., Fujisawa, K., Shikishima, C., Hiraishi, K., Nozaki, M., Yamagata, S., ... Ooki, S. (2013). Two cohort and three independent anonymous Twin Projects at the Keio Twin Research Center (KoTReC). *Twin Research and Human Genetics*, *16*(1), 202-216.

安藤寿康 (2017).『「心は遺伝する」とどうして言えるのか――ふたご研究のロジックとその先へ』創元社

Ando, J. Fujisawa, K. K., Hiraishi, K., Shikishima,C., Kawamoto, T., Nozaki, M., ... Murayama, K. (2019). Psychosocial twin cohort studies in Japan: The Keio Twin Research Center (KoTReC). *Twin Research and Human Genetics*, *22*(6), 591-596.

安藤寿康監修，敷島千鶴・平石界編 (2021).『認知能力と学習』ふたご研究シリーズ第 1 巻，創元社

安藤寿康監修，藤澤啓子・野嵜茉莉編 (2021).『家庭環境と行動発達』ふたご研究シリーズ第 3 巻，創元社

3 木村素衛と小原國義の表現は皇・矢野（1999）に，村井實は筆者の学部時代のゼミの指導教授であり，ゼミの中で読んだ著作（たとえば『教育学入門』『「善さ」の構造』）にある。

皇紀夫・矢野智司編 (1999).『日本の教育人間学』玉川大学出版部

村井實 (1976).『教育学入門』上下，講談社

村井實 (1978).『「善さ」の構造』講談社

4 今井（2009）の帯に実際にあった言葉である。

今井康雄編 (2009).『教育思想史』有斐閣

32 Hoehl et al. (2019).

33 奥村・鹿子木 (2018); Okumura et al. (2020).

34 Hewlett et al. (2011); Hewlett & Roulette (2016).

35 MacDonald (2007); Lew-Levi et al. (2017, 2018).

36 MacDonald (2007).

37 Lew-Levi et al. (2017, 2018).

38 Lew-Levi et al. (2017, 2018).

39 Mesoudi, A. (2011). *Cultural evolution: How Darwinian theory can explain human culture and synthesize the social sciences.* University of Chicago Press.（野中香方子訳，竹澤正哲解説，2016『文化進化論――ダーウィン進化論は文化を説明できるか』NTT 出版）

Cavalli-Sforza, L. L., Feldman, M. W., Chen, K. H., & Dornbusch, S. M. (1982). Theory and observation in cultural transmission. *Science, 218*(4567), 19-27.

40 Hoehl et al. (2019).

41 Marlowe, F. W. (2005). Hunter-gatherers and human evolution. *Evolutionary Anthropology, 14*(2), 54-67.

Scott, J. C. (2009). *The art of not being governed: An anarchist history of upland southeast Asia.* Yale University Press.（佐藤仁監訳，池田一人・今村真央・久保忠行・田崎郁子・内藤大輔・中井仙丈訳，2013『ゾミア――脱国家の世界史』みすず書房）

42 Nakao & Andrews (2014); 中尾 (2016); Sterelny (2012).

Sterelny, K. (2012). *The evolved apprentice: How evolution made humans unique.* The MIT Press.（田中泉吏・中尾央・源河亨・菅原裕輝訳，2013『進化の弟子――ヒトは学んで人になった』勁草書房）

動物で見られる教育事例も，この促進的教育に近いものである。

Thornton, A., & McAuliffe, K. (2006). Teaching in wild meerkats. *Science, 313*(5784), 227-229.

43 いくつかの実験結果に関しては，Nakao & Andrews（2014），中尾（2015）で代替的説明も試みている。

44 本稿を執筆するにあたって，以下科学研究費からの支援を受けた。新学術領域研究（研究領域提案型）「三次元データベースと数理解析・モデル構築による分野統合的研究の促進」（19H05738，代表：中尾央），若手 B「考古学理論・実践の歴史・哲学的考察に基づく人文学の哲学の基盤構築」（16K16685，代表：中尾

Nielsen, M., Mushin, I., Tomaselli, K., & Whiten, A. (2014). Where culture takes hold: "Overimitation" and its flexible deployment in Western, Aboriginal, and Bushmen children. *Child Development*, *85*(6), 2169-2184.

21 Pinkham, A. M., & Jaswal, V. K. (2011). Watch and learn? Infants privilege efficiency over pedagogy during imitative learning. *Infancy*, *16*(5), 535-544.

22 Király, I., Csibra, G., & Gergely, G. (2013). Beyond rational imitation: Learning arbitrary means actions from communicative demonstrations. *Journal of Experimental Child Psychology*, *116*(2), 471-486.

23 Lyons, D. E., Young, A. G., & Keil, F. C. (2007). The hidden structure of overimitation. *Proceedings of the National Academy Sciences*, *104*(50), 19751-19756.

24 Hoehl et al. (2014).

25 Nielsen et al. (2012).

26 現状でどのような解釈が可能かについては，さまざまな可能性が指摘されている。たとえば，以下を参照。

Hoehl, S., Keupp, S., Schleihauf, H., McGuigan, N., Buttelmann, D., & Whiten, A. (2019). 'Over-imitation': A review and appraisal of a decade of research. *Developmental Review*, *51*, 90-108.

27 Yoon, J. M. D., Johnson, M. H., & Csibra, G. (2008). Communication-induced memory biases in preverbal infants. *Proceedings of the National Academy of Sciences*, *105*(36), 13690-13695.

28 発達心理学では一般に，口頭で報告できない幼児などの反応を計測する場合，選好注視法（preferential looking method）と呼ばれる研究手法が用いられる。幼児の期待・予測を裏切った場合ほど，注視時間が長くなるため，幼児が実験設定にどのような期待・予測をもっていたかが注視時間から推測できる。

29 Schuwerk et al. (2019).

30 Gergely, G., Egyed, K., & Király, I. (2007). On pedagogy. *Developmental Science*, *10*(1), 139-146.

Egyed, K., Király, I., & Gergely, G. (2013). Communicating shared knowledge in infancy. *Psychological Science*, *24*(7), 1348-1353.

31 Schmidt, M. F. H., Rakoczy, H., & Tomasello, M. (2011). Young children attribute normativity to novel actions without pedagogy or normative language. *Developmental Science*, *14*(3), 530-539.

interaction and pedagogical cues for eliciting and reducing overimitation in preschoolers. *Journal of Experimental Child Psychology, 122,* 122-133.

Nielsen, M., Moore, C., & Mohamedally, J. (2012). Young children overimitate in third-party contexts. *Journal of Experimental Child Psychology, 112*(1), 73-83.

10 Csibra & Gergely (2006), p. 262.

11 Farroni, T., Csibra, G., Simion, F., & Johnson, M. H. (2002). Eye contact in humans from birth. *Proceedings of the National Academy of Sciences, 99*(14), 9602-9605.

Senju, A., & Csibra, G. (2008). Gaze following in human infants depends on communicative signals. *Current Biology, 18*(9), 668-671.

Okumura et al. (2020).

12 Csibra & Gergely (2006), p. 256; Csibra & Gergely (2011), p. 1155.

13 Bril, B., Smaers, J., Steele, J., Rein, R., Nonaka, T., Dietrich, G., Biryukova, E., Hirata, S., & Roux, V. (2012). Functional mastery of percussive technology in nut-cracking and stone-flaking actions: Experimental comparison and implications for the evolution of the human brain. *Philosophical Transaction of the Royal Society B: Biological Sciences, 367*(1585), 59-74.

14 Phillipson, D. W. (2005). *African archaeology* (3rd ed.). Cambridge University Press.

15 Csibra & Gergely (2006), p. 256; Csibra & Gergely (2011), p. 1155.

16 次の論文でも，こうした石器の進化には教育が重要であったと主張されている。

Gärdenfors, P., & Högberg, A. (2017). The archaeology of teaching and evolution of *Homo docens*. *Current Anthropology, 58*(2), 188-208.

17 2014年以前のものについてはNakao & Andrews（2014），また過剰模倣に関して2016年以前のものについては，中尾（2016）なども参照。とくに過剰模倣についてはナチュラル・ペダゴジー理論の文脈を超え，さまざまな角度から検討されており，数多くの研究が発表されている。

18 Gergely, G., Bekkering, H., & Király, I. (2002). Rational imitation in preverbal infants: Babies may opt for a simpler way to turn on a light after watching an adult do it. *Nature, 415,* 755.

19 Csibra & Gergely (2006), p. 11.

20 Berl, R. E. W., & Hewlett, B. S. (2015). Cultural variation in the use of overimitation by the Aka and Ngandu of the Congo Basin. *PLoS ONE, 10*(3), Article e0120180.

Nielsen & Tomaselli (2010).

Lew-Levy, S., Reckin, R., Lavi, N., Cristóbal -Azkarate, J., & Ellis-Davies, K. (2017). How do hunter-gatherer children learn subsistence skills? A meta-ethnographic review. *Human Nature*, *28*(4), 367-394.

Lew-Levy, S., Lavi, N., Reckin, R., Cristóbal-Azkarate, J., & Ellis-Davies, K. (2018). How do hunter-gatherer children learn social and gender norms? A meta-ethnographic review. *Cross-Cultural Research*, *52*(2), 213-255.

Nielsen, M., & Tomaselli, K. (2010). Overimitation in Kalahari Bushman children and the origins of human cultural cognition. *Psychological Science*, *21*(5), 729-736.

Salali, G. D., Chaudhary, N., Bouer, J., Thompson, J., Vinisius, L., & Midliano, A. B., (2019). Development of social learning and play in BaYaka hunter-gatherers of Congo. *Scientific Reports*, *9*(1), Article 11080.

5 Nakao, H., & Andrews, K. (2014). Ready to learn or ready to teach: A critique to the natural pedagogy theory. *Review of Philosophy and Psychology*, *5*(4), 465-483.

中尾央 (2015).『人間進化の哲学――行動・心・文化』名古屋大学出版会

中尾央 (2016).「人間進化と二つの教育――人間進化の過程において教育はどのような役割を果たしたか」『現代思想』5 月号，188-197.

中尾央 (2019).「ナチュラル・ペダゴジー理論の行方」『ベビーサイエンス』*18*, 50.

6 ごく最近では，以下のような研究がある。

Schuwerk, T., Bätz, J., Träuble, B., Sodian, B., & Paulus, M. (2019). Do ostensive cues affect object processing in children with and without autism? A test of natural pedagogy theory. *Psychological Research*, *84*(8), 2248-2261.

Atkinson, D., & Shvidko, E. (2019). Natural pedagogy in second language learning and teaching. *TESOL Quarterly*, *53*(4), 1083-1114.

Okumura, Y., Kanakogi, Y., Kobayashi, T., & Itakura, S. (2020). Ostension affects infant learning more than attention. *Cognition*, *195*, Article 104082.

7 Csibra & Gergely (2011), p. 1150.

8 昔の筆者がそうであったように，神社の参拝だけではなく，寺の参拝にも一般化可能であると理解してしまう可能性ももちろん否定はできない。

9 もちろん明示的シグナルなしでもこのような学習は可能かもしれない。そうした直感的疑問を裏づけるのが，以下の実験である。第 2 節［1］も参照のこと。

Hoehl, S., Zettersten, M., Schleihauf, H., Grätz, S., & Pauen, S. (2014). The role of social

42　Žižek, S. (2008). *Violence: Six sideways reflections*. Picador.（中山徹訳，2010『暴力——6つの斜めからの省察』青土社）
43　本稿をまとめるにあたって以下の研究費の支援を受けました。19H04431，20H01763，17H06382，18K02461，22H04929，19H05591

第5章

1　安藤寿康 (2018).『なぜヒトは学ぶのか——教育を生物学的に考える』講談社

Strauss, S., Ziv, M., & Stein, A. (2002). Teaching as a natural cognition and its relations to preschoolers' developing theory of mind. *Cognitive Development*, *17*(3-4), 1473-1487.

2　亀井伸孝 (2010).『森の小さな〈ハンター〉たち——狩猟採集民の子どもの民族誌』京都大学学術出版会

Lancy, D. F. (2010). Learning "from nobody": The limited role of teaching in folk models of children's development. *Childhood in the Past*, *3*(1), 79-106.

Lancy, D. F. (2014). *The anthropology of childhood: Cherubs, chattel, changelings*. Cambridge University Press.

MacDonald, K. (2007). Cross-cultural comparison of learning in human hunting. *Human Nature*, *18*(4), 386-402.

3　Csibra, G., & Gergely, G. (2006). Social learning and social cognition: The case for pedagogy. In Y. Munakata & M. H. Johnson (Eds.), *Processes of change in brain and cognitive development. Attention and performance* (Vol. 21, pp. 249-274). Oxford University Press.

Csibra, G., & Gergely, G. (2009). Natural pedagogy. *Trends in Cognitive Sciences*, *13*(4), 148-153.

Csibra, G., & Gergely, G. (2011). Natural pedagogy as evolutionary adaptation. *Philosophical Transactions of the Royal Society B: Biological Sciences*, *366*(1567), 1149-1157.

奥村優子・鹿子木康弘 (2018).「乳児期の学習における明示シグナルの役割とその機能——ナチュラル・ペダゴジー理論から」『ベビーサイエンス』*18*, 38-49.

4　Hewlett, B. S., Fouts, H. N., Boyette, A. H., & Hewlett, B. L. (2011). Social learning among Congo Basin hunter-gaterers. *Philosophical Transactions of the Royal Society B: Biological Sciences*, *366*(1567), 1168-1178.

Hewlett, B. S., & Roulette, C. J. (2016). Teaching in hunter-gatherer infancy. *Royal Society Open Science*, *3*(1), Article 150403.

27 Liszkowski et al. (2006).

28 Liebal, K., Carpenter, M., & Tomasello, M. (2010). Infants' use of shared experience in declarative pointing. *Infancy, 15*(5), 545-556.

29 Meng, X., & Hashiya, K. (2014). Pointing behavior in infants reflects the communication partner's attentional and knowledge states: A possible case of spontaneous informing. *PLoS ONE, 9*(9), Article e107579.

30 Liszkowski, U., Carpenter, M., & Tomasello, M. (2007). Pointing out new news, old news, and absent referents at 12 months of age. *Developmental Science, 10*(2), F1-F7.

31 Liebal, K., Carpenter, M., & Tomasello, M. (2010). Infants' use of shared experience in declarative pointing. *Infancy, 15*(5), 545-556.

32 Meng, X., Uto, Y., & Hashiya, K. (2017). Observing third-party attentional relationships affects infants' gaze following: An eye-tracking study. *Frontiers in Psychology, 7*, Article 2065.

33 Meng & Hashiya (2014).

34 Meng et al. (2017).

35 孟憲巍 (2021).『教える赤ちゃん・察する赤ちゃん――他者を理解し働きかけるこころの発達と起源』ナカニシヤ出版

36 Meng & Hashiya (2014).

37 Meng et al. (2017).

38 Tomasello, M. (2009). *Why we cooperate*. The MIT Press.（橋彌和秀訳，2013『ヒトはなぜ協力するのか』勁草書房）

Tomasello, M. (2014). *A natural history of human thinking*. Harvard University Press.（橋彌和秀訳，2021『思考の自然誌』勁草書房）

39 Kinzler, K. D., Dupoux, E., & Spelke, E. S. (2007). The native language of social cognition. *Proceedings of the National Academy of Sciences, 104*(30), 12577-12580.

40 Byrne, R. W., & Whiten, A. (Eds.). (1988). *Machiavellian intelligence: Social expertise and the evolution of intellect in monkeys, apes, and humans*. Clarendon Press/Oxford University Press.

Whiten, A., & Byrne, R. W. (Eds.). (1997). *Machiavellian intelligence II: Extensions and evaluations*. Cambridge University Press.

41 Trivers, R. (2011). *Deceit and self-deception: Fooling yourself the better to fool others*. Penguin UK.

——第 2 世代の研究へ』（pp. 27-38），新曜社
17 Kobayashi & Kohshima (1997, 2001).
18 Kobayashi & Hashiya (2011).
19 Whiten, A., Goodall, J., McGrew, W. C., Nishida, T., Reynolds, V., Sugiyama, Y., ... Boesch, C. (1999). Cultures in chimpanzees. *Nature, 399*(6737), 682-685.
20 Boesch, C. (1991). Teaching among wild chimpanzees. *Animal behaviour, 41*(3), 530-532.
21 De Waal, F. (2008). *The ape and the sushi master: Cultural reflections of a primatologist*. Basic Books.
22 Krupenye, C., Kano, F., Hirata, S., Call, J., & Tomasello, M. (2016). Great apes anticipate that other individuals will act according to false beliefs. *Science, 354*(6308), 110-114.
23 Heyes, C. (2017). Apes submentalise. *Trends in Cognitive Sciences, 21*(1), 1-2.
24 Kano, F., Krupenye, C., Hirata, S., Call, J., & Tomasello, M. (2017). Submentalizing cannot explain belief-based action anticipation in apes. *Trends in Cognitive Sciences, 21*(9), 633-634.

Krupenye, C., Kano, F., Hirata, S., Call, J., & Tomasello, M. (2017). A test of the submentalizing hypothesis: Apes' performance in a false belief task inanimate control. *Communicative & Integrative Biology, 10*(4), Article e1343771.
25 Yamamoto, S., Humle, T., & Tanaka, M. (2009). Chimpanzees help each other upon request. *PLoS ONE, 4*(10), Article e7416.

Yamamoto, S., Humle, T., & Tanaka, M. (2012). Chimpanzees' flexible targeted helping based on an understanding of conspecifics' goals. *Proceedings of the National Academy of Sciences, 109*(9), 3588-3592.
26 Soproni, K., Miklósi, Á., Topál, J., & Csányi, V. (2002). Dogs' (*Canis familaris*) responsiveness to human pointing gestures. *Journal of Comparative Psychology, 116*(1), 27-34.

MacLean, E. L., Krupenye, C., & Hare, B. (2014). Dogs (*Canis familiaris*) account for body orientation but not visual barriers when responding to pointing gestures. *Journal of Comparative Psychology, 128*(3), 285-297.

Nagasawa, M., Mitsui, S., En, S., Ohtani, N., Ohta, M., Sakuma, Y., Onaka, T., Mogi, K., & Kikusui, T. (2015). Oxytocin-gaze positive loop and the coevolution of human-dog bonds. *Science, 348*(6232), 333-336.

of Biology, *69*(1), 31-51.

5 Caro, T. M., & Hauser, M. D. (1992). Is there teaching in nonhuman animals? *The Quarterly Review of Biology*, *67*(2), 151-174.

6 Hamilton, W. D. (1964). The genetical evolution of social behaviour. I & II. *Journal of Theoretical Biology*, *7*(1), 1-52.

7 Warneken, F., & Tomasello, M. (2009). The roots of human altruism. *British Journal of Psychology*, *100*(3), 455-471.

8 Warneken, F., & Tomasello, M. (2006). Altruistic helping in human infants and young chimpanzees. *Science*, *311*(5765), 1301-1303.

Warneken, F., & Tomasello, M. (2007). Helping and cooperation at 14 months of age. *Infancy*, *11*(3), 271-294.

9 Liszkowski, U., Carpenter, M., Striano, T., & Tomasello, M. (2006). 12- and 18-month-olds point to provide information for others. *Journal of Cognition and Development*, *7*(2), 173-187.

10 Liszkowski, U., Schäfer, M., Carpenter, M., & Tomasello, M. (2009). Prelinguistic infants, but not chimpanzees, communicate about absent entities. *Psychological Science*, *20*(5), 654-660.

11 Corriveau, K. H., Meints, K., & Harris, P. L. (2009). Early tracking of informant accuracy and inaccuracy. *British Journal of Developmental Psychology*, *27*(2), 331-342.

12 Kendal, R., Hopper, L. M., Whiten, A., Brosnan, S. F., Lambeth, S. P., Schapiro, S. J., & Hoppitt, W. (2015). Chimpanzees copy dominant and knowledgeable individuals: Implications for cultural diversity. *Evolution and Human Behavior*, *36*(1), 65-72.

13 Csibra, G., & Gergely, G. (2009). Natural pedagogy. *Trends in Cognitive Sciences*, *13*(4), 148-153.

14 Nakao, H., & Andrews, K. (2014). Ready to teach or ready to learn: A critique of the natural pedagogy theory. *Review of Philosophy and Psychology*, *5*(4), 465-483.

15 Tomasello, M., Hare, B., Lehmann, H., & Call, J. (2007). Reliance on head versus eyes in the gaze following of great apes and human infants: The cooperative eye hypothesis. *Journal of Human Evolution*, *52*(3), 314-320.

16 Sakaguchi, S., Kobayashi, H., & Hashiya, K. (in prep). The gaze, accompanied by positive social interaction, serves as reinforcement for learning by infants.

橋彌和秀 (2016).「まなざしの進化と発達」子安増生・郷式徹編『心の理論

14　ガーフィンケル，H. (1989).「日常活動の基盤――当り前を見る」G. サーサス・H. ガーフィンケル・H. サックス・E. シェグロフ（北澤裕・西阪仰訳）『日常性の解剖学――知と会話』（pp. 31-92），マルジュ社
15　木村大治 (2010).「農耕民と狩猟採集民における相互行為研究」木村大治・北西功一編『森棲みの社会誌 アフリカ熱帯林の人・自然・歴史Ⅱ』（pp. 67-73），京都大学学術出版会
16　Mehan, H. (1979). *Learning lessons: Social organization in the classroom*. Harvard University Press.
17　園田 (2021).
18　Heritage, J., & Raymond, G. (2005). The terms of agreement: Indexing epistemic authority and subordination in talk-in-interaction. *Social Psychology Quarterly*, *68*(1), 15-38.
19　服部志帆 (2019).「民俗知と科学知――カメルーンの狩猟採集民バカの民俗知はどのように語られてきたか」蛯原一平・齋藤暖生・生方史数編『森林と文化――森とともに生きる民俗知のゆくえ』（pp. 21-52），共立出版
20　Becker, H. S. (1972). A school is a lousy place to learn anything in. *American Behavioral Scientist*, *16*(1), 85-105.

第4章

1　Tinbergen, N. (1963). On aims and methods of ethology. *Zeitschrift für Tierpsychologie*, *20*(4), 410-433.
2　Cavalli-Sforza, L. L., & Feldman, M. W. (1981). *Cultural transmission and evolution: A quantitative approach*. Princeton University Press.
3　Kobayashi, H., & Kohshima, S. (1997). Unique morphology of the human eye. *Nature*, *387*(6635), 767-768.
Kobayashi, H., & Kohshima, S. (2001). Unique morphology of the human eye and its adaptive meaning: Comparative studies on external morphology of the primate eye. *Journal of Human Evolution*, *40*(5), 419-435.
Kobayashi, H., & Hashiya, K. (2011). The gaze that grooms: Contribution of social factors to the evolution of primate eye morphology. *Evolution & Human Behavior*, *32*(3), 157-165.
4　Bronstein, J. L. (1994). Our current understanding of mutualism. *The Quarterly Review*

22　橋本博文 (2011).「相互協調性の自己維持メカニズム」『実験社会心理学研究』 *50*(2), 182-193.

23　松村 (2019).

24　Oda, R. (2021). Education as niche construction: Toward an evolutionary science of education. *Letters on Evolutionary Behavioral Sciences*, *12*(1), 24-27.

第3章

1　木村元・小玉重夫・船橋一男 (2019).『教育学をつかむ〔改訂版〕』有斐閣

2　大田堯 (1978).「序章」大田堯編『戦後日本教育史』(pp. 1-21), 岩波書店

3　グレイ，P.（吉田新一郎訳）(2018).『遊びが学びに欠かせないわけ——自立した学び手を育てる』築地書館

4　Gardner, P. M. (1991). Foragers' pursuit of individual autonomy. *Current Anthropology*, *32*(5), 543-572.

5　Barry, H. III, Child, I. L., & Bacon, M. K. (1959). Relation of child training to subsistence economy. *American Anthropologist*, *61*(1), 51-63.

6　Hewlett, B. S. (2014). Hunter-gatherer childhoods in the Congo Basin. In B. S. Hewlett (Ed.), *Hunter-Gatherers of the Congo Basin: Cultures, histories, and biology of African Pygmies* (pp. 245-275). Transaction Publishers.

7　Hewlett, B. S., Fouts, H. N., Boyette, A. H., & Hewlett, B. L. (2011). Social learning among Congo Basin hunter-gatherers. *Philosophical Transactions of the Royal Society B: Biological Sciences*, *366*(1567), 1168-1178.

8　Hewlett et al. (2011).

9　Lew-Levy, S., Lavi, N., Reckin, R., Cristóbal-Azkarate, J., & Ellis-Davies, K. (2018). How do hunter-gatherer children learn social and gender norms? A meta-ethnographic review. *Cross-Cultural Research*, *52*(2), 213-255.

10　園田浩司 (2021).『教示の不在——カメルーン狩猟採集社会における「教えない教育」』明石書店

11　園田 (2021).

12　ゴッフマン，E.（丸木恵祐・本名信行訳）(1980).『集まりの構造——新しい日常行動論を求めて』誠信書房

13　高田明 (2019).『相互行為の人類学——「心」と「文化」が出会う場所』新曜社

Oda, R., Yamagata, N., Yabiku, Y., & Matsumoto-Oda, A. (2009). Altruism can be assessed correctly based on impression. *Human Nature, 20*(3), 331-341.

Oda, R., Naganawa, T., Yamauchi, S., Yamagata, N., & Matsumoto-Oda, A. (2009). Altruists are trusted based on non-verbal cues. *Biology Letters, 5*(6), 752-754.

Oda, R., Tainaka, T., Morishima, K., Kanematsu, N., Yamagata-Nakashima, N., & Hiraishi, K. (2021). How to detect altruists: Experiments using a zero-acquaintance video presentation paradigm. *Journal of Nonverbal Behavior, 45*(2), 261-279.

10 Oda, R., & Nakajima, S. (2010). Biased face recognition in the Faith Game. *Evolution and Human Behavior, 31*(2), 118-122.

11 Alexander, R. D. (1987). *The biology of moral systems*. Aldine de Gruyter.

12 Nowak, M. A., & Sigmund, K. (1998). Evolution of indirect reciprocity by image scoring. *Nature, 393*(6685), 573-577.

13 Hardy, C. L., & van Vugt, M. (2006). Nice guys finish first: The competitive altruism hypothesis. *Personality and Social Psychology Bulletin, 32*(10), 1402-1413.

14 Henrich, J. (2004). Cultural group selection, coevolutionary processes and large-scale cooperation. *Journal of Economic Behavior & Organization, 53*(1), 5-35.

15 Dunbar, R. I. M. (1993). Coevolution of neocortical size, group size and language in humans. *Behavioral and Brain Sciences, 16*(4), 681-694.

16 松村明編 (2019).『大辞林〔第四版〕』三省堂

17 Odling-Smee, F. J., Laland, K. N., & Feldman, M. W. (2003). *Niche construction: The neglected process in evolution*. Princeton University Press.（佐倉統・山下篤子・徳永幸彦訳, 2007『ニッチ構築――忘れられていた進化過程』共立出版）

18 Beja-Pereira, A., Luikart, G., England, P. R., Bradley, D. G., Jann, O. C., Berotorelle, G., Chamberlain, A. T., Nunes, T. P., Metodiev, S., Ferrand, N., & Erhardt, G. (2003). Gene-culture coevolution between cattle milk protein genes and human lactase genes. *Nature Genetics, 35*(4), 311-313.

19 Dunbar, R. I. M. (1998). The social brain hypothesis. *Evolutionary Anthropology, 6*(5), 178-190.

20 Rendell L., Fogarty L., & Laland K. N. (2011). Runaway cultural niche construction. *Philosophical Transactions of the Royal Society B: Biological Sciences, 366*(1566), 823-835.

21 Yamagishi, T., & Hashimoto, H. (2016). Social niche construction. *Current Opinion in Psychology, 8*, 119-124.

注・文献

第１章

1　清水貴夫・亀井伸孝編 (2017).『子どもたちの生きるアフリカ ── 伝統と開発がせめぎあう大地で』昭和堂

第２章

1　Tinbergen, N. (1951). *The study of instinct*. Clarendon Press.（永野為武訳，1969『本能の研究』三共出版）

2　Denette, D. (1996). *Kinds of minds: Toward an understanding of consciousness (Science Masters Series)*. Basic Books.（土屋俊訳，2016『心はどこにあるのか』筑摩書房）

3　Fogarty, L., Strimling, P., & Laland, K. N. (2011). The evolution of teaching. *Evolution, 65*(10), 2760-2770.

4　Price, G. R. (1970). Selection and covariance. *Nature, 227*(5257), 520-521.
　Harman, O. (2010). *The price of altruism: George Price and the search for the origins of kindness*. W. W. Norton.（垂水雄二訳，2011『親切な進化生物学者 ── ジョージ・プライスと利他行動の対価』みすず書房）

5　竹澤正哲 (2019).「集団間葛藤と利他性の進化」『生物科学』*70*(3), 178-185.

6　Wilson, D. S. (2007). *Evolution for everyone: How Darwin's theory can change the way we think about our lives*. Delacorte Press.（中尾ゆかり訳，2009『みんなの進化論』日本放送出版協会）

7　Hamilton, W. D. (1964). The genetical evolution of social behavior. I & II. *Journal of Theoretical Biology, 7*(1), 1-52.

8　Trivers, R. L. (1971). The evolution of reciprocal altruism. *The Quarterly Review of Biology, 46*(1), 35-57.

9　Cosmides, L., & Tooby, J. (1992). Cognitive adaptations for social exchange. In J. H. Barkow, L. Cosmides, & J. Tooby (Eds.), *The adapted mind: Evolutionary psychology and the generation of culture* (pp. 163-228). Oxford University Press.

ま行

や行

ら行

わ行

人名索引

は行

ま行

や行

ら行

わ行

さ行

た行

な行

事項索引

period（共著，*Biology Letters, 12*(3), Article 20160028, 2016 年）など

中田 星矢（なかた せいや）　[第 7 章共著]
北海道大学大学院文学院博士後期課程，日本学術振興会特別研究員（DC1）
主要著作・論文：Evolution of the word order rules through communication and cultural transmission: An iterated learning experiment（共著，*Proceedings of the Joint Conference on Language Evolution*, 542-549, 2022 年），Roles of cultural transmission in the emergence of hierarchical structures: Laboratory studies using the iterated learning paradigm（共著，*Proceedings of the Twenty-Fifty International Symposium on Artificial Life and Robotics*, 1002-1006, 2020 年）など

竹澤 正哲（たけざわ まさのり）　[第 7 章共著]
北海道大学大学院文学研究院教授
主要著作・論文：「心理学におけるモデリングの必要性」（『心理学評論』*61*(1), 42-54, 2018 年），『協力する種 ── 制度と心の共進化』（監訳，NTT 出版，2017 年），Two distinct neural mechanisms underlying indirect reciprocity（共著，*Proceedings of the National Academy of Sciences of the United States of America*, *111*(11), 3990-3995, 2014 年）など

明和 政子（みょうわ まさこ）　[第 8 章]
京都大学大学院教育学研究科教授
主要著作・論文：『ヒトの発達の謎を解く ── 胎児期から人類の未来まで』（筑摩書房，2019 年），『まねが育むヒトの心』（岩波書店，2012 年）など

高田　明（たかだ あきら）　[第 9 章]
京都大学大学院アジア・アフリカ地域研究研究科教授
主要著作・論文：*Hunters among farmers: The !Xun of Ekoka*（University of Namibia Press, 2022 年），*The ecology of playful childhood: The diversity and resilience of caregiver-child interactions among the San of southern Africa*（Palgrave Macmillan, 2020 年），『相互行為の人類学 ──「心」と「文化」が出会う場所』（新曜社，2019 年）など

長谷川眞理子（はせがわ まりこ）　[第 10 章]
総合研究大学院大学学長
主要著作・論文：『進化と人間行動〔第 2 版〕』（共著，東京大学出版会，2022 年），『進化とは何だろうか』（岩波書店，1999 年）など

執筆者紹介

安藤 寿康（あんどう じゅこう）　［編者，第 6 章］
慶應義塾大学文学部教授
主要著作・論文：『生まれが 9 割の世界をどう生きるか── 遺伝と環境による不平等な現実を生き抜く処方箋』（SB クリエイティブ, 2022 年），『なぜヒトは学ぶのか── 教育を生物学的に考える』（講談社，2018 年），『遺伝と環境の心理学── 人間行動遺伝学入門』（培風館，2014 年）など

亀井 伸孝（かめい のぶたか）　［第 1 章］
愛知県立大学外国語学部教授

小田　亮（おだ りょう）　［第 2 章］
名古屋工業大学大学院工学研究科教授
主要著作・論文：『利他学』（新潮社，2011 年），『ヒトは環境を壊す動物である』（筑摩書房，2004 年），『進化でわかる人間行動の事典』（共編，朝倉書店，2021 年）など

園田 浩司（そのだ こうじ）　［第 3 章］
新潟大学人文社会科学系（人文学部）講師
主要著作・論文：『教示の不在── カメルーン狩猟採集社会における「教えない教育」』（明石書店，2021 年），『発話の権利』（分担執筆，ひつじ書房，2020 年），『子どもたちの生きるアフリカ── 伝統と開発がせめぎあう大地で』（分担執筆，昭和堂，2017 年）など

橋彌 和秀（はしや かずひで）　［第 4 章］
九州大学大学院人間環境学研究院教授
主要著作・論文：Preverbal infants expect agents exhibiting counterintuitive capacities to gain access to contested resources（共著，*Scientific Reports, 11*(1), Article 10884, 2021 年），『思考の自然誌』（翻訳，勁草書房，2021 年），『ギャバガイ！──「動物のことば」の先にあるもの』（翻訳，勁草書房，2017 年）など

中尾　央（なかお ひさし）　［第 5 章］
南山大学人文学部准教授
主要著作・論文：Population pressure and prehistoric violence in the Yayoi period of Japan（共著, *Journal of Archaeological Science, 132*, Article 105420, 2021 年），Violence in the prehistoric period of Japan: The spatio-temporal pattern of skeletal evidence for violence in the Jomon

教育の起源を探る
進化と文化の視点から

2023 年 3 月 20 日　第 1 刷発行

編　者　安藤 寿康
発行者　櫻井 堂雄
発行所　株式会社ちとせプレス
〒 157-0062
東京都世田谷区南烏山 5-20-9-203
電話　03-4285-0214
http://chitosepress.com
装　幀　野田 和浩
印刷・製本　大日本法令印刷株式会社

ISBN 978-4-908736-29-2　C1011